Erik Hornung · Tal der Könige

Weltbild Verlag   Erik Hornung

Tal der Könige

Die Ruhestätte der Pharaonen

Die Bildvorlagen stammen
zum größten Teil von Andreas Brodbeck
Gestaltung: Peter Rüfenacht, Artemis

Genehmigte Lizenzausgabe für
Weltbild Verlag GmbH, Augsburg 1996
© 1985 3. erweiterte Auflage by
Artemis Verlag AG, Zürich
Gesamtherstellung: Danubiaprint Bratislava
Printed in Slovak Republic
ISBN 3-89350-741-8

Inhalt

	Vorwort
Kapitel 1	Abenteuer der Forschung *Seite 9*
Kapitel 2	Immer ein Neubeginn: das Pharaonengrab
	von Menes bis Alexander dem Großen *Seite 31*
Kapitel 3	Königinnen, Prinzen, Beamte und Bauern *Seite 49*
Kapitel 4	Arbeit am »Geheimen Ort« *Seite 67*
Kapitel 5	Pharao vor den Herren des Jenseits *Seite 85*
Kapitel 6	»Ich bin Re« *Seite 103*
Kapitel 7	Die Nachtfahrt des Sonnengottes *Seite 119*
Kapitel 8	Leben aus dem Tod *Seite 135*
Kapitel 9	Zum Nichtsein verdammt *Seite 149*
Kapitel 10	Triumph durch Zauber *Seite 165*
Kapitel 11	Osiris und sein Reich *Seite 177*
Kapitel 12	Ausrüstung für die Ewigkeit *Seite 191*
	Anhang *Seite 209*

Vorwort

Vieles im Tal der Könige ist schon heute Vergangenheit; was Besucher des vorigen Jahrhunderts noch farbenfrisch kopiert haben, ist oftmals verschwunden oder bis zur Unkenntlichkeit verstümmelt. Das Grab Sethos' I., eines der meistbesuchten Ziele des Ägyptenreisenden, mußte kürzlich für Besucher geschlossen werden – ein Alarmruf, den kaum jemand gehört hat. Jetzt wird der Besucherstrom in andere Gräber gelenkt, die damit ebenso der allmählichen Zerstörung preisgegeben sind. Es fehlt an Wächtern, aber noch mehr am Verständnis und guten Willen der Besucher in diesem größten Freilichtmuseum der Welt. Wenn die Gemälde in unseren Museen täglich von so vielen Händen berührt würden wie die Reliefs und Malereien dieser Gräber, dann wären uns auch Raffael und Rembrandt nur noch aus alten Bilderbüchern und Beschreibungen bekannt.

Die Schätze des Tales scheinen gehoben, sie stehen gut gesichert in Vitrinen des Nationalmuseums in Kairo und reisen sogar von Ausstellung zu Ausstellung um die Welt. Daß sich aber die wertvollsten Schätze noch an Ort und Stelle befinden, gefährdet und von Verfall bedroht – darauf will dieses Buch nachdrücklich hinweisen. Es faßt die Ergebnisse und Probleme jahrzehntelanger Arbeit im Tal der Könige erstmals zusammen. Diese Arbeit galt vor allem den religiösen Texten und Darstellungen, mit denen die Gräber ausgeschmückt sind; sie hat dazu auch die architektonische Entwicklung und den sorgfältig gestuften Kanon der Maßverhältnisse mit einbezogen. In geduldiger Mühe des Entzifferns, Übersetzens und Deutens erschließen sich immer neue, gedankenreiche und bildkräftige Vorstellungen einer frühen Menschheit über Tod und Jenseits, schaurige und tröstliche Jenseitsvisionen von Dichtern des 2. Jahrtausends v. Chr. In langen Hieroglyphenzeilen und ungewöhnlichen, äußerst vielschichtigen Bildfolgen bedecken sie den Stuck- oder Kalkstein der Grabwände. Und wer den Vorhang unserer bisherigen Unwissenheit aufzieht, den mag ein Gefühl überwältigen, wie es die Ausgräber bewegte, die in der engen Kammer zum erstenmal auf die goldenen Schätze Tutanchamuns blickten.

Von diesen reisefreudigen Schätzen wird nur am Rande gesprochen werden, denn es geht hier um andere Schatzfunde, die das Tal der Könige uns gewährt. Was bisher in wissenschaftlichen Textausgaben, Übersetzungen und Kommentaren niedergelegt war, soll nun einem breiteren Publikum vorgestellt werden, unterstützt durch möglichst viele Abbildungen von Szenen und Motiven, die auch in der Wissenschaft noch fast unbekannt sind. Das wäre nicht möglich gewesen ohne den unermüdlichen Einsatz von Andreas Brodbeck, der seit 1969 an unserem Königsgräberprojekt photographisch und epigraphisch mitgeholfen hat und den größten Teil der Bildvorlagen zur Verfügung stellte. Weiteres Bildmaterial verdanken wir Artur Brack, Hans Hauser, Günther Lapp, Lotty Spycher und Frank Teichmann sowie der British Library in London und dem City Museum and Art Gallery in Bristol (Belzoni Drawings). Die Vorlage für den Plan des Tales stellte John Romer zur Verfügung. In vielfacher Weise wurde das Projekt durch unsere Mitarbeiterin Elisabeth Staehelin gefördert; vieles verdanken wir der effektiven Mitarbeit der Studenten unseres Seminars und dem hilfreichen Austausch mit anderen Fachkollegen, die an Problemen der Königsgräber arbeiten. Fördernd war auch der Anteil, den Martin L. Schneider sowie Gretel und Hans Wagner an der Entstehung des Werkes nahmen. Den ägyptischen Freunden, die uns unter schwieriger werdenden Arbeitsbedingungen immer wieder geholfen haben, gebührt ein besonderer Dank, ebenso dem Deutschen Archäologischen Institut und dem Schweizerischen Institut für ägyptische Bauforschung und Altertumskunde in Kairo für ihre Gastfreundschaft und Hilfe.

Wenn die alten Ägypter sich mehr als jedes andere Volk den Geheimnissen um Tod und Jenseits zugewandt haben, heißt das nicht, daß sie endgültige Antworten auf diese alten Menschheitsfragen gefunden haben. Aber sie bemühten sich konsequent und mit geradezu wissenschaftlichem Eifer, die Lebensbedingungen einer jenseitigen Welt zu erforschen, und ihre Gedanken haben den Reiz, daß sie noch kaum zur Diskussion gestanden haben, sondern frisch und unverbraucht mit ihrer Bildkraft und Eindringlichkeit auf uns wirken können. Wer die Tore der Königsgräber durchschreitet, sieht in den langen Korridoren, die immer steiler abwärts führen, die Scharen der Toten an sich vorüberziehen, blickt den bedrohenden, peinvollen Kräften der Auflösung ins Auge, erlebt aber auch den Tod als verjüngte, tief notwendige Erneuerung alles Seienden und begreift das Jenseits als Spiegelung menschlicher Seelentiefe, deren Sprache seit jeher die der Bilder war.

Fast ein halbes Jahrtausend lang haben im Tal der Könige die besten Künstler Ägyptens gearbeitet. Ihrer Meisterschaft verdanken wir es, daß sich Inhalt und Form dieser kühnen und bildkräftigen Jenseitsvisionen so vollkommen zusammenfügen und uns den Zugang zu einer zunächst fremdartigen Gedankenwelt erleichtern. Was sich von diesen Kunstwerken des zweiten Jahrtausends v. Chr., trotz aller Zerstörung, bis heute so farbenfrisch erhalten hat, als sei es eben erst fertiggestellt, ist ein kostbares Erbe, das gefährdet und bedroht ist. Wenn die Abnutzung durch den modernen Massentourismus wie bisher voranschreitet, wird von der Farbenpracht der Malereien und Reliefs für künftige Generationen kaum noch etwas bleiben. Da die meisten dieser Gräber noch nicht einmal veröffentlicht und damit für die Wissenschaft benutzbar sind, haben wir uns bemüht, einen möglichst großen Ausschnitt ihrer Bildwelt in diesem Band farbig zu dokumentieren. Damit dies trotz der hohen Kosten gelingen konnte, waren Zuwendungen nötig, für die wir der Georg-Wagner-Stiftung, der Freiwilligen Akademischen Gesellschaft der Stadt Basel und privaten Helfern danken.

Basel, im Januar 1981   *Erik Hornung*

Kapitel 1 Abenteuer der Forschung

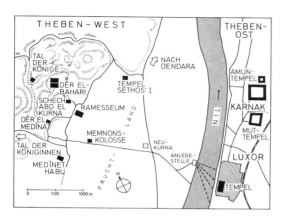

Das alte Theben mit den Totentempeln und Nekropolen auf dem Westufer des Nils. In das Wüstenplateau eingeschnitten sind im Norden Biban el-Muluk (Tal der Könige), im Süden Biban el-Harim (Tal der Königinnen).

Vom üppigen Fruchtland, von den Gärten am Nil schweift das Auge des Reisenden über den Strom, der die Landschaft gliedert. Segel und Blüten treten in den Blick, dazu in der Ferne die Umrisse des Wüstengebirges. Dort liegen die Gräber und beginnt das Reich der Toten, die im »schönen Westen« ruhen. Tiefste Seelenerfahrung des Menschen kündet in vielen Kulturen von dem breiten Gewässer, das Diesseits und Jenseits trennt, Gleichnis für die Entrückung und Entfremdung, die der Tod bewirkt; aber in Ägypten ist dieser Trennstrom nicht nur Bild und Gleichnis, sondern als Nil sichtbare Wirklichkeit. Und immer wieder erneuerten Plänen zum Trotz hat der Nil in Luxor, dem alten Theben, bis heute keine Brücke – wie der Seelenstrom, über den es weder Brücke noch Furt gibt.

Dort wie hier ist es ein anderes Urbild menschlicher Seelenerfahrung, das zum Mittler zwischen getrennten Ufern wird. Der Fährmann im Mythos verrichtet sein düsteres Handwerk am Rande der Welt, schwerelose Fracht hinüberschaffend. Am Nil verwandelt er sich und zeigt die verschiedensten Gesichter, tritt als hagere, mürrische Gestalt mit geflickten Rudern auf, von der Hinfälligkeit des Daseins gezeichnet, oder als pfiffig-feister Mittler zwischen Hüben und Drüben, der auch den Toten noch den Fährlohn abfordern würde.

Wer den Fährmann bemüht und die Grenze überschreitet, gelangt in eine andere Welt. Wenn das Fruchtland und die letzten Gärten zurückbleiben, verliert sich der Weg in der Unermeßlichkeit der Wüste, die hier nicht flach und sandig, sondern schroff und gebirgig ist, ohne Ende eine Felskulisse hinter die andere schiebt. Hier, wo die Leiber der Toten liegen, ist der Ort der abgeschiedenen Seelen, herrscht das Schweigen der Totenwelt, lastend wie die Hitze des Mittags. Ein Land ohne Rückkehr, das jeder in sich trägt, nun sichtbar vor Augen gestellt: das Jenseits.

Nahe der Grenze zwischen Fruchtland und Wüste, heute inmitten grüner Felder und weidender Schafe, wachsen zwei riesige thronende Statuen aus dem Boden. Ursprünglich über 20 Meter hoch ragend und doch jeder aus einem einzigen Sandsteinblock gefertigt, wurden sie zu Ehren des dritten Amenophis errichtet, des Vaters von Echnaton. Wegen seines ähnlich lautenden Thronnamens tauften die Griechen die beiden Bilder mit dem Namen ihres Helden *Memnon*, des Sohnes der Morgenröte Eos, der vor Troja gegen Achilleus fiel. So kennt noch der heutige Reisende die beiden steingewordenen Wächter als Memnonskolosse. Ihr Blick ist nach Osten gerichtet, wo die Hauptstadt des Neuen Reiches lag und der Gott Amun in den ausgedehnten Tempelbezirken von Karnak und Luxor verehrt wurde. In ihrem Rücken dagegen erstreckt sich einer der gewaltigsten Friedhöfe, die Menschenhand geschaffen hat, nur von den Pyramidenfeldern der nördlichen Hauptstadt Memphis noch übertroffen. Dreifach gestaffelt, ziehen sich seine Grabanlagen von Nordosten nach Südwesten dahin: die Totentempel in der Ebene am Fruchtlandrand, die Beamtengräber am Berghang und endlich die Gräber der Könige, Königinnen und Königskinder in den Tälern und Schluchten hinter dem ersten Höhenzug, im Tal der Könige, Tal der Königinnen und mehreren Nebentälern.

Von der Fülle der Denkmäler, die hier während des zweiten und ersten Jahrtausends v. Chr. errichtet wurden, ist nur ein Bruchteil erhalten und doch genug des Sehens- und Staunenswerten. Bereits für den antiken Tourismus, der unter den persischen Großkönigen begann und nach Alexander dem Großen mächtig aufblühte, sind die Tempel und Gräber des ägyptischen Theben eines der Hauptziele. Folgt man der Menge von Besucherinschriften aus ptolemäischer und römischer Zeit, dann gehören vor allem die Memnonskolosse und einige Gräber im Tal der Könige zu den bevorzugten Plätzen, die auch der eilige Reisende aus der Fülle des Sehenswerten herausgriff. Die älteste datierte griechische Inschrift eines Besuchers, im Grabe Ramses' VII. eingeritzt, stammt wahrscheinlich aus dem Jahre 278 v. Chr., hat aber sicher viele undatierte Vorläufer. Die meisten griechischen und lateinischen *Graffiti* (Besucherinschriften) begegnen in den leicht zugänglichen Gräbern von Ramses VI. (fast tausend!), Ramses IV. und Ramses VII., weitere in den zum Teil etwas abgelegeneren Gräbern des Merenptah, von Sethos II., Ramses XI., Ramses IX., Ramses II., Amenmesse und Ramses III. Die übrigen Gräber, darunter das schöne von Sethos I. und alle aus der 18. Dynastie, waren verschüttet und unzugänglich.

Wahrscheinlich konnte Diodor, der in der 180. Olympiade (60/56 v. Chr.) das Tal der Könige besuchte, auch nur die zehn offenen, dekorierten Gräber besichtigen. Aber er spricht davon, daß die Aufzeichnungen der Priester eine Liste von 47 Königsgräbern enthielten, was der tatsächlichen Zahl, mit Einschluß einiger nichtköniglicher Gräber, recht nahe kommt. Sie müssen noch genaue Verzeichnisse besessen haben, und auch die Angabe des Geographen Strabo von »etwa 40« Gräbern wird auf ähnliche Informationen zurückgehen. Doch dachte damals noch niemand an Ausgrabungen, um die verlorenen Gräber wiederzufinden.

Wie seit Jahrtausenden üblich, nennen die Besucher Name, Herkunft und manchmal auch ein Datum, verraten aber kaum etwas über die Gefühle, die sie beim Besuch dieser Stätten bewegen. Besser unterrichtet werden wir von den Besuchern des nördlichen der beiden Memnonskolosse, der zu Beginn der römischen Zeit Ägyptens als Folge eines Erdbebens zu tönen begann, wenn die Strahlen der Morgensonne ihn trafen. Zweihundert Jahre lang freuten sich die Besucher dieser Attraktion, darunter auch Kaiser Hadrian, der im Jahre 130 mit seinem Gefolge Oberägypten besuchte. Die Wiederherstellung der beschädigten Statue bei einem weiteren Kaiserbesuch (Septimius Severus 199) machte dem eigenartigen Phänomen ein Ende, und fortan standen wieder die Königsgräber im Mittelpunkt des Interesses.

Auf die antiken Touristen folgten die christlichen Einsiedler, die in den unruhigen Zeiten der Spätantike neue Wege zu Gott suchten und sich vor allem der Wüste zuwandten. Sie hinterließen auf den Grabwänden neben den bisherigen demotischen, griechischen und lateinischen Graffiti eine neue Serie in koptischer Schrift, tilgten oder beschädigten auch hier und dort Darstellungen, die ihren Anstoß erregten. Dabei wurden wieder die Gräber von Ramses IV. und Ramses VI. wegen ihrer Geräumigkeit besonders bevorzugt, das erstere sogar als christliche Kirche benutzt.

Mit der Eroberung Ägyptens durch die Araber (642) und dem Anbruch der islamischen Epoche versinkt die Gräberwelt Thebens in weltabgeschiedene Vergessenheit. Selbst die gelehrten arabischen Reisenden, Geographen und Schriftsteller wissen über die antike Vergangenheit Luxors nichts zu sagen, nur der Armenier Abû Sâlih erwähnt im 13. Jahrhundert die alten Ruinen der Stadt. Auch die ersten europäischen Reisenden, die nach der Wiederentdeckung der Antike Ägypten besuchen, beschränken sich neben Alexandria auf die Hauptstadt Kairo und ihre nähere Umgebung. Sie berichten über die Pyramiden und den Sphinx von Gîza, aber von den Wundern Oberägyptens haben sie keine Kenntnis. Den Tempel von Karnak erblickt und beschreibt erst ein italienischer Anonymus, der 1589 bis zur »Perle des Nils«, zur Insel Philae am Ersten Katarakt, vordringt, doch das Westufer von Theben offenbar nicht berührt.

Das 17. Jahrhundert sieht bereits etwas häufiger Reisende in Oberägypten, und in das Jahr 1668 fällt der erste nachweisbare Besuch im Tal der Könige durch europäische Reisende; es sind zwei Kapuzinermönche, Pater Protais und Pater Charles François, deren Bericht vier Jahre später von Thévenot veröffentlicht wird und neben den Ruinen von Karnak auch das »Biban el Melouc« erwähnt, die moderne arabische Bezeichnung des Tales. Genauer sind die Angaben des Jesuitenpaters Claude Sicard, der 1708 das Tal besucht und zehn zugängliche Gräber vorfindet; besonders beeindruckt ist er von dem gewaltigen Granitsarkophag Ramses' IV. und von dem Farbenreichtum der Dekoration, der »frisch wie am ersten Tag« sei.

Die erste wissenschaftliche Beschreibung des Tales und seiner Gräber verdanken

Griechische Besucherinschrift des Hymnendichters Mikkalos aus dem Grab des Merenptah, wohl Zeit des Kaisers Trajan (104 n. Chr.). Im Original 30×21 cm.

So hielt R. Pococke 1738 das thebanische Westgebirge mit Beamtengräbern (rechts), Ramesseum (davor, D), Medinet Habu (links, K) und Memnonskolossen (M und N im Vordergrund) fest.

Pocockes Plan vom Tal der Könige, wobei die Lage der Gräber recht schematisch angegeben ist (A ist Ramses IV., B Merenptah, C Ramses VI., G Tausret, H Sethos II., K Ramses III., L Amenmesse).

wir Richard Pococke, einem anglikanischen Geistlichen; er weilte 1738 zweimal in Theben und fertigte einen ersten, durchaus brauchbaren Plan vom Tal der Könige an, obwohl er, wie viele spätere Reisende, durch die berüchtigten Räuber von Qurna bedroht wurde. Pococke zeichnet auch die Grundrisse der gut zugänglichen Gräber (von Ramses IV. und VI., Sethos II., Tausret) und beschreibt einen Teil der Dekoration von Ramses IV. – das Bild über dem Eingang und die »Sonnenlitanei« in den beiden ersten Korridoren. Er kennzeichnet insgesamt vierzehn Gräber, von denen aber nur neun wirklich zugänglich sind, die übrigen blockiert. Wie Sicard ist er von der Farbenfrische der Dekoration beeindruckt, gibt aber keine Proben davon. Erst James Bruce, der 1769 sieben Gräber besucht, kopiert die beiden Harfenspieler im Grab Ramses' III. und wird von weiterer Arbeit, die er plant, nur durch die Einheimischen abgehalten. Seine Kopien erschienen 1790 im Druck und machten auf die damalige Welt einen starken Eindruck, als erste Proben von der bisher nur wenigen Reisenden zugänglichen Bilderwelt der Königsgräber.

Die Besucher der folgenden Jahrzehnte fügen nichts Neues hinzu. Browne beschreibt 1792, daß sich die Einwohner des Dorfes Qurna schon damals mit Vorliebe in den Gräbern aufhielten: »Das erste Dorf, welches man antrifft... heißt Kourea. Es liegt auf der westlichen Seite und besteht nur aus wenigen Häusern, weil sich die meisten Bewohner derselben unter der Erde aufhalten.«

Erst als sich Bonapartes Ägyptenexpedition Anfang Juli 1798 in Alexandria ausschifft, beginnt eine neue Epoche wissenschaftlicher Bemühung, vorbereitet durch das große Interesse der französischen Revolutionszeit am alten Ägypten, das man nun genauer erforschen wollte. Im Gefolge des Generals Desaix, dem die Verfolgung der Mameluken und die Eroberung Oberägyptens anvertraut wird, begleitet Vivant Denon 1799 die französischen Truppen bis nach Assuan und Philae, während Napoleon seine unglückliche Expedition nach Palästina unternimmt. Unermüdlich und oftmals mitten im Kampfgewühl, benutzt Denon seinen Zeichenstift, um die Denkmäler Oberägyptens festzuhalten. Sein Traumziel Theben hat er sieben Mal besucht, aber der unerbittliche Krieg ließ ihm immer nur wenige Stunden für seine Arbeit. Die lokalen Verhältnisse waren noch wie zur Zeit von Pococke und Bruce – die Besucher wurden aus der Tiefe der Gräber heraus »mit Steinwürfen und Wurfspießen von unsichtbaren Feinden empfangen, welche unsere weiteren Entdeckungen beendeten«, und später

V. Denon: Zeichnung von den Ruinen des Ramesseums, des Totentempels von Ramses II.

wurde eine förmliche Strafexpedition gegen die Einwohner des Dorfes Qurna notwendig.

Bald nach Denon durchforschten auch andere Mitglieder des Institut d'Égypte, das Napoleon in Kairo gegründet hatte, die Ruinen Oberägyptens und speziell das Tal der Könige. Dabei gelang die erste Neuentdeckung eines bisher unbekannten Grabes, dazu des ersten Königsgrabes aus der 18. Dynastie, denn bisher hatte man nur die Ramessidengräber mit ihren großen und gut sichtbaren Eingängen kennengelernt. Die beiden Ingenieure Jollois und De Villiers stießen im August 1799 bei einem Streifzug durch das westliche Seitental auf das versteckt liegende Grab Amenophis' III.; allerdings konnten sie, ohne Kenntnis der Hieroglyphen, das Grab keinem bestimmten König zuschreiben, stellten aber schon die Ähnlichkeit der Dekoration auf den Wänden der Sargkammer mit der Beschriftung eines Papyrus fest. Noch war man nicht in der Lage, die geheimnisvollen Texte zu lesen, ahnte aber tiefe Weisheiten darin verborgen. E. Jomard und L. Costaz gaben in der monumentalen *Description de l'Égypte*, in der 1821 die Ergebnisse der Expedition veröffentlicht wurden, die bisher ausführlichste Beschreibung der Königsgräber. Aber die Gelegenheit, mehr Proben ihrer Dekoration aufzunehmen und bekanntzumachen, wurde versäumt, die großen Tafelbände der

Verschiedene Motive aus dem Grab Ramses' III. in Zeichnungen von V. Denon.

Description bieten nur wenige, eher kümmerliche Proben und legen das Schwergewicht auf Architekturaufnahmen. Die Karte, die Costaz entwarf, verzeichnet elf zugängliche und fünf weitere, versperrte oder nur angefangene Gräber.

Nach dem Scheitern der französischen Expedition und dem Wandel der politischen Verhältnisse sind es in den folgenden Jahren vor allem reisefreudige Briten, denen wir weitere Berichte über das Tal der Könige verdanken. Die Schwierigkeiten mit den Einheimischen hatten sich so weit gebessert, daß Henry Light 1814 schon eine Art »Grabung« veranstalten konnte, um Königsmumien zu finden. Aber dabei wurde, ohne Ergebnis, nur der Schutt in den Gräbern etwas bewegt; die ersten wirklichen und zugleich höchst erfolgreichen Grabungen begannen zwei Jahre später Giovanni Battista Belzoni, dem fast mühelos die Entdeckung der Gräber von Sethos I. und Ramses I. glückte.

Mit Belzoni begegnet uns eine der faszinierendsten und erfolgreichsten Persönlichkeiten der Forschungsgeschichte. 1778 in Padua als Sohn eines Barbiers geboren, entfloh er 1803 den politischen Wirren Italiens und fand in England eine neue Heimat. Dort trat er im Sadler's Wells Theatre in London, durch ungewöhnliche Körperkraft ausgezeichnet, als Artist und »Starker Mann« auf; berühmt war als Höhepunkt seiner Darbietung die »menschliche Pyramide« aus zehn bis zwölf Personen, die er auf einem eisernen Rahmen über die Bühne trug. Aber er hatte in Rom auch das Ingenieurwesen studiert und ließ sich überreden, an den Hof des neuen ägyptischen Machthabers Mohammed Ali zu gehen, der sein Land mit europäischer Hilfe modernisieren wollte. Im Juni 1815 traf Belzoni im pestverseuchten Alexandria ein und wurde im August vom *Khediven* (Vizekönig) empfangen, hatte jedoch mit seiner Bewässerungsmaschine nicht den erhofften Erfolg. Mittellos geworden, trat er durch Vermittlung des berühmten Schweizer Reisenden Johann Ludwig Burckhardt in die Dienste des neuen britischen Generalkonsuls Henry Salt, dem das Britische Museum einen wichtigen Grundstock seiner ägyptischen Altertümer verdankt.

Harfenspieler vor dem Gott Schu, Sohn des Re, *der das Schriftzeichen seines Namens (Straußenfeder) auf dem Kopf trägt. Wiedergabe aus der* Description de l'Égypte, *mit Ergänzung von zerstörten Stellen (vgl. die farbige Wiedergabe auf den Tafeln 4 und 5).*

Belzonis erste, glänzend gelöste Aufgabe war der Abtransport eines kolossalen Statuenkopfes aus dem Ramesseum, dem Totentempel Ramses' II. in Theben. Es folgte eine Nubienreise bis zu den Tempeln von Abu Simbel, die Burckhardt wenige Jahre zuvor entdeckt hatte, und im Oktober 1816 gelingt ihm seine erste Entdeckung im Tal der Könige, das Grab des Königs Aja (Eje), des Nachfolgers von Tutanchamun. Die große Erfolgsserie glückt genau ein Jahr später, im Oktober 1817, als Belzoni in wenigen Tagen zuerst das Grab eines späten ramessidischen Prinzen (Montuherchepeschef) entdeckt, dann Ramses I. und endlich, als krönenden Höhepunkt, »Belzoni's Tomb«, das Grab von Sethos I., das noch heute als das bedeutendste ägyptische Königsgrab gilt. Längst geplündert, bot es nur noch kümmerliche Reste der einstigen Grabausstattung, auch die Mumie des Königs war nicht mehr an ihrem Platz. Aber durch den Reichtum und die Farbenpracht seiner Dekoration, aus der besten Epoche ägyptischer Reliefkunst des Neuen Reiches, machte das Grab auf Belzoni und alle folgenden Besucher einen überwältigenden Eindruck. Für den Entdecker wirkte das Grab noch, »als sei es gerade an dem Tag fertig geworden, an dem wir es betraten«, aber 160 Jahre eines ständig wachsenden Touristenstromes, der in jüngster Zeit auf Tausende am Tag anschwoll, haben von der einstigen Farbenpracht wenig übriggelassen, im Winter 1978/79 mußte diese Hauptsehenswürdigkeit Ägyptens für Besucher geschlossen werden.

Daher ist es ein Glücksfall, daß Belzoni auch der erste Archäologe gewesen ist, der ein Grab vollständig aufnahm. Zusammen mit dem Zeichner Ricci hat er die gesamte Dekoration in Zeichnungen und farbigen Aquarellen festgehalten, um ein getreues Modell davon in einer Ausstellung vorzuführen, die 1821 in London gezeigt wurde. In seinem *Narrative* hat er nur wenige Proben veröffentlicht, aber der größte Teil der Vorlagen gelangte aus dem Besitz seiner Witwe in das City Museum in Bristol. Es verdient hohe Bewunderung, wie getreu Belzoni und Ricci, ohne irgendein Zeichen lesen zu können, ihre Vorlage kopiert haben; wenn auch bisweilen Verwechslungen

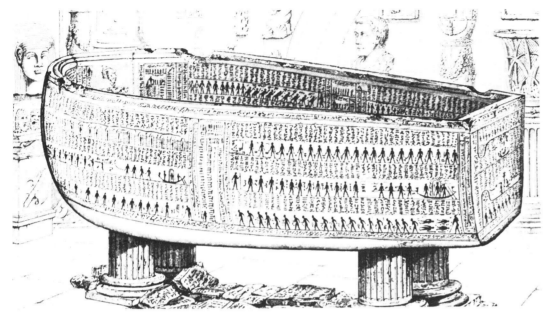

Der von Belzoni aus dem Grab entfernte Alabastersarkophag Sethos' I. im Sir-John-Soane-Museum in London.

und Umstellungen vorkommen, lassen sich die Zeichnungen heute sehr gut zur Wiederherstellung zerstörter Grabwände benutzen und erweisen sich zuverlässiger als viele spätere Kopien.

Mit dem Modell des Grabes wurde in London auch das wertvollste Original ausgestellt, das Belzoni aus dem Grab entfernt hatte – der Sarkophag des Königs aus durchscheinendem Alabaster. Es ist der erste königliche Steinsarg, der von der bisherigen Kastenform zur Mumiengestalt übergeht und zugleich allseitig dekoriert wurde, mit einer vollständigen Fassung des Pfortenbuches, von dem sich einzelne Abschnitte auch auf den Wänden des Grabes befinden. Der kostbare Sarkophag gelangte 1824 in den Besitz des Architekten Sir John Soane und steht heute noch in dem kleinen, mit Kunstwerken vollgestopften Privatmuseum, das er gestiftet hat, an den Lincoln's Inn Fields in London.

Die Entdeckung des Sethosgrabes hatte das Tal der Könige um eine Hauptattraktion reicher gemacht, und das Interesse der jetzt folgenden Reisenden, Künstler und Gelehrten galt in erster Linie diesem neugefundenen Grab, das in den Beschreibungen den größten Raum einnimmt. Belzonis Überzeugung, es gäbe im Tal nichts weiter mehr zu entdecken, blieb bis zum Ende des Jahrhunderts gültig, erst dann setzte eine neue, dichte Serie von Funden ein.

Mit dem steigenden Interesse an den Königsgräbern wächst die Zahl der Kopien, die von einzelnen Motiven der Dekoration angefertigt werden. Wenn dabei auch zumeist die gleichen, besonders auffallenden Szenen wiederholt und niemals ganze Gräber aufgenommen wurden, so sind die zwischen 1820 und 1840 angefertigten Kopien doch insgesamt von großem Wert und für inzwischen zerstörte Teile der Gräber das einzige, was erhalten blieb. Dabei zeichnen sich die Kopien von Robert Hay (seit 1824) durch ganz besondere Genauigkeit und sicheres Stilgefühl aus, aber auch James Burton (seit 1820), John Gardner Wilkinson (seit 1821) und Nestor l'Hôte (1838/39) haben weit bessere Arbeit geleistet als ihre unmittelbaren Nachfolger.

Inzwischen konnte man die Texte dank der Entzifferungstat Champollions (1822) endlich lesen und damit auch die Darstellungen besser entschlüsseln. Auf seiner großen Ägyptenreise verbrachte Champollion mit seinen Begleitern drei Monate (März bis Juni 1829) im Tal der Könige, wo sich die Expedition im Grab Ramses' IV. als dem besten »Hotel« des Landes häuslich einrichtete. Nun traten an die Stelle vager Vermutungen über Sinn und Bedeutung der Dekoration erste sichere Einsichten, die

Amenophis III. mit seinem Ka vor der Göttin Nut, die ihn mit Wassersprengen begrüßt. Nestor L'Hôte hat die heute zum Teil zerstörte Szene als Teilnehmer der Expedition Champollions gezeichnet.

Königsmumie aus dem Versteck in Deir el-Bahari, mit frischen Blumengebinden und Lotosblüten, die G. Schweinfurth nach der Entdeckung noch in einer Zeichnung festhalten konnte.

Champollion vor allem im dreizehnten seiner »Briefe aus Ägypten und Nubien« niedergelegt hat. Bisher hatte man immer noch damit gerechnet, daß an den Grabwänden historische Texte von Leben und Taten der Pharaonen berichten; Champollion erkannte dagegen, daß es hier allein um das Fortleben des verstorbenen Königs geht, der wie die Sonne die untere Hemisphäre durchlaufen muß, um neu geboren zu werden. Zugleich spürte er die Analogie dieser Jenseitsschilderungen zu Dantes Inferno und sah in den Texten und Bildern der Königsgräber »das ganze kosmogonische System und die Prinzipien der allgemeinen Physik der Ägypter« niedergelegt; unter den symbolischen Darstellungen dieses »raffiniertesten Mystizismus« seien »alte Wahrheiten verborgen, die wir für sehr jung halten«. Champollion erkannte als erster, daß bestimmte Texte und Bildkompositionen in fast allen Königsgräbern wiederkehren, er beschreibt diese religiösen Bücher ausführlich und gibt bereits längere Übersetzungen ihrer Texte; dazu kommen sorgfältige Kopien von Texten und Darstellungen, bis heute unentbehrliche Hilfen für die Arbeit an den Unterweltsbüchern.

Die nächste große Expedition, die das Tal der Könige aufsuchte, war die vom preußischen König finanzierte Mission von C. R. Lepsius und seinen Mitarbeitern; sie nahm im Winter 1844/45 eine vollständige Vermessung vor, befreite mehrere Gräber vom Schutt und kopierte zahlreiche Proben der Dekoration, die wenig später in den monumentalen Tafelbänden der *Denkmäler aus Aegypten und Aethiopien* von Lepsius veröffentlicht wurden. Allerdings fand Lepsius, wie später Adolf Erman, keinen rechten Zugang zu diesen religiösen Büchern, erst die Arbeiten von Gaston Maspero brachten vertiefte Einsichten, genauere Übersetzungen und führten erstmals über Champollion hinaus.

Masperos Name ist überdies aufs engste mit der Bergung der Königsmumien verbunden. Seine Amtszeit als Direktor der ägyptischen Altertümerverwaltung begann 1881 mit zwei großen Entdeckungen. In Saqqara wurde bei der Öffnung von Pyramiden der 5. und 6. Dynastie die älteste religiöse Spruchsammlung der Menschheit entdeckt, die *Pyramidentexte* des Alten Reiches. Und in Theben gelang es Maspero, die Herkunft von Grabbeigaben zu klären, die seit 1874 im Kunsthandel aufgetaucht waren. Dorfbewohner waren einige Jahre zuvor im steilen Felsen des Talkessels von Deir el-Bahari auf ein Grab gestoßen, das einst als Familiengruft des thebanischen Hohenpriesters Pinudjem II. (um 980 v. Chr.), aber auch als Versteck für die Mumien der meisten Pharaonen des Neuen Reiches gedient hatte (Kapitel 4).

Nach langwierigen Verhören wurde das Geheimnis dieses Verstecks endlich preisgegeben, und die rasch eingesetzte Kommission der Altertümerverwaltung sah sich von einem Anblick überwältigt, der wie ein Traum schien: rund vierzig Särge, die nach ihren Aufschriften die einbalsamierten Körper nicht nur von Königinnen, Prinzen und Hohenpriestern enthielten, sondern von einigen der bedeutendsten ägyptischen Könige, darunter Ahmose, der Begründer des Neuen Reiches, der kriegerische Thutmosis III., Sethos I. und sein Sohn Ramses II., dazu der letzte große Ramesside und Sieger über die Seevölker, Ramses III. Hatte man bisher aus den vielen Pyramiden und Felsgräbern nicht eine einzige Königsmumie bergen können, so besaß man jetzt durch *einen* Fund ein ganzes Dutzend. Von den einstigen kostbaren Beigaben der Königsbegräbnisse war kaum etwas in das letzte Versteck gerettet worden, aber dafür hatte man die Mumien mit frischem Blumenschmuck versehen, bevor die Särge wieder verschlossen wurden.

Die Kunde vom königlichen Versteck regte die Phantasie der Dorfbewohner so sehr an – man sprach bereits von ganzen Kisten voll Gold und Edelsteinen –, daß rasches Handeln geboten war, um einem Sturm auf das Grab zuvorzukommen. Im Juli 1881 wurde es in aller Eile ausgeräumt, und die Königsmumien traten auf einem Nildampfer ihre Reise nach Kairo an; auf den Ufern strömte die Bevölkerung zusammen und gestaltete die Fahrt zu einem wahren Trauerzug – Gewehre wurden abgefeuert, und die schwarzverhüllten Frauen stimmten die schrille Totenklage an, die den letzten Weg eines Verstorbenen begleitet.

18. Dynastie entdeckt (Thutmosis II.). Nun, im Dienst von Davis, folgte eine dichte Reihe bedeutender Entdeckungen, darunter das Königsgrab der Hatschepsut, die Gräber von Thutmosis IV. und Siptah und der reiche Grabschatz von Juja und Tjuju, den Schwiegereltern Amenophis' III.

1907 trat Carter in die Dienste des Earl of Carnarvon über, behielt aber sein Interesse an den Königsgräbern bei, wovon das umfangreiche, heute im Griffith Institute in Oxford aufbewahrte Material an Notizen, Plänen und Abschriften Zeugnis ablegt. Davis arbeitete jetzt mit Edward Ayrton, und am 25. Februar 1908 gelang ihnen als Krönung der bisherigen Erfolge eine weitere Entdeckung – das Königsgrab, das für Haremhab nach seiner Thronbesteigung angelegt wurde und sein kaum weniger bedeutendes Beamtengrab in Saqqara (1975 wiedergefunden) ersetzen sollte. Hier stieß man auf die vollkommensten königlichen Grabreliefs des Neuen Reiches und auf die älteste Fassung des Pfortenbuches; dazu boten die unfertigen Teile des Grabes Einblick in die gesamte Abfolge des Werkverfahrens (Kapitel 4). Schon vier Jahre später legte Davis dieses Grab in einer photographischen Veröffentlichung vor, während er von seinen übrigen Entdeckungen nur einzelne Proben bekanntgemacht hatte.

Nach Meinung von Davis wie von Maspero war damit das Tal der Könige bis in den letzten Winkel erforscht, und es blieb nichts mehr zu finden. Nur Lord Carnarvon, dem Davis 1914 seine Grabungskonzession abtrat, suchte zusammen mit Carter seit dem Herbst 1917 Winter für Winter nach einem bestimmten Grab, für dessen Vorhandensein es einige Indizien gab: das Grab des jung verstorbenen Königs Tutanchamun. Die intensive, ja verbissene Arbeit Carters wurde beim allerletzten Versuch, im November 1922, endlich von Erfolg gekrönt. Dicht unterhalb des vielbegangenen Grabes von Ramses VI. stießen seine Arbeiter auf Stufen im Fels, die bis zum versiegelten Eingang des Grabes führten.

Wir wollen die so oft geschilderte und wohl allgemein bekannte Geschichte dieses bedeutsamsten archäologischen Fundes seit Schliemanns Troja-Entdeckung hier nicht ein weiteres Mal beschreiben. Seit jenem Winter 1922/23 ist die Welt immer wieder neu vom »Tutfieber« geschüttelt worden, und seit »King Tut« 1967 auf Reisen ging, konnten Millionen Menschen in allen Erdteilen die Schätze bestaunen, die Carter ans Licht geholt hat. Dabei war es ein Glücksfall, daß dieser Fund nicht früher gemacht wurde, stellte doch die Bergung und Konservierung hohe Anforderungen an seine Entdecker, und Carter fand sogleich die Hilfe von Spezialisten des New Yorker Metropolitan Museum, die gerade in Theben arbeiteten. In aller Eile wurde das etwas abgelegene Grab von Sethos II. als provisorisches Laboratorium eingerichtet, und der ausgezeichnete Photograph Harry Burton hielt alle Stadien der Entdeckung im Bild fest; ihm verdanken wir auch, leider nie veröffentlicht, eine vollständige photographische Dokumentation des Grabes von Sethos I.

Man erntet immer wieder ungläubiges Staunen, wenn man darauf hinweist, daß dieser so populäre Grabschatz noch weitgehend unveröffentlicht ist; selbst die berühmte Goldmaske, geradezu Signet aller Tutanchamun-Ausstellungen, hat noch keine wissenschaftliche Veröffentlichung erhalten, erst vor kurzem erschien eine erste brauchbare Photographie ihrer Rückseite im Druck. Neben der begeisterten Schatzsuche im Tal der Könige, die 1960 noch einmal im hinteren Teil des Grabes von Sethos I. durch Ali Abd er-Rassul aufgenommen wurde, kam die geduldige wissenschaftliche Aufarbeitung des so reich vorhandenen Materials lange Zeit zu kurz. Nach dem großen Interesse von Maspero und Budge für die Welt der Königsgräber wurde die nächste Generation durch das negative Urteil abgeschreckt, das Adolf Erman mit dem Gewicht seiner Autorität als bester Kenner der altägyptischen Sprache über diese »philisterhafte Geographie des Jenseits« gefällt hat; mit Emphase heißt es in seinem Standardwerk über die Religion der Ägypter: »Und wer heute durch die ernsten Gänge dieser Riesengräber wandelt, auf den schauen von allen Seiten die Gestalten des Amduat hernieder, als hätten die alten Ägypter nichts Besseres über das Leben nach dem Tode gedacht als diese Fratzen.« Amduat und Pfortenbuch gehörten noch 1936 für Hermann

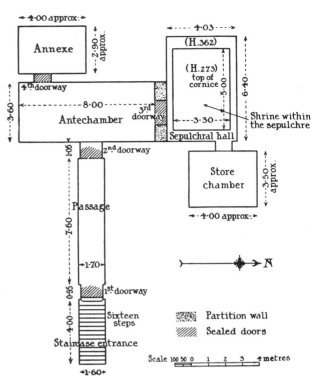

Carters Plan vom Grab des Tutanchamun.

Kees »zu den unbeliebtesten Teilen der gesamten ägyptischen Literatur«, aber er fügt prophetisch hinzu: »Vielleicht wird sich auch das ändern.«

Die Wissenschaft hat tatsächlich eine Weile lang angenommen, die Dekoration dieser so eindrucksvollen, in einer Glanzzeit der ägyptischen Geschichte errichteten Grabanlagen ginge auf die »Hirngespinste« von Zauberern und Hexenmeistern zurück und lohne keine Beschäftigung. So wurden die geistigen Schätze des Tales, die Champollion und Maspero bereits vor Augen gehabt hatten, unter dem Schutt von Vorurteilen, Unverständnis und der Verabsolutierung moderner Maßstäbe und Denkgewohnheiten begraben, und es bedurfte großer Anstrengungen, den Zugang zu ihnen wieder freizulegen.

Entscheidende Anstöße kamen von Alexandre Piankoff, einem Gelehrten russischer Herkunft, der nach der Revolution von 1917 sein Land verließ, in Deutschland und Frankreich studierte und sich von 1930 bis zu seinem Tode 1966 überwiegend in Ägypten aufhielt. Zuerst nahm er an einer Expedition zu den koptischen Klöstern am Roten Meer teil, aber dann zog ihn das Tal der Könige unwiderstehlich in seinen Bann. Was ihn faszinierte, waren die bisher vernachlässigten Texte und Darstellungen an den Wänden der Königsgräber. Das Pfortenbuch, von dem er 1939 gemeinsam mit Ch. Maystre ein erstes Heft herausgab, bildete den Anfang einer dichten Folge von Texteditionen, die er in den folgenden Jahren vorlegte. Von Interesse und Verständnis auch für andere religiöse Ausdrucksformen getragen, versuchte Piankoff, die illustrierten Jenseitsbücher dieser Gräber ernst zu nehmen und sie auf dem Hintergrund der übrigen religiösen Literatur Altägyptens Schritt für Schritt aufzuhellen. Durch seine Herausgabe und Deutung der Texte erreichte er, daß diese bisher unverstandene Jenseitsliteratur allmählich wieder in das Bewußtsein der übrigen Fachwelt gelangte, wenn sie auch bis heute in keiner Darstellung der ägyptischen Religion den Platz einnimmt, der ihr eigentlich zukommt.

Neue Möglichkeiten eröffnete Piankoffs Zusammenarbeit mit Nina Rambova und der Bollingen Foundation, die 1949–1951 die ausgedehnte Grabanlage Ramses' VI. vollständig für ihn ausphotographierte; *The Tomb of Ramesses VI*, 1954 erschienen, war die erste vollständige Publikation eines Königsgrabes in ausgezeichneten Photographien, verbunden mit einer Bestandsaufnahme, Beschreibung und Übersetzung der gesamten Dekoration. Gemeinsam widmeten wir uns einige Jahre später dem Grab Amenophis' III. und arbeiteten einen Plan zur Aufnahme der übrigen, noch unveröffentlichten Gräber des Tales aus. Durch den Tod Piankoffs wurde dieses Projekt jedoch allzubald beendet, und nur *Das Grab des Haremhab*, das ich zusammen mit Frank Teichmann herausgab, konnte als bisher einzige farbige Publikation eines königlichen Felsgrabes erscheinen. So warten die meisten übrigen Grabanlagen des Tales, darunter so prominente wie die von Tutanchamun und Sethos I., immer noch auf ihre wissenschaftliche Auswertung, die allmählich in einen Wettlauf mit dem fortschreitenden Verfall gerät.

Neben Piankoff haben sich auch Hermann Grapow und Siegfried Schott um die Texte aus den Königsgräbern bemüht, die man in der älteren Literatur etwas salopp als Jenseitsführer bezeichnet, aber jetzt passender Unterweltsbücher nennt. Beide ermutigten mich als jungen Anfänger, eine Lücke zu füllen, die nach den zahlreichen Textausgaben Piankoffs noch geblieben war – die Aufnahme und Herausgabe des Amduat, des ältesten religiösen Buches der Königsgräber, das in rund zwanzig, meist unvollständigen Fassungen aus dem Neuen Reich überliefert ist und danach sehr häufig auf Totenpapyri begegnet.

Seitdem hat mich die Arbeit im Tal der Könige nicht mehr losgelassen, denn neben dem Amduat bedurften auch andere religiöse Bücher neuer, verbesserter Ausgaben und in vielen Fällen einer ersten Bearbeitung ihres Inhalts. Dieser Inhalt zeugt von einem geradezu wissenschaftlichen Eifer jener Zeit, das Schicksal der Toten zu ergründen; er erschließt uns ägyptische Jenseitsvorstellungen in Bildern voll visionärer Kraft, aber auch in nüchternen, schonungslosen Beschreibungen, die an Fülle und Exaktheit von

Details ihresgleichen suchen. Wer in diese bizarre Bilderwelt der Unterweltsbücher eindringt, für den beginnen neue Abenteuer der Forschung, die unsere bisherigen Vorstellungen über ägyptische Religion und Geisteswelt in vieler Hinsicht ändern oder vertiefen, uns überraschende Einblicke in eine Tiefe der Welt geben, die sich in unserem eigenen Inneren öffnet. Davon wird in weiteren Kapiteln dieses Buches die Rede sein.

Die Auswertung der Texte und Bilder ist jedoch nicht die einzige »Schatzsuche«, die derzeit im Tal der Könige betrieben wird. Elizabeth Thomas und John Romer haben sich besonders der nicht dekorierten, bisher kaum beachteten Gräber angenommen und auch für die großen, dekorierten Grabanlagen wichtige Grundlagen für die weitere Erforschung der architektonischen Entwicklung gelegt. Auch hier bleibt noch viel zu tun, und wir erwarten durch die Forschungen von Friedrich Abitz weitere Aufschlüsse über Feinheiten der Anlage und Dekoration der Gräber. Unserem Basler Team ist durch sorgfältige Messungen und Beobachtungen die Entdeckung eines Kanons gelungen, der im Neuen Reich die Verwendung bestimmter Maße und festgelegter Elemente in der Architektur wie im Bildprogramm der Königsgräber regelt und sie eindeutig von nichtköniglichen Anlagen abhebt (Kapitel 3). Hier tritt deutlich hervor, wie diese Bauwerke bis in die feinsten Details durchdacht und sorgfältig geplant wurden, aber man kann auch die lebendige Entwicklung von einer Regierungszeit zur anderen verfolgen und dem für Altägypten so prägenden Gesetz von der »Erweiterung des Bestehenden« nachgehen. Mit diesen Einblicken in das Neue Reich sieht man auch für frühere Epochen die Entwicklung der königlichen wie der nichtköniglichen Grabanlagen unter neuen Aspekten. So beginnen wir in den beiden folgenden Kapiteln damit, die Gräber im Tal der Könige in die jahrtausendelange Geschichte der ägyptischen Grabarchitektur einzuordnen.

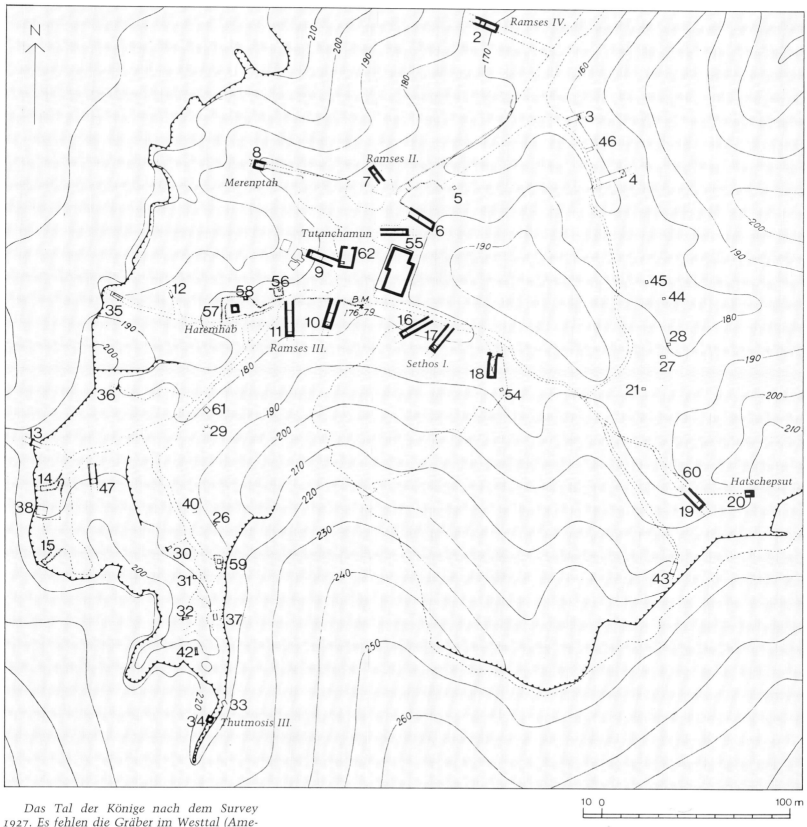

Das Tal der Könige nach dem Survey 1927. Es fehlen die Gräber im Westtal (Amenophis III. und Aja).

21

1 *Blick über das zerklüftete Wüstenplateau auf dem Westufer gegen das ferne Niltal.*

2 *Blick vom Ostufer über den Nil auf das thebanische Westgebirge, mit dem Talkessel von Deir el-Bahari in der Mitte; hinter ihm liegt das Tal der Könige.*

3 *Die überragende, 489 Meter hohe Bergspitze el-Qurn (»das Horn«) als natürliche Pyramide über dem Tal der Könige. Hinter der niedrigen Steinmauer im Vordergrund liegt der Eingang zum Grab des Tutanchamun; dahinter das Grab von Ramses VI. und darüber ein Wächterhaus.*

1

2

3

4

5

4/5 *Die beiden Harfenspieler aus einer Seitenkammer im Grab Ramses' III., von R. Hay 1824 oder später exakt kopiert. Die Harfen sind jeweils mit einem Kopf des Königs verziert (mit der unterägyptischen Krone [4]; mit Kopftuch und Doppelkrone [5]).*

6 *Aquarell von Hay aus dem Grab von Ramses III. Der Gott Ptah-Sokar-Osiris thront zwischen dem König, der vor ihm räuchert und eine Wasserspende ausgießt, und der Göttin »Isis, der Großen, der Gottesmutter«, die das Kuhgehörn der Hathor und eine Sonnenscheibe auf dem Haupt trägt; ihre flügelbreitenden Arme umfangen schützend den Gott, die Hände halten die Zeichen für »Leben« und »Heil«. Der König trägt über den dünnen Leinengewändern einen Halskragen und Perücke, dazu die schützende Uräusschlange an der Stirn. Die grüne Hautfarbe des Gottes deutet auf Osiris, der sich hier mit Ptah und Sokar zu einer Gestalt verbunden hat.*

7 *Ramses III. vor dem falkenköpfigen Sonnengott in der Kopie von Hay, der die Beischriften fortgelassen hat. Die spätere Ramessidenzeit trachtet danach, den Ornat und vor allem die Krone des Herrschers mit möglichst vielen machtgeladenen Zeichen zu versehen; die Vielzahl von Uräusschlangen schirmt ihn gegen feindliche Gewalten ab, und dazu breitet noch der Königsfalke seine Flügel schützend über das gestreifte Kopftuch des Herrschers.*

8 *Götterszene auf der Rückwand der oberen Pfeilerhalle im Grab Sethos' I. in der Kopie von Burton. Der König, vom falkenköpfigen Gott Horus mit der Doppelkrone begleitet, tritt vor den thronenden Herrscher des Totenreiches, Osiris, hinter dem Hathor als Göttin des Westens steht. Pharao und Osiris halten beide die Attribute der Herrschaft (Hirtenstab und sogenannte »Geißel«) in den Händen, die umrahmenden Gottheiten das Lebenszeichen, das an der Basis des Thrones mit dem Zeichen für »Dauer« und »Heil« wechselt; am Thron selber noch das Zeichen für die »Vereinigung der Beiden Länder«. Die Szene ist in einen Schrein hineingesetzt, den oben die geflügelte Sonnenscheibe, eine Hohlkehle und ein Fries von Uräusschlangen bekrönen.*

7

9 *Zeichnung Belzonis vom Eingang zum Grab Sethos' I. Man erblickt im ersten Korridor die Szene des Königs vor dem Sonnengott und an der Decke die schützenden Geier.*

10 *Fassade des Tempels von Qurna, von Sethos I. für seinen Totenkult und den seines Vaters Ramses I. errichtet. Die Reihe von Papyrusbündelsäulen schloß den davorliegenden Hof ab, die Pylone des Tempels waren aus Ziegeln errichtet.*

11

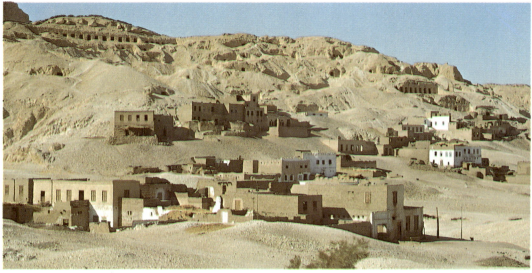

12

13

Kapitel 2 **Immer ein Neubeginn: das Pharaonengrab von Menes bis Alexander dem Großen**

Die Geschichte des ägyptischen Königsgrabes umspannt einen Zeitraum von rund dreitausend Jahren, von den Königen der Frühzeit bis zum *Sema* der Ptolemäer in Alexandria. Durch die äußere Form der Grabanlage gliedert sich dieser Zeitraum deutlich in vier Phasen. In der ersten Phase (um 3000 bis 2600 v. Chr.) hat das Grab die Form einer *Mastaba* (Kapitel 3), in der zweiten (um 2600 bis 1500 v. Chr.) wird es als Pyramide ausgeführt, in der dritten (um 1500 bis 1100 v. Chr.) als Felsgrab und in der vierten und letzten (nach 1100 v. Chr.) als »Grab im Tempelhof«. Dabei wird jedes Mal neu eine Hierarchie aufgebaut, in der das Königsgrab durch Form, Größe oder Lage einen deutlichen Vorrang vor allen anderen Grabanlagen erhält. In diesem Buch behandeln wir die Gräber der dritten Phase, die Felsgräber im Tal der Könige, beginnen aber mit einem Überblick über die Entwicklung seit den Anfängen.

Die »Reichseinigungszeit« um 3000 v. Chr., in der sich aus vorgeschichtlichen Kulturen der ägyptische Staat und die spezifisch ägyptische Hochkultur herausformen, ist nach unserer heutigen Kenntnis ein Prozeß, der sich über mehrere Generationen hinzieht. An der politischen Einigung des Landes ist eine Reihe von Königen beteiligt, die der Ägypter erst im Neuen Reich (nach 1540 v. Chr.) zur Idealgestalt des einen Königs Menes zusammenzieht, dem keine geschichtliche Wirklichkeit zukommt; er ist die Gestaltwerdung des geschichtlichen Anfangs, des Übergangs der Herrschaft von den Göttern auf die Menschen. In den zeitgenössischen Quellen treten vor allem Narmer und Aha als erste bedeutende Könige der ägyptischen Geschichte hervor. Von beiden besitzen wir Grabanlagen, und der älteste Friedhof in Abydos enthält sehr wahrscheinlich schon Gräber ihrer unmittelbaren Vorgänger.

Erhalten sind dort rechteckige, in den Boden versenkte und mit Ziegeln ausgemauerte Kammern von relativ bescheidenen Ausmaßen (3 × 4 bis 5 × 8 m), die trotzdem gegenüber den schlichten Gruben der Vorgeschichte eine neue Phase des Grabbaus einleiten. Die Oberbauten konnten nicht mehr gesichert werden, doch darf man für sie

Grundriß und Querschnitt eines königlichen Grabes der 1. Dynastie (Saqqara 3471).

11 *Blick von Westen über die thebanische Ebene gegen das Ostgebirge. Der Nillauf ist durch die Bäume im Hintergrund angedeutet. Rechts im Bild die beiden Memnonskolosse von Amenophis III.*

12 *Die Häuser des Dorfes von Qurna, am Abhang des Gräberberges von Schêch Abd el-Qurna mit den Fassaden der Beamtengräber.*

13 *Die beiden Oberwächter der Totenstadt: Schêch Abd el-Mabûd und sein Sohn Negdi.*

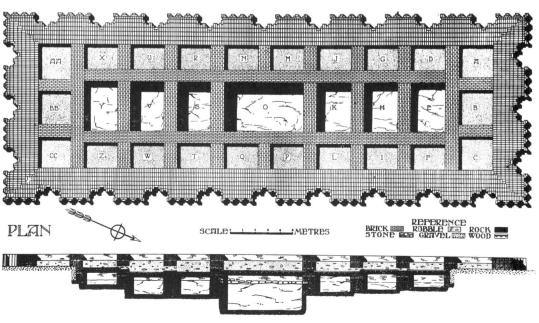

schon die Form der *Mastaba* vermuten, des rechteckigen Grabhügels mit geböschten Wänden. Es scheint, daß diese frühen Königsgräber von Anfang an als Doppelgräber angelegt waren, bei denen der Oberbau zwei nebeneinander liegende Kammern überdeckt; diese Doppelung zieht sich dann durch die ganze Geschichte des ägyptischen Königsgrabes. Unter König Aha wird die Zahl der Kammern vermehrt und die ganze Anlage vergrößert. Die Dualität tritt jetzt an anderer Stelle hervor, denn neben dem Königsfriedhof von Abydos wird ein zweiter in Saqqara begonnen, in der Totenstadt von Memphis, und vereinzelt werden königliche Zweitgräber auch an anderen Orten angelegt.

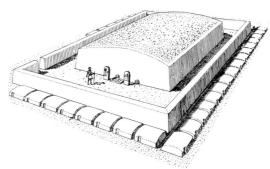

Grab der Königin Meritneith in Abydos. Rekonstruktion von J.-Ph. Lauer.

Seit W. B. Emery den archaischen Friedhof von Saqqara freigelegt hat, dauert der Streit darüber an, ob das »eigentliche« Königsbegräbnis der Frühzeit in Abydos oder in Saqqara gelegen hat. In der neuen Nekropole werden von Anfang an erheblich größere Oberbauten als in Abydos errichtet und dazu mit einer reichen Nischengliederung versehen; Dutzende von Kammern umgeben die zentral gelegene Grabkammer und dienen zur Aufnahme der reichen Beigaben für das Jenseits. Nebengräber fehlen zunächst, aber dafür scheint es, daß in jeder Regierungszeit mehrere dieser großen Anlagen errichtet wurden, daß also neben dem König auch seine wichtigsten Familienangehörigen hier bestattet waren, aber einzig dem König ein Zweitgrab in Abydos zukam. Wo er wirklich bestattet wurde, läßt sich nicht zwingend entscheiden, und es gibt auch die Ansicht, der Friedhof in Saqqara sei ein reiner Beamtenfriedhof für die Spitzen der Verwaltung in der neuen Residenz. Das fortdauernde Prinzip der Dualität scheint eher dafür zu sprechen, daß es an jedem der beiden Orte eine königliche Grabstätte gab. Ob sich darin nur das stets so betonte Doppelkönigtum der Pharaonen als König von Ober- und Unterägypten spiegelt oder ob tiefere religiöse Gründe dahinterstehen, bleibt offen. Das Denken in Zweiheiten ist dem Ägypter tief eingeprägt, nur vor der Schöpfung gibt es für ihn einen Zustand »als noch nicht zwei Dinge in dieser Welt entstanden waren«, denn die Zweiheit als einfachste Differenzierung gehört zum Wesen der geschaffenen Welt.

Als weiteres Element der königlichen Grabanlage werden am Rande des Fruchtlandes in Abydos große, von Ziegelmauern eingefaßte Höfe angelegt, deren Inneres keine festen Bauten aufweist. Man kann nur vermuten, daß diese Talbauten für jenseitige Erneuerungsfeste der frühen Könige bestimmt waren. Denn schon in den Zeugnissen der 1. Dynastie hören wir von der Feier des *Sedfestes*, bei dem der altgewordene König seine Kräfte rituell erneuert und den Antritt seiner Herrschaft wiederholt. Die meisten Pharaonen konnten dieses Fest, das im 30. Regierungsjahr und danach in kurzen Wiederholungen begangen wurde, nicht zu Lebzeiten feiern, da sie nicht lange genug regierten. Aber die fortgesetzte Feier dieser Erneuerung blieb ein Wunsch, den man in das Jenseits mitnahm und dort zu verwirklichen suchte; daher nimmt die Dekoration der späteren königlichen Totentempel in Formulierungen und ganzen Szenenfolgen immer wieder auf das Sedfest Bezug, ohne dabei ein wirklich gefeiertes Fest zu meinen.

Zu Beginn der 3. Dynastie (um 2610 v. Chr.) fassen König Djoser und sein Bauleiter Imhotep die bisher getrennten Elemente des Königsgrabes in einer einzigen monumentalen Anlage zusammen und verwenden dabei zum erstenmal in großem Stil den Stein als neues, dauerhaftes und damit der Ewigkeit des Jenseits angemessenes Baumaterial. Erste Erfahrungen in der Bearbeitung von Steinen haben die Ägypter schon in der späten Vorgeschichte gesammelt; bereits damals wollte man Grabbeigaben wie Gefäßen und Schminktafeln eine größere Dauerhaftigkeit verleihen und erreichte in der Herstellung von Gefäßen aus edlen Hartgesteinen wie Granit, Diorit und Basalt bald eine hohe Meisterschaft. In der frühen geschichtlichen Zeit traten Grabstelen, Opferplatten und erste Plastiken aus Stein hinzu, und König Dewen hat um die Mitte der 1. Dynastie seine Grabkammer in Abydos bereits mit einem Fußboden aus Granit versehen; in größerem Umfang verwendeten auch die späteren Könige der Frühzeit das Steinmaterial nicht. Nun aber, von einer Generation zur anderen, erhält der Herrscher eine ganze Totenresidenz aus Stein, in der er die unabsehbare Zeitspanne jenseitiger

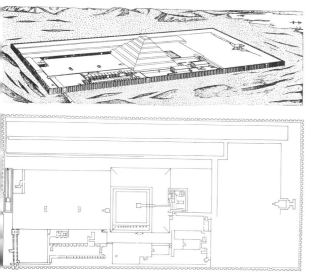

Grundriß und Rekonstruktion des Djoserbezirkes in Saqqara.

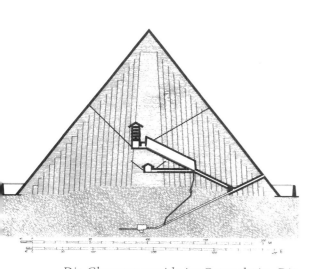

Die Cheopspyramide im Querschnitt. Die Hauptkammer liegt nicht unterirdisch, wie bei den anderen Pyramiden, sondern in der Mitte des Bauwerkes. Der untere Maßstab gibt ägyptische Ellen.

Existenz überdauern soll. Auf einer Länge von 545 und einer Breite von 280 Metern umschließt eine mehr als zehn Meter hohe Umfassungsmauer aus leuchtend weißem Kalkstein den ganzen Bezirk des Djoser mit seiner doppelten Grabanlage. Das Südgrab ist nach Westen, das zur 60 m hohen Stufenpyramide ausgestaltete Nordgrab nach Norden hin orientiert, umgeben von einer Fülle von kultischen Scheinbauten, die überwiegend massiv ausgefüllt sind, darunter auch Hof und Götterkapellen zur Feier des Erneuerungsfestes. Unterirdische Magazine dienten für die Aufnahme der Beigaben, und einige der unterirdischen Räume sind bereits mit Reliefdarstellungen des Königs dekoriert.

Dieser erste Pyramidenbau wurde zum weithin sichtbaren Wahrzeichen der Totenstadt von Memphis, von den nachfolgenden Anlagen nicht übertroffen. Sechemchet konnte in seiner kurzen Regierung eine noch größer, in sieben Stufen geplante und fast quadratisch angelegte Stufenpyramide nicht vollenden; auch sein Grabbezirk enthält ein Südgrab, und in der Pyramide fanden die Ausgräber den ältesten uns bekannten Königssarkophag aus Stein.

Im Übergang zur 4. Dynastie bemühen sich die königlichen Bauleiter um neue Formen. Die Stufenbauten werden überkleidet, wie die Pyramide von Medûm, und aus dem Südgrab wird eine kleine Zweitpyramide, die offenbar nicht zur Aufnahme einer Bestattung dient. Die Deutung der eigenartigen Form der »Knickpyramide« in Dahschûr mit ihrem zweifach, nach Norden und nach Westen orientierten Gangsystem und ihrem doppelten Böschungswinkel ist umstritten; vielleicht ist hier der Versuch gemacht worden, zwei Gräber in einem einzigen Bauwerk zu kombinieren. Eine wichtige Neuerung ist die Aufgabe der geschlossenen, kompakten Grabbezirke, wie sie die 3. Dynastie gestaltet hatte. Jetzt sind die einzelnen Teile der Anlage weit auseinandergezogen und nicht mehr von einer einzigen Umfassungsmauer umschlossen. Auf der Ostseite der Pyramide findet sich eine zunächst kleine, sehr bescheidene Kultstelle, zu der vom Fruchtland her ein Aufweg hinaufführt. Bei der Knickpyramide wird der Aufweg von einer Tempelanlage mit Pfeilerhof unterbrochen, wobei hier Taltempel und Totentempel noch in einem einzigen Bauwerk vereinigt scheinen. Erst in der nachfolgenden Regierungszeit des Cheops, in der Planung des königlichen Bauleiters Hemiûn und seines Stabes, findet die Pyramidenanlage des Alten Reiches ihre endgültige, vierfache Gestalt.

Am Rande des Fruchtlands gelangt man zunächst zu einem Taltempel mit zwei Eingängen, erreicht dann auf einem meist geknickten oder schrägen Aufweg den Totentempel, hinter dem sich, von einer Mauer umschlossen, die Pyramide als der eigentliche Grabbau erhebt. Dazu kommen Nebenanlagen, vor allem die monumentalen Schiffe, die in ausgemauerten Gruben um die Pyramide beigesetzt werden und dem toten König die Fortbewegung im himmlischen Jenseits gestatten sollen. Auf dieses Fortleben am Himmel weist der nach Norden und mit seinem Neigungswinkel von meist 26 bis 27° konkret auf die Region der Zirkumpolarsterne gerichtete Eingangskorridor, der in gerader Achse zur Grabkammer hinunterführt. Er dient dem Aufstieg des Königs zu den »unvergänglichen« Sternen des Nordhimmels, die ihn schützend in ihren stetigen Kreislauf aufnehmen und verhindern, daß er in die Tiefen der Unterwelt hinabsinkt.

Die gewaltige Pyramide des Cheops, in den Jahren um 2550 bis 2530 v. Chr. unter der Leitung des Prinzen Hemiûn errichtet und mit ihren 146 m Höhe von keiner anderen Anlage an Größe übertroffen, gehört noch in diese Experimentierzeit zu Beginn der 4. Dynastie. Anstelle der einen unterirdischen Grabkammer und dem Zweitgrab im Süden sollen die beiden Kammern in der Pyramidenmitte das alte Prinzip der Dualität in einer wiederum anderen und neuen Form verwirklichen, doch bleibt dies eine einmalige Lösung. Auch das Wunderwerk der Großen Galerie mit ihren herrlich gefugten Blöcken findet sich in dieser Form in keiner anderen Pyramide, so daß begreiflich wird, daß man der Cheopspyramide immer wieder eine Sonderstellung zuweisen wollte und sich an ihrer angeblichen »Zahlenmystik« berauschte. Aber alle Spekulationen über geheimnisvolle und prophetische Maßverhältnisse, über Spiegelungen kosmischer Maße in den Abmessungen der Pyramide gehen in die Irre, weil sie zum Teil auf ungenauen, inzwischen überholten Messungen beruhen und vor allem, weil den alten Ägyptern diese Art von Maßen ganz unwesentlich war; weder interessierte sie der genaue, auf viele Dezimalen ausgerechnete Wert der Zahl π, noch die exakte Entfernung von der Erde zur Sonne. Worauf es ihnen ankam, waren klare, durchsichtige Zahlenverhältnisse für die Maße von Kammern und Korridoren. So mißt die größere der beiden Kammern 10 × 20 ägyptische Ellen zu je 52,3 cm, und die Korridore weisen mit zwei Ellen Breite das gleiche Maß auf, das auch für den Durchmesser der Pfeiler in den Kulträumen vor der Pyramide verwendet wird.

Erst Chephren, der Erbauer der zweiten großen Pyramide von Gîza, beendet die Versuchsphase und findet zu einer ausgewogenen Anordnung, welche in den jüngeren Anlagen fortwirkt. Die Monumentalität des Grabhügels beginnt zurückzutreten, der Schwerpunkt verlagert sich auf die Kultbauten mit ihrem Statuen- und Reliefschmuck; immer reicher entfaltet sich nun die Dekoration, doch sind nur aus wenigen Anlagen ausreichende Proben erhalten geblieben. Unterirdische Grabkammer und kleine Zweitpyramide innerhalb der Umfassungsmauer setzen sich als bleibende Elemente durch.

Nach Mykerinos, der die dritte der Gîzapyramiden erbaut, werden neue Wandlungen in der Auffassung vom Königsgrab spürbar, und am Ende der 4. Dynastie geben König Schepseskaf und Königin Chentkaus die Form der Pyramide vorübergehend sogar ganz auf. Die Könige der 5. Dynastie errichten neben Sonnenheiligtümern auch wieder Pyramiden von recht bescheidenen Ausmaßen. Die Grabanlagen dieser Zeit liegen teils in Abusir (zwischen Saqqara und Gîza), teils in Saqqara; das nördlichere Gîza, beim heutigen Kairo gelegen, wird als Nekropole nur noch von einigen Beamten und Totenpriestern benutzt. Im Grundriß der Kultbauten sind einige Elemente gegenüber der 4. Dynastie verändert, am auffälligsten ist der Ersatz der Pfeiler im Hof durch bunt bemalte Säulen, die mit dem schwarzen Basalt des Fußbodens, dem weißen Kalkstein der Wände und dem Rosengranit der Tore einen wirkungsvollen Farbeindruck bieten; erst die 6. Dynastie kommt wieder auf die Pfeilerform zurück.

Die beiden letzten Könige der 5. Dynastie, Asosi und Unas, schließen die Entwicklung der Pyramidenanlagen für das Alte Reich ab. Von Asosi an bleibt der Grundriß des Totentempels bis in die 12. Dynastie hinein nahezu unverändert, und die wieder stärker hervortretenden Magazinräume weisen auf die vermehrte Bedeutung der materiellen Beigaben für das jenseitige Fortleben hin. Dazu paßt die »Materialisierung« der Ritualsprüche, denen man seit Unas durch Aufzeichnung in den Innenräumen der Pyramide größere Wirkung und Dauer zu verleihen sucht. Diese Neuerung ist religionsgeschichtlich besonders bedeutsam, da wir ihr das älteste religiöse Textcorpus der Menschheit verdanken, die Pyramidentexte des 24. und 23. Jahrhunderts v. Chr. Während die Kammern der Pyramiden bisher völlig frei von Dekoration blieben, haben wir nun, in die Wände eingemeißelt und durch ein gestirntes Dach ergänzt, eine Sammlung der verschiedenartigsten Sprüche, die alle mit dem Begräbnis des Königs zusammenhängen. Sie dienen dem Ablauf von notwendigen Ritualen, dem Aufstieg des Königs zum Himmel, der Abwehr von Gefahren und der materiellen Versorgung im Jenseits. Das Ziel, das der Tote damit erreichen will, ist ein königliches: die Herrschaft im jenseitigen Himmel unter den Göttern zu erringen, selber zum obersten Gott zu werden. Diese Rolle wird bis zum gewaltsamen Verspeisen der Himmelsbewohner und ihrer Zauberkräfte im »Kannibalenspruch« gesteigert, aber daneben erscheint der Verstorbene auch schon als Osiris, als der leidende, getötete und doch wiederauflebende Herrschergott, Brudergemahl der Isis.

Außer der Rückkehr zur Pfeilerform nehmen die Könige der 6. Dynastie an Grundriß und Ausgestaltung ihrer Grabanlagen keine wesentlichen Änderungen mehr vor, auch wenn jede Regierungszeit die Details neu festsetzt und nicht einfach die vorangehende Anlage kopiert. Die Dekoration der Grabkammer und ihrer Vorräume durch

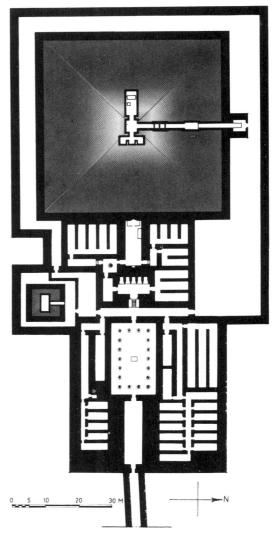

Plan von Pyramide, Totentempel und Zweitpyramide des Unas in Saqqara.

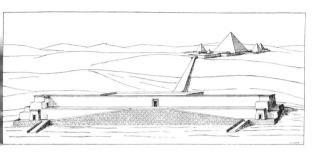

Rekonstruktion der Pyramidenanlage von Phiops II., mit Talbau, Aufweg, Totentempel, kleiner Zweitpyramide und größeren Königinnenpyramiden.

Unas wird rasch zum Vorbild im nichtköniglichen Bereich. Nachdem bisher nur die oberirdischen Kulträume mit Malerei oder meist mit bemaltem Relief ausgeschmückt waren, dekorieren die Beamten der 6. Dynastie jetzt häufig auch die unterirdischen Grabkammern, und gegen das Ende des Alten Reiches wurden die Pyramidenanlagen der Königinnen zu getreuen, wenn auch verkleinerten Abbildern des Königsgrabes, mit Einschluß von Zweitpyramide und königlicher Spruchsammlung der Pyramidentexte.

Die politische Auflösung und wirtschaftliche Notlage Ägyptens nach dem Ende der 6. Dynastie zwingt den Grabbau und alle materiellen Formen des Totenkultes auf neue Wege. In der Provinz errichten die Gaufürsten als lokale Machthaber für sich und ihre engsten Angehörigen dekorierte Felsgräber in beherrschender Lage über dem Niltal. Für die Beamtenschaft werden Sarg und Grabstein (Stele) zum Ersatz für das ausgeschmückte Grab und daher vielfach mit Motiven der bisherigen Grabdekoration versehen. Das Königsgrab scheint im nördlichen Teilreich seine Pyramidenform zu behalten, während die thebanischen Fürsten der 11. Dynastie neue, aus lokaler Tradition erwachsene Formen wählen. Mentuhotep Nebhepetre, dem die neue Einigung des Landes um 2040 v. Chr. gelingt, krönt diese provinzielle Entwicklung durch seinen eigenwilligen Grabbau im Talkessel von Deir el-Bahari auf dem thebanischen Westufer. Vor einer eindrücklichen Felsfassade steigt der Oberbau terrassenförmig empor, mit gewaltigen Säulenhallen und Pfeilerumgängen versehen, aber nach der neuesten Rekonstruktion nicht von einer Pyramide bekrönt. Unterirdisch betonen zwei Korridorgräber in einer wieder ganz neuen Weise die alte Dualität des Königsgrabes. Die Einbeziehung eines Amunkultes weist auf die Totentempel des Neuen Reiches voraus.

Als der Begründer der 12. Dynastie, Amenemhât I., die Königsresidenz um 1990 v. Chr. von Theben wieder nach dem Norden verlegt, knüpft das Mittlere Reich ganz bewußt an die Tradition der 6. Dynastie an; die neuen Grabanlagen sind, mit geringen Änderungen, Abbilder der Pyramidenbezirke des späten Alten Reiches. Die wichtigste Neuerung ist der Verzicht auf eine Dekoration der Innenräume und damit auf die Pyramidentexte, die jetzt nicht mehr königliches Privileg sind, sondern von jedermann benutzt werden können. Vielfach abgewandelt und neu redigiert, werden sie als Sargtexte auf den Holzsärgen der Beamten und ihrer Angehörigen weiter überliefert.

Das Jenseits dieser neuen Spruchsammlung liegt nicht mehr bevorzugt am Himmel, sondern wird immer enger mit Osiris verbunden, dem Herrscher des unterweltlichen Totenreiches. Abydos, die alte Grabstätte der frühzeitlichen Könige, wird erneut zum religiösen Mittelpunkt, diesmal als wichtigster Kultort des Osiris. Dort möchte

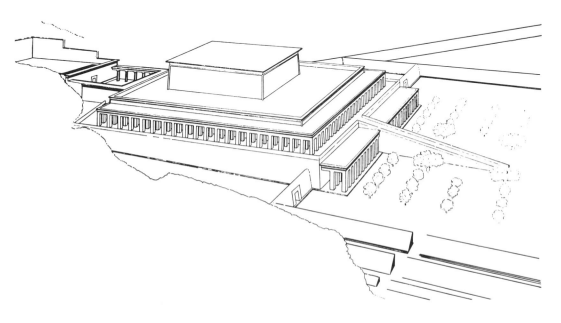

Grabdenkmal des Königs Mentuhotep in Deir el-Bahari, neue Rekonstruktion (ohne Pyramide) von Dieter Arnold.

man durch einen Grabstein oder eine kleine Grabkapelle ständig in der Nähe des Totenherrschers bleiben und an den großen Feiern teilnehmen, die Jahr für Jahr zur Vergegenwärtigung seines gewaltsamen Todes und seines Wiederauflebens abgehalten werden. Viele Tausende von Stelen werden im Laufe der 12. Dynastie an der Prozessionsstraße des Gottes aufgestellt, manche durch hohe Staatsbeamte, die vom König mit der Leitung der Festspiele betraut wurden; hier zeigt es sich, welch hohen Wert man in der späteren 12. Dynastie auch am Königshof den »Mysterien« von Abydos zugemessen hat.

Diese Bedeutungsverschiebung wirkt sich sehr bald auf die Anlage des Königsgrabes aus. Sesostris II. gibt um 1890 v. Chr. die bisher übliche Orientierung des Eingangs nach Norden auf, von nun an ist der Zugang an keine bestimmte Himmelsrichtung gebunden. Zugleich wird aus dem einen geraden Korridor, der zur Grabkammer führt, ein kompliziertes System gewundener Gänge, ein ganzes Labyrinth unter der Pyramide, das nicht (oder jedenfalls nicht primär) der Irreführung der Grabräuber dient, sondern einen neuen, unterirdischen Jenseitsbereich verkörpert. Auch der Tempel für den Totenkult wird nun umgestaltet und stark vereinfacht, und Sesostris III. hebt die Bedeutung des Osiriskultes in Abydos noch zusätzlich durch die Errichtung einer zweiten Grabanlage *(Kenotaph)* an der heiligen Stätte. Ungefähr gleichzeitig kommt es in vielen anderen Bereichen zu grundlegenden Wandlungen und zum Durchbruch neuer Formen, unter denen vor allem der *Skarabäus*-Käfer hervorzuheben ist, der in dieser Zeit zum beliebtesten Siegelamulett wird und von jetzt an neben dem Lotos das wichtigste Bildzeichen für den Gedanken einer Regeneration durch den Tod bildet. Die tiefgreifende Umgestaltung des Königsbildes mit Sesostris III., die uns so stark porträthaft anmutet, hat mit dem wahren Aussehen dieser Herrscher wenig zu tun, sondern bringt auch den König dem so menschlich leidenden Osiris und seinem Todesgeschick näher. Jetzt dringt die Mumiengestalt des Toten in die Rundplastik ein, in Form der *Uschebti*-Totenfiguren (Kapitel 12) und bald auch in den mumiengestaltigen Särgen, welche die bisherige Kastenform zurückdrängen. Schließlich erfolgt bei den Totentexten eine Neugestaltung, die oft die spätere Fassung des Totenbuches vorwegnimmt.

Das späte Mittlere Reich hält an der Pyramidenform fest, und wahrscheinlich hatten noch die Oberbauten der thebanischen Fürstengräber während der Hyksoszeit diese Gestalt. Sicher ist das nicht, denn ihr Friedhof von Dra abu'l Naga im Norden der thebanischen Nekropole wurde um die Mitte des vorigen Jahrhunderts durch allzufrühe »Grabungen«, die nur Schatzsuche waren, so gründlich zerstört, daß sich die Form der Gräber nicht mehr wiederherstellen läßt. So wissen wir aus den gefundenen Beigaben und aus sehr spärlichen Berichten allzuwenig über die Königsbegräbnisse der 17. Dynastie, zu denen als eine Art »Leitfossil« die Särge mit Federkleidverzierung gehören, *Rischi* genannt.

Damit stehen wir am Beginn des Neuen Reiches, das die Pyramide als Form des Königsgrabes endgültig aufgibt. Wo und in welcher Form die ersten Könige der 18. Dynastie ihre Grabanlagen errichtet haben, ist noch umstritten, doch sprechen Kultbauten und der Fund ihrer Mumien für den thebanischen Bereich, obgleich Ahmose eine weitere Grabanlage in Abydos besaß. Seit Thutmosis I. (um 1500 v. Chr.) wird das Königsgrab als Felsgrab im Tal der Könige angelegt, der Totentempel weit davon getrennt am Rande des Fruchtlandes.

Weshalb dieses abgelegene Tal in der Wüste als neuer Begräbnisplatz gewählt wurde, können wir nur sehr unbestimmt erahnen, wobei wahrscheinlich ein ganzer Komplex von Gründen den Ausschlag gab. Religiös mag es die große Bedeutung der Hathor gewesen sein, die im davorliegenden Talkessel von Deir el-Bahari als Totengöttin besondere Verehrung genoß; architektonisch die Pyramidenform der Bergspitze, die das Tal überragt, und administrativ die vermeintliche Sicherheit eines so abgelegenen, gut zu sperrenden und zu bewachenden Tales. Die ältesten für uns greifbaren Gräber sind denn auch an ganz versteckten Stellen, möglichst am Fuß steil abfallender Klippen, angelegt worden.

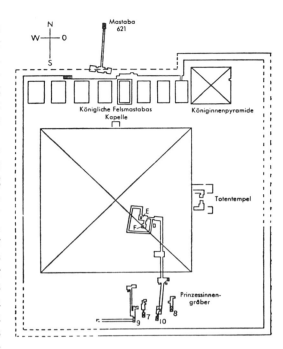

Grundriß der Pyramidenanlage von Sesostris II. in Illahun.

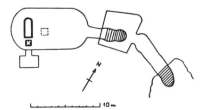

Grundriß des Grabes von Thutmosis I. In der Sargkammer sind ein Pfeiler (heute verschwunden), der Sarkophag und der Kanopenkasten eingezeichnet.

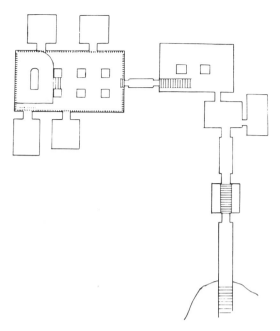

Das Grab Amenophis' II. im Grundriß. Die Sargkammer weist erstmals einen tieferliegenden Teil mit dem Sarkophag auf, ihre Wände sind ringsum mit dem Amduat dekoriert.

Es sind sehr bescheidene Anlagen, wenn man an die weltgeschichtliche Bedeutung dieser Pharaonen denkt, von denen Thutmosis I. als erster den Euphrat überschritt, Thutmosis III. als der große Eroberer und Bewahrer für die Nachwelt zur legendären Gestalt wurde. Beide, wie auch Thutmosis II., haben Grabkammern mit ovalem Grundriß, der dem ovalen Abschluß der älteren Unterweltsbücher entspricht und die Krümmung des Jenseitsraumes anschaulich macht; die Ähnlichkeit mit der Königskartusche mag als weiterer Grund für eine solche Form mitspielen. Die längere Achse dieses Raumes mißt bei Thutmosis I. 10,30 m (knapp 20 Ellen), bei Thutmosis III. 14,70 m. Den gekrümmten Linien des Jenseits folgt auch die anfangs leicht gebogene, später rechtwinklig abgeknickte Achse des Grabes, die auf den prinzipiellen Wandel in der späten 12. Dynastie zurückgeht, aber jetzt zu einem rhythmischen Wechsel von Treppen und schräg verlaufenden Korridoren ausgestaltet wird und steil in die Tiefe hinabführt.

Thutmosis III. unterbricht diesen Ablauf durch einen Schacht, der fortan ein weiteres festes Element des Königsgrabes bildet und erst am Ende der 19. Dynastie wieder verschwindet. Bei den seltenen, aber heftigen Regenfällen in der Wüste konnte das Wasser hier von der Sargkammer und ihren Beigaben ferngehalten werden, und zugleich bildete der Schacht ein Hindernis für eindringende Grabräuber. Aber der Ägypter hat nach allem, was wir wissen, architektonische Änderungen niemals nur wegen ihrer Zweckmäßigkeit oder wegen eines rein technischen Vorteils vorgenommen. Daß der Schacht mehr als ein Auffangbecken für Regenwasser war, zeigt allein die Tatsache, daß er als eines der wenigen Elemente dekoriert worden ist, während die Korridore der Königsgräber bis zum Ende der 18. Dynastie völlig ohne Dekoration bleiben. Dabei gibt es feine Abstufungen in den Beischriften, die darauf hinweisen, daß dieser Raum einen Übergang vom Diesseits zum Jenseits bildet und dem Wiederaufleben des Toten dient.

Verglichen mit den reich ausgemalten Kultkapellen der hohen Beamten bleibt auch die Dekoration der Königsgräber in der frühen 18. Dynastie sehr bescheiden. Die Wände der Korridore sind ganz unregelmäßig und grob aus dem Felsen ausgehauen und ungeglättet; nur die besonderen Schwerpunkte im Grundriß erhalten einen Verputz, auf dem man malen kann: die Sargkammer, eine Vorkammer und der Schacht. Seit Thutmosis III. tritt dazu noch eine obere, gleich nach dem Schacht eingefügte Pfeilerhalle, die in Verbindung mit der unteren Pfeilerhalle, die der Aufnahme des Sarkophages dient, offenbar die alte Dualität des Königsgrabes wieder aufgreift. Auch die Pfeiler werden verputzt, aber vor Sethos I. nur in der Sargkammer mit Malerei versehen.

Die Motive der Dekoration sind in ihrer Verteilung streng festgelegt. Die Wände der Hauptkammer bleiben bis zu Echnaton ausschließlich dem Unterweltsbuch *Amduat* vorbehalten, das vollständig, mit allen zwölf Nachtstunden und mit der Kurzfassung (Kapitel 7), auf den Wänden abgerollt wird, in der Bemalung und der strichhaften Wiedergabe von Zeichen und Figuren die auf Papyrus gemalte Vorlage sehr getreu nachahmend. Die übrigen verputzten Flächen zeigen den König vor Gottheiten, die für sein jenseitiges Fortleben besonders wichtig sind (Kapitel 5); dazu sind die Decken in Schacht, Vorkammer und Sargkammer meist blau mit gelben Sternen bemalt, geben also den Himmel wieder, der auf diese Weise in die Tiefe der Unterwelt hineingenommen wird.

In Grundriß, Dekoration und verwendeten Maßen läßt sich eine deutliche Entwicklung beobachten, die auf Vermehrung zielt; hier wird der Kanon von Maßen und Dekorationselementen, den das Neue Reich für königliche und nichtkönigliche Gräber neu festgelegt hat (Kapitel 3), fortlaufend ausgebaut. Jedes Königsgrab ist neu und in erweiterter Form entworfen, unabhängig von der Länge der Regierungszeit. Hier ist sorgfältige Planung am Werk, der es auf »Erweiterung des Bestehenden« ankommt – ein Grundgesetz, das auch für die Planung der Tempel und im Prinzip für alle Akte Pharaos gilt; er wiederholt nicht nur die Taten des Schöpfers und bringt die Welt in ihren vollendeten Anfangszustand zurück, sondern geht dabei über alles hinaus, was vorher geleistet wurde. So fügt man über mehrere Jahrhunderte hinweg am Anfang jeder Regierungszeit zum bisherigen Grundriß des Königsgrabes irgendein Element hinzu, zusätzliche Korridore, Seitenkammern oder Pfeiler, und ganz entsprechend wird auch die Dekoration um neue Motive bereichert, werden die verwendeten Ellenmaße stufenweise erhöht, so daß sich größere Kammern, breitere und höhere (doch nicht unbedingt längere) Korridore und parallel dazu auch größere Abmessungen der königlichen Sarkophage ergeben. Einzelne Neuerungen bleiben über viele Regierungszeiten hinweg konstant, so die Zahl von sechs Pfeilern in der Sargkammer von Amenophis II. bis zu Sethos I., der recht genaue quadratische Querschnitt der Korridore von 5 × 5 Ellen (2,61 m) von Amenophis III. bis zu Ramses II. Entscheidend ist, daß irgendwo und mit einer klaren Tendenz zur Vergrößerung geändert wird und daß die nichtköniglichen Gräber einen deutlichen Abstand zu den Maßen, Formelementen und Dekorationsmotiven der Königsgräber einhalten (Kapitel 3). Nur Echnaton, der große Neuerer auf allen Gebieten, wendet sich gegen die ständige Vergrößerung und den Hang zum Riesenhaften, der im Totentempel seines Vaters Amenophis III. mit seinen gewaltigen Kolossalstatuen (den späteren Memnonskolossen) frühe Triumphe feiert; die Bauten der Amarnazeit werden aus betont kleinen, handlichen Blöcken (Talatat) aufgeführt, und das Königsgrab bei der neuen Residenz von Tell el-Amarna hat relativ bescheidene Maße und nur wenige, in der Art eines Mehrfachgrabes (Polytaph) entworfene Raumelemente.

	Korridorbreite	Korridorhöhe	Türen
Thutmosis I.	2,30	1,70	1,27/1,45
Hatschepsut	1,80/2,30	2,05	
Thutmosis III.	2,05/2,16	bis 1,96	1,01/1,88
Amenophis II.	1,55/1,64	1,99/2,30	1,30/1,42
Thutmosis IV.	1,98/1,99	2,10/2,20	1,72/1,83
Amenophis III.	2,51/2,56	2,54/2,83	2,01/2,08
(Tutanchamun)	1,68	2,05	1,49/1,50
Aja	2,60/2,64	2,47	2,12
Haremhab	2,59/2,64	2,59/2,64	2,04/2,11
Ramses I.	2,61/2,62	2,58	2,05/2,10
Sethos I.	2,61	2,61	2,07/2,10
Ramses II.	2,62	2,62	1,99/2,10
Merenptah	2,60	3,10/3,27	wie Korridor
Osireion Abydos	2,68	2,91	
Amenmesse	2,70/2,71	3,15	2,16/2,19
Sethos II.	2,82	3,25/3,29	2,17/2,28
Siptah	2,61/2,62	3,24/3,34	2,03/2,09
Ramses III.	2,64/2,69	3,32/3,36	2,10/2,18
Ramses IV.	3,12/3,17	3,94/4,18	2,55/2,76
Ramses VI.	3,15/3,19	3,60/4,05	2,61/2,80
Ramses VII.	3,13	4,10	2,75
Ramses IX.	3,24/3,25	4,09	2,77/2,78
Ramses X.	3,17	4,01	2,72
Ramses XI.	3,18/3,30	4,10	2,80/2,86

Die Entwicklung der Maße in den Königsgräbern (in Metern – 52,3 cm = 1 ägyptische Elle)

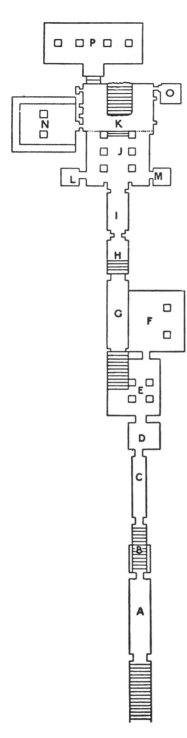

Grundriß des Grabes von Sethos I.

Eine bedeutsame und im ganzen bleibende Änderung, die Echnaton vornimmt, ist die Rückkehr zur geraden Achse des Königsgrabes; aber sie ist jetzt nicht mehr, wie in der Pyramidenzeit, auf die Region der Zirkumpolarsterne ausgerichtet, sondern macht das Grab für die Strahlen der Sonne, des Lichtgottes Aton, zugänglich. Diese neue Entwicklung setzt sich konsequent fort bis zu den lichtdurchfluteten, nicht mehr in dunkle Tiefen hinabführenden Gräbern der späten Ramessidenzeit.

Solchen fortwirkenden Anstößen zum Trotz ist es Echnaton nicht gelungen, die geistige Welt Ägyptens grundlegend umzugestalten. Dieses Scheitern hinterließ zunächst eine Unsicherheit, die seine unmittelbaren Nachfolger Tutanchamun und Aja zu sehr provisorischen Gestaltungen des Königsgrabes bewog, wobei bisher streng getrennte Elemente von Königsgrab und Beamtengrab miteinander vermischt wurden. Ein neues Konzept, das sich trotzdem an die bisherige Entwicklung anschließt, findet erst Haremhab. Sein Vorbild ist Amenophis III., aber neben der geraden, nur leicht verschobenen Achse bietet sein Grab noch viele weitere Abweichungen zum älteren Vorbild. Dazu gibt Haremhab das vorübergehend bevorzugte westliche Seitental wieder auf, wohin Amenophis III. und Aja ihre Gräber gelegt hatten. Zum erstenmal wird das Amduat nicht mehr zur Dekoration der Sargkammer verwendet – nicht einmal in Auszügen, wie noch in den Gräbern von Tutanchamun und Aja. An seine Stelle tritt ein neues Unterweltsbuch, das Buch von den Pforten des Jenseits (Pfortenbuch). Und auch dieses ist nicht vollständig verwendet; von nun an sind die Unterweltsbücher in ihre einzelnen Abschnitte aufgelöst und werden, auf ganz verschiedene Räume des Grabes verteilt, wie Versatzstücke behandelt; am Ende, bei Ramses IX., sind wie auf den mythologischen Papyri und auf den Särgen der folgenden Dritten Zwischenzeit Abschnitte aus ganz verschiedenen religiösen Werken miteinander vermischt.

Eine entscheidende Neuerung Haremhabs bildet der Übergang von der Malerei zum bemalten Relief. Nach dem Höhepunkt der privaten Grabmalerei unter Thutmosis IV. traten schon unter Amenophis III. Beamtengräber mit Reliefs in den Vordergrund, so das bekannte Grab des Wesirs Ramose oder die Anlagen von Chaemhât und Cheriuf. Auch die Dekoration der Gräber in Tell el-Amarna wird im Relief ausgeführt, ebenso in der neuen Beamtennekropole bei Memphis, die nach dem Umzug Tutanchamuns in diese nördliche Residenz von den höchsten Beamten bevorzugt wird. Dort hat sich Haremhab als Regent des Landes ein Grab angelegt, das im vorigen Jahrhundert geplündert wurde, dann in Vergessenheit geriet und erst vor wenigen Jahren von einer englisch-holländischen Expedition wiederentdeckt wurde. Sein späteres Königsgrab in Theben ist unvollendet geblieben (Kapitel 4), aber die Wandflächen, die fertiggestellt wurden, zeigen bemaltes Flachrelief von einer Feinheit und plastischen Durchbildung, wie sie nicht wieder erreicht wurde.

Nach dem Tode Haremhabs begründet Ramses I. die 19. Dynastie und damit die sogenannte »Ramessidenzeit«, welche die 20. Dynastie mit einschließt. Dem schon betagten König blieben nur knappe anderthalb Jahre eigene Regierung, und sein Planungsstab hat auf die Anlage eines »großen« Königsgrabes verzichtet, sich vielmehr mit einer Sargkammer ohne Pfeiler und mit einem einzigen Korridor begnügt. Aber in den Maßen und in der Dekoration der Sargkammer ist sorgfältig auf die wesentlichen königlichen Elemente geachtet worden, und das Bildprogramm der Götterszenen wurde sogar um neue Motive erweitert (Kapitel 5). Auf eine Ausführung im Relief mußte man wegen der knappen Zeit noch einmal verzichten, doch sind die Malereien auf blauem Grund sehr sorgfältig aufgetragen, auch der Sarkophag ist in diesem einen Fall nur bemalt worden.

An der Planung dieses Grabes war sicher schon Sethos I., der Sohn Ramses' I., beteiligt; sein eigenes Grab, dessen Entdeckung durch Belzoni wir im ersten Kapitel geschildert haben, führt die Entwicklung des königlichen Felsgrabes auf den Höhepunkt. Von nun an werden nicht nur ausgewählte Räume, sondern *alle* Wände und Decken des Königsgrabes vom Eingang bis zur Sargkammer vollständig dekoriert, und zwar bei Sethos I. und Ramses II. durchweg in erhabenem Relief – bis auf die Decken, die weiterhin in Malerei ausgeführt werden. Wie über der Mittelachse der Tempel erscheinen jetzt an der Decke des ersten Korridors fliegende Geier, die den Weg in das Grab beschützen; die Decke der Sargkammer erhält im unteren Teil eine Wölbung und wird mit der Darstellung von Sternbildern ausgemalt, statt der bisherigen gelben Sterne auf blauem Grund. Auch der erhaltene Alabastersarkophag Sethos' I. bietet als erster Königssarkophag eine Dekoration, die alle Flächen bedeckt.

Mit diesen Erweiterungen war Platz für ein Bildprogramm geschaffen, wie es in den bisherigen Königsgräbern nicht verwirklicht werden konnte. Bei Sethos I. können die Wände nebeneinander die beiden großen Unterweltsbücher Amduat und Pfortenbuch aufnehmen (wenn auch unvollständig), dazu die gesamte Sonnenlitanei, das Buch von der Himmelskuh, das Ritual der »Mundöffnung« (Kapitel 12) und eine Fülle von neuen Götterszenen, für welche die zusätzlichen Pfeiler in den Nebenräumen weitere Flächen bieten; neben den Wänden und den Decken mit ihren Himmelsdarstellungen gibt der Sarkophag noch ein weiteres, diesmal vollständiges Exemplar des Pfortenbuches.

Ramses II. übernimmt die entscheidenden Neuerungen seines Vaters und ergänzt sie durch weitere Zusätze und Abwandlungen. So hatte sich Sethos I. in der Gestaltung der beiden Pfeilerhallen an seine Vorgänger angelehnt, während Ramses II. hier neue Wege geht, auf denen ihm die nächsten Könige folgen. Die beiden Pfeilerreihen in der unteren Halle, die den Sarkophag enthält, werden jetzt quer zum Eingang gestellt und der Mittelteil tiefer gelegt, so daß sich eine dreischiffige Anlage mit überwölbtem Mittelschiff ergibt, die bei Merenptah und Tausret noch gut erhalten ist. In der oberen Halle wird zwischen die Pfeiler eine Kombination von Rampe und Treppe eingefügt, die bis zu Ramses VI. weiterwirkt. Dazu kommen noch quantitative Änderungen; so wird die Zahl der Pfeiler in der Sargkammer, seit Amenophis II. konstant, von sechs auf acht erhöht, die Zahl der Nebenräume von sechs auf ein Maximum von zehn gesteigert. Im Knick der Achse, der sich hier ein letztes Mal findet, möchte ich Teil einer Reaktion Ramses' II. auf die Amarnazeit sehen, denn erst jetzt wird der Versuch deutlich, die Spuren von Echnatons Revolution zu tilgen.

Sein Sohn und Nachfolger Merenptah kehrt zur geraden Achse zurück, beseitigt auch die leichte Verschiebung, die wir bei Haremhab und Sethos I. finden, und betont die Achse zusätzlich durch Verminderung der Nebenräume und durch ein streng symmetrisches Raumelement hinter der Sargkammer. Ein neuer Schritt der Erweiterung wird nun bei den Maßen vollzogen; die Höhe der Korridore erhöht sich von fünf auf sechs und zum Teil sieben Ellen, und vor allem die Sarkophage nehmen jetzt kolossale Ausmaße an, mit über 5 m Länge für den äußeren Sarkophag Merenptahs. Die programmatischen Szenen am Eingang werden noch in erhabenem Relief ausgeführt und treten an Qualität kaum hinter Sethos I. zurück; aber in der übrigen Dekoration geht man zum versenkten Relief über, das sich in kürzerer Zeit herstellen läßt und für die bauwütige Ramessidenzeit so kennzeichnend ist.

Merenptah hat den Eingang seines Grabes nicht mehr versteckt am Talgrund, sondern etwas erhöht in repräsentativer Lage angelegt. Es ist erstaunlich, daß sich gerade in den politisch so unsicheren Zeiten am Ende der 19. Dynastie diese Tendenz verstärkt, das Königsgrab mit einer richtigen Fassade zu versehen und den Zugang zum Grab sorgfältig und monumental auszugestalten. Jetzt führen auch die Korridore nicht mehr steil in die Tiefe, sondern verlaufen schon bei Sethos II. fast waagerecht; entsprechend wird auf Treppen und auf den bisherigen Schacht verzichtet, was zweifellos den Transport der riesigen Sarkophage erleichtert hat. Nach der Höhe wird nun die Breite der Korridore erweitert und dadurch der neue monumentale Gesamteindruck des Grabes verstärkt. In der Dekoration treten neue, jüngere und »modernere« Unterweltsbücher hervor, das Höhlenbuch und das Buch von der Erde. Eine Sonderstellung nimmt am Ende der 19. Dynastie das Grab der Königin Tausret ein, das wir mit seiner eigentümlichen Mischung von königlichen und nichtköniglichen Elementen im nächsten Kapitel besprechen werden.

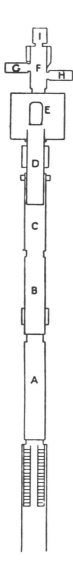

Grundriß des Grabes von Ramses IV.

In der 20. Dynastie fügt Ramses III. mit den ausgemalten Nischen im ersten und zweiten Korridor ein neues Element hinzu, bereichert auch das Bildprogramm um viele neue und ungewöhnliche Motive und steigert die Zahl der Türdurchgänge in der Achse des Grabes auf ein Maximum von zehn. Im Kontrast damit steht die schlechte Qualität in der Ausführung von Relief und Malerei, und an Sorgfalt hat es bereits der anfänglichen Planung des Grabes gefehlt – die Arbeiter stießen in der Verlängerung der beiden ersten Korridore auf das danebenliegende Grab des Usurpators Amenmesse und mußten daher die Grabachse um mehrere Ellen zusätzlich nach rechts verschieben. Mit Ramses III. ist ein Endpunkt in der Entwicklung des Königsgrabes erreicht, die fortgesetzte »Erweiterung des Bestehenden« stößt an ihre Grenzen und muß neu überdacht werden; dies bedeutet für die folgenden Regierungszeiten eine Herausforderung, die Entwicklung in ganz anderer Weise weiterzuführen, neue Bahnen und neue Lösungen zu finden.

Ramses IV. antwortet auf diese Herausforderung mit einer konsequenten Verkürzung im Grundriß des Königsgrabes; auf Pfeilerhallen und auf Nebenräume wird in seinem Grab ganz verzichtet, bis auf zwei erweiterte Nischen hinter der Sargkammer, die der Aufnahme der *Uschebti*-Figuren (Kapitel 12) dienen sollten. Entsprechend verzichtet auch das Dekorationsprogramm auf eine Häufung von Unterweltsbüchern; es beschränkt sich auf Sonnenlitanei, Pfortenbuch und Totenbuchsprüche, die Sternbilder an der Decke der Sargkammer werden durch ein Himmelsbuch ersetzt. Aber wie bei der Verringerung der Pyramidengröße nach König Chephren bedeutet die neu geübte Beschränkung nicht eine allgemeine Verkleinerung der ganzen Grabanlage, sondern Verschiebung der Akzente. Vor allem die Breite und Höhe der Korridore und die Ausmaße des Sarkophages werden noch einmal in einem deutlichen Schritt erweitert, durch den dieses Grab zum geräumigsten und bequemsten »Hotel« für viele Ägyptenreisende des 19. Jahrhunderts wurde.

Damit ist die Schlußphase in der Gestaltung des königlichen Felsgrabes eingeleitet. Das folgende Grab, an dem Ramses V. und Ramses VI. bauen, behält die neuen, erweiterten Maße bei, kehrt aber zu den Pfeilerhallen und dem nahezu unverkürzten Grundriß (doch ohne Nebenräume) der 19. Dynastie zurück. In der Dekoration bringt es nochmals einen Höhepunkt, denn seine Wände und Decken bieten praktisch alle uns überhaupt bekannten Unterweltsbücher und Himmelsbücher, dazu noch einige Totenbuchsprüche und Götterdarstellungen, nur auf die Sonnenlitanei mußte verzichtet werden. Auch in den jüngsten Felsgräbern des Königsgräbertales gibt es immer noch Änderungen und Erweiterungen. Ramses XI. geht über das bisher stets verbindliche königliche Pfeilermaß von 2 × 2 Ellen hinaus; dazu beginnt er mit der Anlage eines gewaltigen Schachtes in seiner Sargkammer eine ganz neue Entwicklung, die allerdings zunächst nicht weitergeführt wird.

Denn nach dem Tod von Ramses XI. wird das Tal der Könige als Begräbnisplatz der Pharaonen wieder aufgegeben. Die Residenz lag schon seit der Amarnazeit definitiv im Norden des Landes, in Memphis oder im Delta; dort besaßen einige Könige der Ramessidenzeit ein Zweitgrab *(Kenotaph)*, und die Könige der neuen 21. Dynastie errichten ihre Grabanlagen in ihrer Residenz Tanis im Ostdelta. Dabei wird ein neuer Grabtypus verwirklicht, den man als »Grab im Tempelhof« bezeichnet. Er ist durch die Errichtung von kleinen, dem Totenkult dienenden Kultbauten im Vorhof des Amuntempels von Karnak seit dem Ende der 19. Dynastie (Sethos II.) vorbereitet, und nun wird die eigentliche Grabanlage in den Vorhof eines der großen Göttertempel verlegt. In Tanis sind uns nur die unterirdischen, aus Stein ausgeführten Teile erhalten, von recht bescheidenen Ausmaßen – die größte dieser Anlagen, von dem rund ein halbes Jahrhundert regierenden Psusennes I. errichtet, mißt 19 × 12 Meter. Der unterirdische Grabbau besteht oft nur aus einer einzigen Kammer, über der man sich oberirdische Kultbauten aus Ziegeln vorstellen muß, und die Dekoration entwickelt keine eigenen Formen, sondern bringt eine bescheidene Auswahl aus Unterweltsbüchern und Totenbuch, also aus den Kompositionen des Neuen Reiches.

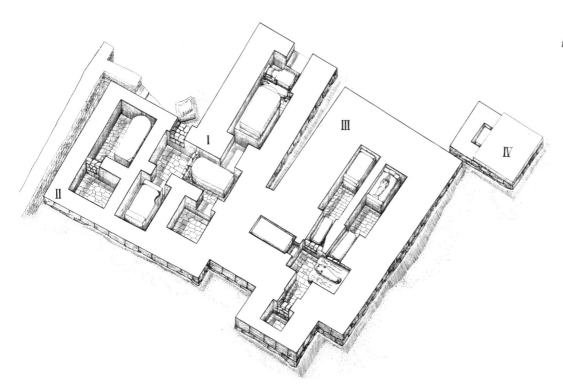

Die Königsgräber in Tanis, Rekonstruktion von Pierre Montet.

Diese neue Art der Bestattung im Tempelhof wird wenig später in Theben nachgeahmt, wo sich die nominell regierenden »Gottesgemahlinnen« des Amun, unverheiratete Prinzessinnen aus dem Königshaus, Grabbauten aus Stein oder Ziegeln im Vorhof des Tempels von Medinet Habu und wahrscheinlich auch im Ramesseum errichten. Ähnlich muß man sich die Grabbauten von Psammetich I. und seinen Nachfolgern in Sais vorstellen, die uns Herodot (II,169) beschrieben hat. Bis in unsere Tage hat sich keines dieser Königsgräber der Spätzeit erhalten. Verglichen mit den älteren Grabanlagen, verglichen aber auch mit den oft riesigen und reich dekorierten Beamtengräbern der Spätzeit, waren es recht bescheidene Bauten, die aber durch ihre Lage in einem besonders heiligen Bezirk bevorzugt waren, also erneut eine Verlagerung des Akzentes zeigen. Wir dürfen vermuten, daß das berühmte *Sema* in Alexandria, die Grabstätte Alexanders des Großen und der ptolemäischen Könige, Elemente des ägyptischen Königsgrabes aufgegriffen hat und dabei auch die Pyramidenform noch einmal zu Ehren brachte.

14 *Die Stufenpyramide des Königs Djoser in Saqqara, der älteste monumentale Steinbau der Menschheit, um 2610 v. Chr. Im Vordergrund der Hof für das Erneuerungsfest des Königs (Sedfest).*

15 *Graboberbau mit Nischengliederung von einer archaischen Mastaba in Saqqara-Nord (Nr. 3503, Königin Meritneith), dem königlichen Friedhof der 1. Dynastie. Noch werden keine Steine verwendet, sondern Ziegel aus getrocknetem Nilschlamm. Die Grabanlage mißt 42,6 × 16 m.*

16 *Die gewaltige Ziegelmauer der heute Schûnet es-Sebîb genannten Anlage im archaischen Königsfriedhof von Abydos, Südseite.*

14

15

16

17 Pyramiden der 5. Dynastie (Sahurê und Niuserrê) in Abusîr, davor die Überreste ihrer Kultanlagen mit dem Basaltfußboden.

18 Die drei großen Pyramiden von Gîza aus der 4. Dynastie: im Vordergrund Mykerinos (mit kleineren Königinnenpyramiden), in der Mitte Chephren (mit noch erhaltenen Verkleidungsblöcken im oberen Teil), dahinter Cheops.

19 Die Ziegelpyramide Amenemhâts III. in Hawâra (Fajûm); von ihrem Totentempel, dem »Labyrinth« Herodots, sind heute nur noch Schutthügel sichtbar.

20

20 Der Gräberberg auf dem Westufer von Assuan mit den Felsgräbern der Gaufürsten von Elephantine vom späten Alten Reich bis zum Mittleren Reich.

21 Das Dorf Dra abu'l Naga mit seiner Moschee, dahinter die Bergspitze el-Qurn. Im Vordergrund das Gelände, in dem die Königsgräber der 17. Dynastie lagen – eine »Grabung« um die Mitte des 19. Jahrhunderts und weitere Unachtsamkeit haben ihre Spuren völlig beseitigt.

21

22 Der moderne Weg zum Grab Amenophis' II., das wie alle Gräber der 18. Dynastie versteckt am Fuße steiler Klippen angelegt ist.

23 Blick in die saalartig erweiterte Sargkammer Ramses' VI. mit den Trümmern des Granitsarkophages. An den Wänden Darstellungen und Texte aus dem »Buch von der Erde«, an der gewölbten Decke Himmelsbücher.

24 Das Grab Ramses' VII., wie alle späteren Ramessidengräber mit monumentalem, gut sichtbarem Eingang, der sich dem Besucher weit öffnet.

25 Blick in die Sargkammer von Amenophis II. Die sechs Pfeiler tragen Szenen, die den König vor Göttern zeigen (im Vordergrund Osiris), die Wände sind mit dem Unterweltsbuch Amduat ausgemalt, die Decke als gestirnter Himmel.

23

24

25

26

26 Der Pylon des Tempels von Medinet Habu mit den Nischen für die Flaggenmasten, die vor ihm aufgestellt waren. Die Reliefs der Fassade zeigen den König (Ramses III.) beim »Niederschlagen der Feinde« und sollen damit alle feindlichen Mächte von diesem heiligen Bezirk fernhalten. Der Schatten links im Vordergrund stammt von den Kultkapellen der »Gottesgemahlinnen«.

27 Die Kultkapellen der »Gottesgemahlinnen« Amenirdis I. und Nitokris/Schepenupet II. im Vorhof des Tempels von Medinet Habu.

27

Kapitel 3 **Königinnen, Prinzen, Beamte und Bauern**

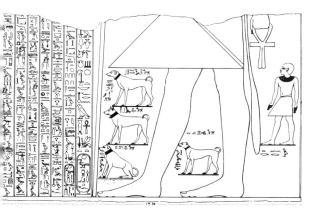

Die »Hundestele« des Königs Antef II., Kairo CG 20512.

Schon die ersten historischen Könige Ägyptens umgaben sich auch im Tode mit Angehörigen ihres Hofstaates. So finden wir in Abydos um das Grab des Djer, eines Königs der frühen 1. Dynastie, nicht weniger als 318 regelmäßig angeordnete Nebengräber. Analog zu den großen Grabstelen der Könige wurden hier 97 kleine Stelen mit Namen und Titeln gefunden, die eine Zuweisung dieser Grabkammern erlauben, und von den 97 Stelen gehören 76 Frauen, zwei weitere Zwergen des Hofstaates; auf anderen nichtköniglichen Stelen in Abydos begegnen Totenpriester und sogar Hunde. Hier sind also nicht die Spitzen der Verwaltung und die höchsten Reichsbeamten bestattet worden, sondern offenbar nur die persönliche Umgebung des Königs, der eigentliche Hofstaat, der auch im Jenseits zum Dienst an der Person des Königs bereitstehen sollte. Man hat sogar angenommen, daß diese Männer, Frauen, Zwerge und Hunde beim Begräbnis des Königs gewaltsam umgebracht wurden, um ihn in die Regionen des Jenseits zu begleiten. Da dieser Brauch im frühen Mesopotamien bezeugt ist, liegt eine solche Annahme durchaus nahe, obwohl sie sich nicht beweisen läßt und wir nach der 1. Dynastie nicht die geringsten Hinweise mehr auf solche Menschenopfer beim Königsbegräbnis finden. Dagegen gehören Zwerge und Hunde, die uns hier auf gleicher Stufe wie die Diener und Dienerinnen des Königs begegnen, auch später noch, sehr geschätzt und geachtet, zum Hofstaat eines ägyptischen Königs. Ein König der 11. Dynastie (um 2100 v. Chr.) hat auf einer Stele seines Grabes, die sich jetzt in Kairo befindet, seine Hunde mit ihren Namen verewigt und sogar noch die ägyptische Übersetzung ihrer ausländischen Namen hinzugefügt.

Das Zentrum für die Verwaltung des neugeschaffenen Einheitsstaates lag wohl von Anfang an in Memphis, das sich durch seine Lage an der Nahtstelle zwischen Ober- und Unterägypten als natürlicher Mittelpunkt und als »Waage der Beiden Länder« anbot. In dieser Gegend muß man nach den Gräbern der eigentlichen Beamtenschaft Ausschau halten und findet sie vor allem im archaischen Friedhof von Saqqara und in einer zweiten großen Nekropole der Frühzeit, in Heluan – beide in unmittelbarer Nähe der heutigen Hauptstadt Kairo. Wir haben schon über das Problem gesprochen, das die Zuweisung der gewaltigen frühen Grabanlagen von Saqqara stellt, in denen Siegelabrollungen der Könige der 1. Dynastie und ihrer höchsten Beamten gefunden wurden (Kapitel 2). Da jeweils mehrere von ihnen aus einer Regierungszeit stammen, müssen hier auch nichtkönigliche Personen in Gräbern beigesetzt worden sein, welche die Königsgräber von Abydos an Größe weit übertreffen, dazu auch mit reichen Beigaben ausgestattet sind. Der Unterschied zwischen Königs- und Beamtengräbern wird nicht, wie im Alten Reich und später, deutlich herausgestellt, aber es handelt sich bei den hohen Beamten der Frühzeit auch durchweg um Angehörige des Königshauses, engste Verwandte des Königs, die mit ihm zusammen die Führungsspitze bilden. In einer Hinsicht besteht jedoch ein klarer Unterschied, denn allein den Königen kommt ein Hauptgrab im heiligen Bezirk von Abydos zu, ergänzt durch die kleinen Nebengräber des Hofstaates und die in ihrer Deutung immer noch umstrittenen Anlagen am Rand des Fruchtlandes.

Wie so viele Attribute des ägyptischen Königtums, hat der Gott Osiris später (gegen Ende des Alten Reiches) auch die enge Verbindung mit diesem uralten Grabbezirk übernommen; Abydos wurde zu seinem wichtigsten Kultort, wo man im Mittleren Reich alljährlich die Mysterienspiele um Tod und Wiederaufleben des Gottes gefeiert hat, und im Grabbezirk der alten Könige hat man dann auch das Grab des Osiris verehrt. Neben den Königen der Frühzeit hat dort eine einzige Frau ein königliches Begräbnis erhalten – die Königin Meritneith; sie ist die erste der bedeutenden Frauengestalten, die in der ägyptischen Geschichte immer wieder königliche Rechte an sich zogen und trotz der männlichen Rolle Pharaos wie regierende Könige auftraten.

Die Pyramidenzeit baut eine strengere, hierarchisch gestufte Ordnung der Grabanlagen auf. Der großen Königspyramide vorgelagerte Nebenpyramiden sind für das Begräbnis der Königinnen bestimmt, wobei aber gerade der einzige vollständige Grabschatz des Alten Reiches, der zu einer Königin gehört (Hetepheres, Mutter des Cheops), 1925 in einem Schachtgrab neben dem Aufweg zur Cheopspyramide entdeckt wurde, vielleicht eine nachträgliche Bestattung als Schutz vor Beraubung. Östlich der Cheopspyramide liegen weitere Gräber von Angehörigen des Königshauses; den höheren Reichsbeamten dagegen wurden Gräber auf dem Westfriedhof zugewiesen. Alle diese Gräber haben die Form der *Mastaba*: einen bankförmigen Oberbau, massiv oder mit Kammern für den Totenkult versehen, über einem Grabschacht mit der Sargkammer. Durch Lage und Größe der Oberbauten ließen sich Akzente setzen, wobei die königlichen Bauleiter für sich und ihren Stab besonders bevorzugte Plätze reservierten; als weiteres Privileg galt die Zuteilung eines Sarkophages durch den König, und auch in der Orientierung der Gräber scheint es Unterschiede des Ranges und der Nähe zum König gegeben zu haben. Im Laufe der Zeit wurden die verbliebenen Zwischenräume durch weitere Gräber ausgefüllt, so daß die heute erkennbare regelmäßige Struktur des Westfriedhofes das Ergebnis einer längeren Entwicklung ist.

Nach der Verlegung der Königsnekropole gab es immer noch Totenpriester und kleinere Beamte, die sich bei den Pyramiden von Gîza bestatten ließen, aber die Bedeutung dieser Totenstadt ging rasch zurück, und dafür entstanden in Abusir und Saqqara neue Beamtenfriedhöfe. Wie zu allen Zeiten, suchten die hohen Beamten die Nähe des Königsgrabes und waren bemüht, mit dessen baulicher und religiöser Entwicklung Schritt zu halten. Der reicheren Ausgestaltung der königlichen Kulträume entsprach die Vermehrung der dekorierten Räume in den Beamtengräbern, die bei Mereruka in der frühen 6. Dynastie die Rekordzahl von 32 Räumen erreichen.

Neben solchen »Grabpalästen«, in denen der alte Gedanke vom Grab als »Wohnhaus« für den Toten wiederauflebt, nehmen sich bereits die einfachen Mastabas sehr bescheiden aus, obwohl auch sie Privileg der gehobenen Beamtenschaft waren. Wer nicht im Staatsdienst stand, mußte sich mit weitaus einfacheren Formen des Begräbnisses begnügen. Aus allen Zeiten der ägyptischen Geschichte gibt es Friedhöfe mit schlichten Gruben für den nicht mumifizierten Leichnam, über dem ein Hügel *(Tumulus)* aus Steinen und Sand aufgehäuft wurde. Auch hier fehlt es nicht an Beigaben – einige Tongefäße und Amulette, die für den nötigsten Schutz und Unterhalt im Jenseits sorgten. Verwöhnt durch die prächtigen Grabbauten der Oberschicht, hat man diesen einfachen Formen der Beisetzung kaum Beachtung geschenkt, obwohl erst durch sie die ganze Skala der Möglichkeiten deutlich wird und wir die Frage besser beantworten könnten, ob der Ägypter auch für das Jenseits eine Sozialstruktur voraussetzt. Aus dem Neuen Reich haben wir sehr klare Hinweise, daß es nicht auf Mumifizierung und Grabbau ankommt; wer das Totengericht, diese Prüfung seiner Lebenssumme, nicht besteht, dem nützt auch aller Aufwand für die Beisetzung nichts, während dem Armen als einem »Gerechtfertigten« alle Möglichkeiten des Jenseits offenstehen. Über den demotischen Setna-Roman ist dieses Motiv der Umkehr von Arm und Reich im Jenseits bis zum Gleichnis Jesu vom reichen Mann und armen Lazarus gewandert. Aber trotz dieser theoretischen Gleichheit aller vor dem Tod hat der Ägypter immer wieder versucht, sich durch möglichst große materielle wie geistige Anstrengung gegen die Bedrohung seiner Existenz durch Tod, Auflösung und jenseitige Mächte zu sichern. Dabei spielt auch die stets erstrebte Nähe zum König eine gewichtige Rolle, die man durch weitestmögliche Annäherung an die Form und den Aufwand der königlichen Grablegung dokumentieren und für die Ewigkeit des Jenseits bewahren wollte.

Dabei hat das Königtum in den Spätphasen der großen Blütezeiten auf manches Vorrecht verzichtet, das damit für nichtkönigliche Personen frei wurde; es hat solchen

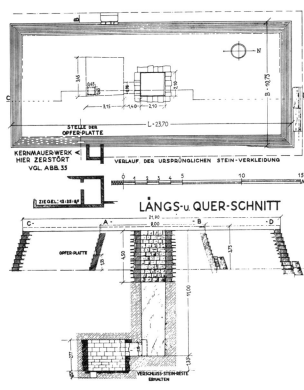

Eine Mastaba der 4. Dynastie im Grundriß und Schnitt (nach H. Junker).

Rekonstruktion von Mastabas nach Perrot-Chipiez.

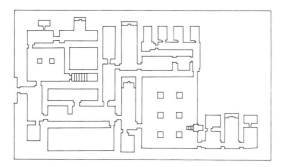

Grundriß der ausgedehnten Anlage des Mereruka vom Anfang der 6. Dynastie in Saqqara.

Tendenzen zur »Demokratisierung« aber auch immer neu entgegengesteuert und konsequent neue Vorrechte aufgebaut, um sich als deutliche Spitze der hierarchisch gestuften Sozialpyramide zu behaupten. Eine erste Phase des Abbaus königlicher Sonderstellung bildet die Zeit der 6. Dynastie und insbesondere die lange Regierung von Phiops II. (etwa 2254–2160 v. Chr.). Zweitpyramide und königliche Totentexte in der Pyramide finden sich jetzt auch in den Grabanlagen der Königinnen; in den folgenden Jahrhunderten gehen die königlichen Pyramidentexte dann allmählich in den Besitz der gesamten Oberschicht über und erscheinen als *Sargtexte* auf ihren Särgen.

Zugleich verliert auch die bisher erstrebte räumliche Nähe zum Königsgrab an Bedeutung. Schon seit der 4. Dynastie ließen sich höhere Beamte vereinzelt am Ort ihres Wirkens in der Provinz beisetzen, und am Ende des Alten Reiches gewinnen die Zentren in der Provinz vermehrt an Selbständigkeit und politisch-religiöser Bedeutung. Jetzt entstehen in Mittel- und Oberägypten zahlreiche Gaufürstennekropolen, selbst in der fernen Oase Dachle hat man kürzlich das Grab eines Gouverneurs aus der 6. Dynastie entdeckt, inmitten eines ausgedehnten Friedhofes der gleichen Zeit. Hier, fern vom Niltal, wurde für die herausgehobenen Gräber immer noch die Form der *Mastaba* verwendet, während die Gaufürsten Oberägyptens (etwa in Beni Hasan oder Assuan) für sich und ihre Familienangehörigen Felsgräber anlegten, in beherrschender Lage hoch über dem Niltal und repräsentativ mit breiten Fassaden und Aufwegen ausgestaltet. In Theben sind beide Bauformen bezeugt, Mastabas aus dem frühen Alten Reich und Felsgräber aus dem Ende dieser Epoche, dazu die eigenartigen Gehöftgräber der lokalen Könige in der frühen 11. Dynastie, mit riesigen Höfen und breiten Pfeilerfronten.

Die Könige des Mittleren Reiches geben sich betont menschlich, auch im Aufwand für Grab und Jenseits schwindet ein Teil der Distanz zur übrigen Welt. Es gibt in dieser Zeit keine spezifisch königlichen Totentexte, nur die Grabform der Pyramide bleibt weiterhin dem König und in seltenen Fällen einem seiner engsten Angehörigen vorbehalten; so hat die Prinzessin Nofruptah, Tochter von Amenemhât III., eine kleine Pyramide ganz in der Nähe der Grabanlage ihres Vaters in Hawara, dem berühmten »Labyrinth«, erhalten. Andere weibliche Angehörige dieses Königs wurden in seiner Pyramide von Dahschûr beigesetzt, die er zugunsten von Hawara aufgegeben hatte. Für die Gräber weiterer Prinzessinnen und hoher Beamter kam noch einmal die Form der *Mastaba* zu Ehren.

Im Neuen Reich erleben wir zunächst eine scheinbare Umkehr der Rangordnung. Der thebanische Bürgermeister Inene, den wir im nächsten Kapitel als ersten Bauleiter im Tal der Könige kennenlernen werden, erhielt im Gräberberg von Qurna ein prächtig gelegenes Felsgrab mit Pfeilerfassade und reicher Dekoration. Der damalige Hohepriester des Amun, Hapuseneb, schmückt seine Grabfassade mit sechs freistehenden Pfeilern, während sich der Wesir Aametju und Senenmut, der maßgebende Beamte am Hofe der Königin Hatschepsut, acht Pfeiler erlauben. Ihr König dagegen, Thutmosis I., erhielt ein vergleichsweise winziges Felsgrab in einem versteckten Winkel des Königsgräbertales, mit einem einzigen Pfeiler in der bescheidenen Sargkammer. Zwar wird dann, wie wir gesehen haben, die Größe des Königsgrabes von Regierung zu Regierung gesteigert, doch immer wieder von Grabanlagen der hohen Beamten übertroffen.

Das ist jedoch nur der erste Eindruck, und bei genauerer Analyse ergibt sich wiederum eine sorgfältig gestufte Rangordnung mit dem Königsgrab an der Spitze. Entscheidend für die Stellung eines Grabes in dieser Hierarchie sind vor allem seine Lage und die Art seiner Dekoration. Das Tal der Könige ist eigentlich nur den regierenden Königen vorbehalten. Auch Hatschepsut hat ihr erstes Grab außerhalb des Tales angelegt, erst nach ihrer formellen Thronbesteigung erhielt sie ein neues Grab in diesem besonders geheiligten Bezirk. Sie hat dann im Laufe ihrer Regierung ihrer Amme In und wohl auch ihrem Bauleiter Hapuseneb ein Begräbnis im Tal der Könige zugestanden, doch in bescheidenster Form. Im Gegensatz zu ihren prächtigen Anlagen

Der versteckte Eingang zum Grab Thutmosis' I. (rechts im Bild).

im Gräberberg von Qurna mußten sich Hapuseneb und spätere Beamte, die diese besondere Auszeichnung erhielten, hier im Wüstental mit der einfachsten Form begnügen, die aus einem senkrechten Schacht und einer kleinen, völlig schmucklosen Grabkammer besteht. Für Angehörige des Königshauses gab es einen etwas erweiterten Grabtyp, der die Hauptelemente des königlichen Korridorgrabes enthielt, aber wiederum in der einfachsten Form: Treppe, schräger Korridor und Grabkammer. Solche schlichten Anlagen, auch sie ohne jede Dekoration, erhielten zum Beispiel die Amme der Hatschepsut und später Juja und Tjuju, die Schwiegereltern Amenophis' III., deren reicher Grabschatz 1905 von der Davis-Expedition entdeckt wurde. Auch die Mumie ihrer Tochter, der Königin Teje, hat im Tal der Könige geruht, aber das gilt offenbar nicht für alle Königinnen der 18. Dynastie; soviel ist deutlich, daß keine von ihnen ein dekoriertes Grab oder einen Steinsarkophag erhielt, sondern als Ersatz und besondere Auszeichnung einen extrem großen äußeren Holzsarg – Ungetüme, die man heute im Obergeschoß des Museums in Kairo bewundern kann.

Für die zahlreich vorhandenen Königskinder des Neuen Reiches gab es nur in Ausnahmefällen ein Begräbnis im Tal der Könige. Eine Reihe von ihnen ist mit Sicherheit in ganz anderen Landesteilen (Memphis, Fajum) bestattet worden, und im Tal selber wurde für sie gegen Ende der 18. Dynastie neben dem Korridorgrab und dem Schachtgrab ein weiterer Grabtyp entwickelt, für den ich die Bezeichnung *Polytaph* (Mehrfachgrab) vorgeschlagen habe. Dieser Typus ist durch zwei und mehr gleichgeordnete Hauptkammern gekennzeichnet, während alle anderen Gräber des Tales nur *eine* deutlich herausgehobene Grabkammer besitzen, von der sich die vielen kleinen Nebenräume für Beigaben deutlich abheben. Ein Grab dieses neuen Typus war unter anderen das Versteck des Tutanchamun, bei dem auch die Maßverhältnisse deutlich darauf hinweisen, daß es ursprünglich nicht als Königsgrab gedacht war; hier schloß man einen Kompromiß, als man die im Grundriß und in den Maßen deutlich nichtkönigliche Grabanlage mit einer »königlichen« Dekoration und allen notwendigen Beigaben versah.

Alles, was Königinnen und Prinzen im Rahmen der strengen Hierarchie im Tal der Könige verwehrt blieb, erhielten sie in der Ramessidenzeit in einem weiter südlich gelegenen Wüstental, dem Tal der Königinnen. Hier waren schon zu Beginn des Neuen Reiches einige Angehörige des Königshauses beigesetzt worden, aber die systematische Belegung begann erst nach der Amarnazeit. Durch neueste Funde wissen wir, daß die Gemahlin des Königs Haremhab nicht in Theben bestattet wurde, sondern in einem Grab, das Haremhab als hoher Beamter in Saqqara für sich selber angelegt und nach seiner Thronbesteigung wieder aufgegeben hatte. Dagegen erhalten die Gemahlinnen seiner beiden Nachfolger Ramses I. und Sethos I. bereits Gräber im Tal der Königinnen.

Den Höhepunkt der Entwicklung in diesem neuen Teil der thebanischen Totenstadt bringt das prächtig ausgeschmückte Grab der Königin Nefertari, die im dritten Jahrzehnt seiner Regierung (1279–1213) die Hauptgemahlin von Ramses II. war. Ihre Vorgängerin Isisnofret hatte ein schmuckloses Grab im Tal der Könige erhalten, während nun, nach der Vollendung des Königsgrabes, ein Teil der besten Künstler des Landes im Tal der Königinnen eingesetzt wurde. Die Qualität des farbig bemalten Reliefs steht der des Königsgrabes nicht nach, und das Bildprogramm der Dekoration gibt in feiner, sorgfältig durchdachter Abstufung ein Echo des königlichen Bildprogramms; ebenso halten die Maße der Korridore und Kammern einen deutlichen Abstand zu denjenigen, die damals für ein Königsgrab verwendet wurden.

Als Königin durfte Nefertari keine königlichen Totentexte benutzen, sondern wählte Entsprechungen aus dem Totenbuch, dessen Sprüche und Illustrationen für jedermann zum jenseitigen Gebrauch verfügbar waren, auch in den Beamtengräbern jener Zeit vielbenutzt. Statt des königlichen Pfortenbuches stehen an den Wänden ihrer Sargkammer Auszüge aus den Totenbuchsprüchen von den Pforten des Jenseits (Spruch 144 ff.), statt des »Buches von der Himmelskuh« wird in einer Seitenkammer

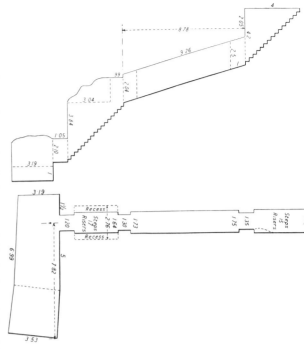

Das Korridorgrab von Juja und Tjuju, Längsschnitt und Grundriß.

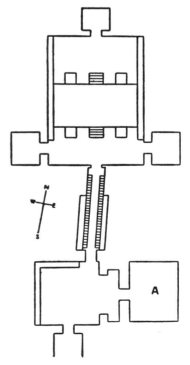

Grab der Nefertari, Grundriß.

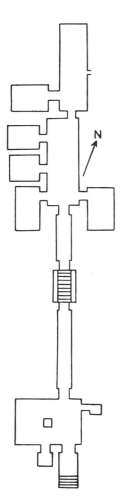

Undekoriertes Mehrfachgrab im Tal der Könige (Nr. 12).

das beliebte Bild der Hathorkuh im Westberg verwendet, und die berühmte, hier erstmals belegte Abbildung der »vereinigten« Gestalt von Re und Osiris (Kapitel 11) illustriert einen Vers der königlichen »Sonnenlitanei«, den man damals auch in das Totenbuch (Spruch 180) übernommen hat. Zwei weitere, besonders wichtige Totenbuchsprüche ergänzen das Bild- und Textprogramm: Der eine ist Spruch 148, der ganz allgemein die materielle Versorgung im Jenseits sichert und den Verstorbenen vor jedem denkbaren Schaden bewahrt; Nefertari gibt nicht den Text des Spruches, der auch in den königlichen Totentempeln und in den Beamtengräbern gern verwendet wird, sondern nur die zugehörige Darstellung der heiligen Kühe mit ihrem Stier und der vier Himmelsruder. Der andere ist Spruch 17, mit seinen 400 Versen der längste und am reichsten illustrierte Spruch, der die wichtigsten Inhalte dieser Spruchsammlung zusammenfaßt und durch eingestreute Glossen weiter erläutert.

Andere Motive im Grab der Königin sind direkt aus dem Bildprogramm der Königsgräber übernommen und heben sie damit über die Stufe der Beamten- und Prinzengräber weit hinaus. Dazu gehört neben den Pfeilern vor allem die Gestaltung der Decke als gestirnter Himmel, die sich seit dem Alten Reich nur in den königlichen Gräbern findet, während die thebanischen Beamtengräber in bunten Deckenornamenten schwelgen. Hier lebt die alte Vorstellung eines ursprünglich nur für den König bestimmten himmlischen Jenseits weiter. Auch die Wappenpflanzen von Ober- und Unterägypten, die auf Königsherrschaft über die »Beiden Länder« deuten, gehören eigentlich nur in ein Königsgrab, ebenso die Göttin, welche die gerechte Weltordnung *Maat* verkörpert, über deren Bestand der König zu wachen hat.

Interessant sind noch einige direkte Entsprechungen zur Grabanlage ihres königlichen Gemahls. Ramses II. hatte für die Gestaltung des Grundrisses noch einmal die »geknickte« Form gewählt, die vor Echnaton üblich war. Etwas abgeschwächt, wird dieser Knick der Achse auch im Grab der Nefertari angedeutet, ebenso im Totentempel des Königs, dem Ramesseum, im Tempel von Luxor und in anderen Bauten Ramses' II. Diese Übereinstimmung kann weder dem Zufall noch »technischem Unvermögen« entspringen, sondern muß als eine Reaktion auf die geraden Grabachsen der Amarnazeit verstanden werden, durch die man das belebende Sonnenlicht möglichst direkt in das Reich der Toten holen wollte, während man jetzt noch einmal den gekrümmten Raum des Jenseits nachahmt (Kapitel 7). Eine weitere Neuerung Ramses' II. galt der Sargkammer, in der Zahl, Anordnung und Dekoration der Pfeiler geändert wurden; statt der üblichen Szene des Königs vor einer Gottheit tragen die nach innen, zum Sarkophag gekehrten Pfeilerseiten eine Darstellung des *Djed*, der in der Schrift als Zeichen für »Dauer« verwendet wird, in der religiösen Symbolik des Neuen Reiches und der Spätzeit aber vor allem als Bild des Osiris gilt und hier im Grab auf die Osirisrolle des toten Königs hinweist; zugleich ist der Djed, den man als eine Art Garbenbaum deutet, an den die ersten abgesichelten Ähren der Ernte gebunden wurden, ein wirksames und schutzkräftiges Amulett für den Verstorbenen. Bei Ramses II. sind auf den Pfeilern der stark zerstörten Sargkammer nur noch kümmerliche Spuren des Djed zu erkennen, aber die vollständig erhaltene Entsprechung bei Nefertari hilft uns, das ursprüngliche Aussehen dieser Pfeilerseiten wiederherzustellen.

In allen Szenen der Dekoration tritt Nefertari den Göttern allein gegenüber; ihr königlicher Gemahl ist nirgends dargestellt und wird nicht einmal genannt. Dieser Befund gilt auch für die anderen Königinnengräber, so daß wir bei der Königin Titi, wie bei anderen, nicht einmal sicher wissen, wessen Gemahlin sie war. Ganz anders bei den vielen frühverstorbenen Söhnen Ramses' III., die wohl gleichzeitig von einer Seuche dahingerafft wurden – sie können den Göttern des Jenseits nicht allein gegenübertreten, sondern werden überall im Gefolge ihres königlichen Vaters gezeigt. Neben den Götterszenen treffen wir in diesen farbfrischen Prinzengräbern wiederum, wie bei den Königinnen, die Torwächter des Jenseits aus dem Totenbuch, deren drohendes Wesen gebannt werden muß, damit der Verstorbene alle Räume des Jenseits frei durchschreitet. Eine Sonderstellung nimmt das einzige dekorierte Prinzengrab im

Tal der Könige ein, das gegen 1100 v. Chr. für einen Sohn Ramses' IX. angelegt wurde (Grab Nr. 19); dieser Prinz mit dem Zungenbrechernamen Montuherchepeschef hat offenbar ein reiferes Alter erreicht und bedarf des königlichen Mittlers nicht, sondern tritt den Göttern allein und selbständig gegenüber.

Am Ende der 19. Dynastie wird in einem Winkel des Tales gleichzeitig an drei Gräbern gearbeitet, deren wohlüberlegte hierarchische Stufung das gültige Prinzip besonders deutlich vor Augen führt. Der junge und frühverstorbene König Siptah (ca. 1196–1190 v. Chr.) erhält ein »normales« Königsgrab mit der üblichen Dekoration. Die gut bewahrten beiden ersten Korridore enthalten Text und Figuren der Sonnenlitanei und Amduattexte, dazu die Götterszene mit Anubis an der Bahre des Osiris; der dritte Korridor mit der vierten und fünften Stunde des Amduat ist überwiegend zerstört, der Rest des großzügig geplanten Grabes unvollendet geblieben.

Für die Königin Tausret, wahrscheinlich seine Stiefmutter, die für Siptah regiert und nach seinem Tod wie einstmals Hatschepsut eine offizielle Königstitulatur annimmt, wird nur wenige Meter weiter westlich ein Grab begonnen und als einziges Königinnengrab in diesem heiligen Bezirk auch dekoriert. Aber das bisherige strenge Tabu wird nur teilweise gebrochen, denn die Dekoration entspricht im vorderen Teil des Grabes ganz derjenigen, die für ein Königinnengrab damals üblich war: keine königlichen Totentexte, sondern Götterszenen und die Torwächter mit ihren Beischriften aus dem Totenbuch. Wie bei Nefertari, gibt es allerdings einige direkte Übernahmen aus dem Motivschatz der Königsgräber: das Ritual der »Mundöffnung«, die geflügelte Maatgöttin, Anubis an der Bahre des Osiris, und anderes. Und in der ersten Pfeilerhalle des Grabes, mit Götterdarstellungen auf den Pfeilern, Teilen des Pfortenbuches und anderer Unterweltsbücher auf den Wänden und einer gewölbten, »astronomischen« Decke mit Sternbildern fühlen wir uns ganz wie in einem Königsgrab. Nur die Schlankheit der Pfeiler läßt uns stutzen, und beim Nachmessen merken wir den Grund: man hat auch hier, wie schon in den davorliegenden Korridoren, nicht die königlichen Maße verwendet! Bei Siptah haben die Korridore, wie es sich für ein Königsgrab seit Amenophis III. gehört, die Breite von fünf Ellen (2,61 m); Tausret bleibt eine ganze Elle darunter, ebenso bei der Höhe, die in den Königsgräbern der späten 19. Dynastie auf sechs Ellen und mehr gesteigert wurde. Bei den Pfeilern ist der Unterschied noch deutlicher. Die vordere Reihe besteht aus quadratischen Pfeilern mit einem Durchmesser, der um 65 cm schwankt; in der hinteren Reihe haben die Pfeiler rechteckigen Grundriß mit Kantenlängen zwischen 61 und 94 cm, bleiben also auch hier deutlich hinter der vorgeschriebenen »königlichen« Kantenlänge von zwei Ellen (1,05 m) zurück, die noch für Ramses IX. verbindlich ist.

Aufschriften an den Wänden deuten darauf hin, daß Tausret in der kurzen Zeit ihrer Alleinherrschaft damit begonnen hat, die Grabanlage über diese halbkönigliche Pfeilerhalle hinaus zu erweitern. Ihr baldiger Tod ließ die Arbeiten nicht weit vorankommen, und es bleibt unklar, ob sie hier tatsächlich eine zweite, »königliche« und damit ihrer neuen Stellung entsprechende Pfeilerhalle geplant hat. Auf jeden Fall stimmen hier die vorgeschriebenen Maße, der einzige voll ausgearbeitete Pfeiler hat exakt die Kantenlänge von zwei Ellen. So weist das ungewöhnliche Grab dieser ungewöhnlichen Königin deutlich drei Stufen der Konstruktion auf: eine erste mit nichtköniglicher Dekoration und nichtköniglichen Maßen, eine zweite mit königlicher Dekoration und nichtköniglichen Maßen und eine dritte, in der auch die Maße königlich sind. Ihr Nachfolger Sethnacht, der Begründer der 20. Dynastie, hat diesen unfertigen Teil übernommen und weiter ausgestaltet. Die beiden Korridore und die neue, größere Pfeilerhalle, die auf ihn zurückgehen, weisen durchweg königliche Maße und königliche Dekoration auf. Im vorderen Teil des Grabes hat er die Figuren der Königin übertünchen und durch eigene Bilder ersetzen lassen, so daß er trotz seiner äußerst kurzen Regierung über eine der größten Grabanlagen im Tal der Könige verfügen konnte.

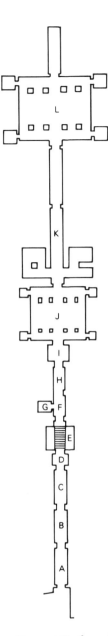

Grab von Tausret/Sethnacht, Grundriß.

54

Gleich neben dem Grab der Tausret liegt das ihres leitenden Ministers Bija, der wohl eine ähnlich beherrschende Stellung eingenommen hat, wie Senenmut unter der Königin Hatschepsut. Auch diese Anlage ist in den Maßen deutlich zurückgestuft und weist nur Anfänge einer Dekoration auf. Aber allein das Vorhandensein von Dekoration und die Form des Korridorgrabes sind für ein Beamtengrab im Tal der Könige einmalig und darin eine ganz besondere Auszeichnung.

In ähnlicher Weise hat zum ersten Mal die Königin Hatschepsut (1479–1457 v. Chr.) ihren leitenden Beamten königliche Vorrechte zugestanden. Ihr Wesir Useramun ist der einzige Beamte des Neuen Reiches, der seine unterirdische Grabkammer im Gräberberg von Schêch Abd el-Qurna mit den königlichen Unterweltstexten Amduat und Sonnenlitanei schmücken durfte, während die anderen hohen Beamten und selbst Senenmut Sprüche aus dem Totenbuch und den Pyramidentexten verwendeten. Useramun ging sogar so weit, sich und seine Familienangehörigen unter die Götterfiguren der Sonnenlitanei (Kapitel 6) einzureihen und damit anderen Erscheinungsformen des Sonnengottes gleichzustellen. Der einflußreiche Senenmut erhielt andere Privilegien: eine Grabanlage im Vorhof des königlichen Totentempels und das königliche Dekorationselement einer »astronomischen Decke« mit Dekan-Sternbildern und Planeten. Im Tal der Könige selbst erhielt wahrscheinlich nur Hapuseneb, der damalige Hohepriester des Amun, als Bauleiter ein bescheidenes Schachtgrab.

Hatschepsuts Mitregent und Nachfolger Thutmosis III. ist mit solchen Privilegien weitaus zurückhaltender gewesen, während sein Sohn Amenophis II. (1427–1401 v. Chr.) nicht nur dem neuberufenen Wesir Amenemope, sondern auch anderen hohen Beamten ein Begräbnis im Tal der Könige zugesteht. Der Grabschatz des »Wedelträgers« Maiherperi, der in einem Schachtgrab des Tales gefunden wurde und vor allem eine der ältesten illustrierten Totenbuchhandschriften enthält, gehört vermutlich in diese Regierungszeit. In den älteren Totenbüchern hat man nur wenige, bevorzugte Sprüche illustriert, während von nun an fast jeder Spruch mit einer Abbildung (Vignette) versehen wird, welche die Aussage des Textes im Bild aufgreift und meistens prägnant zusammenfaßt.

Diese Bildfreudigkeit der Ägypter, die immer neue Möglichkeiten religiöser Aussage durch bildliche Symbolik entdeckt, erreicht unter Echnaton und unmittelbar nach ihm ihren Höhepunkt; sie prägt aber schon vorher die königlichen Unterweltsbücher mit ihrer unlösbaren Verbindung von Bild und Text. In einer ausgehöhlten Holzstatuette aus dem Grab Amenophis' II. fand sich ein kleiner Papyrus mit dem besonders reich illustrierten Spruch 168 des Totenbuches, der in Wort und Bild die Gottheiten der zwölf »Grüfte« der Unterwelt beschreibt und damit eher zu den königlichen Unterweltsbüchern gehört. Auch sonst schöpft das Totenbuch nach der Amarnazeit mehrfach aus den königlichen Totentexten, die bisher streng eingehaltenen Grenzen beginnen sich zu verwischen; seit Merenptah erscheinen Totenbuchtexte auf den Wänden des Königsgrabes, wobei der Spruch mit dem Totengericht (125) den Anfang macht. Schon vorher hatten sich Tutanchamun auf seinen vergoldeten Schreinen und Ramses II. in seinem Tempel in Abydos über die strenge Trennung königlicher und nichtköniglicher Totentexte hinweggesetzt und Auszüge aus beiden miteinander verbunden. Inhaltlich besteht ja kein prinzipieller Unterschied, auch die Sprüche des Totenbuches enthalten Beschreibungen jenseitiger Örtlichkeiten und setzen ihre Hoffnung auf die Sonne als das mächtigste Zeichen des Wiederauflebens. In der Tradition von Pyramidentexten und Sargtexten ist das Totenbuch jedoch auch weitgehend ein Zauberbuch, das »Millionen Mal« bewährte Sprüche zur Abwehr von Gefahren und zum Erreichen der wichtigsten Jenseitswünsche enthält und darin die mehr beschreibenden Unterweltsbücher wirksam ergänzen und unterstützen konnte. Aber der entscheidende Unterschied blieb bis zum Ende des Neuen Reiches, daß jeder, der über die nötigen und recht beträchtlichen finanziellen Mittel verfügte (in der Naturalwirtschaft immerhin den Gegenwert von ein oder zwei Kühen), sich ein Totenbuch kaufen, es auf die Jenseitsreise mitnehmen und zusätzlich auch noch auf die Wände seiner

Grabkammer malen lassen konnte, während nur in ganz seltenen und besonderen Fällen eine Mitbenutzung von Unterweltsbüchern und anderen königlichen Jenseitstexten möglich war.

Eine besonders bevorzugte Stellung hatte unter Amenophis II. der Beamte Sennefer. Als Bürgermeister von Theben und als Bruder des Wesirs (leitenden Ministers) Amenemope gehörte er zur neuen Führungsspitze des Staates, die sich aus Kampf- und Jugendgefährten des Königs rekrutierte und einige bisher sehr einflußreiche Familien ablöste. Die enge persönliche Bindung an den König sollte den Tod überdauern, und so durfte Sennefer im Tal der Könige nicht nur seinen Bruder in einem Schachtgrab beisetzen, sondern für seine Gemahlin Sentnai sogar ein unbenutztes Korridorgrab verwenden; die Eingeweidekrüge *(Kanopen)* dieser Dame, die als ehemalige königliche Amme besondere Privilegien beanspruchen durfte, fand Carter im Grab Nr. 42, das ursprünglich für Thutmosis II. angelegt, aber offenbar nicht benutzt worden war.

Sennefer selber trat als Haupt der lokalen Verwaltung, also auch der ständig wachsenden Nekropole auf dem Westufer, wie ein kleiner König auf und versuchte mit Erfolg, sein eigenes Grab im Hügel von Schêch Abd el-Qurna mit offenen oder versteckten Übernahmen aus der königlichen Sphäre aufzuwerten. Während die oberirdischen Kulträume der Beamtengräber dieser Zeit häufig mit Pfeilern versehen wurden, hat Sennefer als erster Beamter des Neuen Reiches auch in seiner unterirdischen Grabkammer vier dekorierte Pfeiler verwendet und sie darin einer königlichen Grabkammer angenähert. Doch hielt er in den Maßen deutlich Abstand zum königlichen Kanon und verwendete keine Totentexte aus dem Bereich der Unterweltsbücher. Als Ersatz dienten Darstellungen des Begräbniszuges und verschiedener Riten vor dem Grabherrn, eine Anbetungsszene vor den wichtigsten Totengöttern Osiris und Anubis und der vollständige Spruch 151 des Totenbuches, der die wesentlichen Elemente der Bestattung, des Schutzes und des Fortlebens im Jenseits in einer sorgfältig ausgewogenen Verbindung von Bild und Text zusammenfaßt. Die Grabkammer (Theben 96) bezaubert den Besucher noch heute durch ihre Farbenfrische und vor allem durch das reizvolle Motiv der Weinranken, mit denen die Decke und Teile der Wände überzogen sind, deutlicher Hinweis auf das erhoffte Wiederaufleben im Jenseits und auf die belebende, regenerierende Wirkung des Weines. In einer Ecke der Kammer, unter den Weinranken fast versteckt, erblickt der aufmerksame Besucher noch einen Geier, der seine schützenden Flügel weit ausbreitet – ein Motiv, das für ein Beamtengrab einzigartig ist, seinen üblichen Platz dagegen in den Königsgräbern und in den Totentempeln der Könige hat. Die ramessidischen Gräber im Tal der Könige zeigen an der Decke des ersten Korridors eine dichte Folge solcher flügelbreitenden Geier, die manchmal auch Schlangen- oder Falkenköpfe haben und analog im Tempel den Mittelweg beschützen, auf dem man zum Allerheiligsten schreitet.

Einzelne Beamte haben sich auch später noch mehr oder weniger der königlichen Sphäre angenähert. So erhielt Amenophis, Sohn des Hapu, den man in ptolemäischer und römischer Zeit neben Imhotep als königlichen Weisen und bevorzugten Mittler verehrt hat, schon zu Lebzeiten von seinem König Amenophis III. einen eigenen Totentempel zugewiesen, was sonst für einen Beamten völlig undenkbar blieb. Von Bija, der unter Tausret ein Korridorgrab im Tal der Könige erhielt, haben wir schon gesprochen; wenig später hat der Amunspriester Tjanefer in seinem Grab (Theben 158) neben Totenbuchtexten noch solche aus dem königlichen Pfortenbuch verwendet. Alle diese Männer gehörten zur Spitze der Verwaltung, während die Schreiber und Handwerker, die in den Königsgräbern tätig waren und im Berghang von Deir el-Medine ihre eigenen Gräber ausmalten (Kapitel 4), keine Anleihen bei den königlichen Dekorationsmotiven gemacht haben, mit denen sie täglich umgingen. Die kleinen Ziegelpyramiden, mit denen sie ihre Oberbauten krönten, waren längst keine königliche Grabform mehr, sondern zum allgemeinen Gebrauch freigegeben.

Mit dem Ende des Neuen Reiches um 1070 v. Chr. fallen die bisherige Rangordnung und die bestehenden Tabuvorschriften dahin. Die Könige legen ihre Grabanlagen

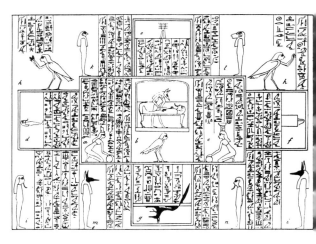

Totenbuch, Spruch 151, im Papyrus Brit. Mus. 10010. Im Zentrum Anubis an der Bahre des Toten.

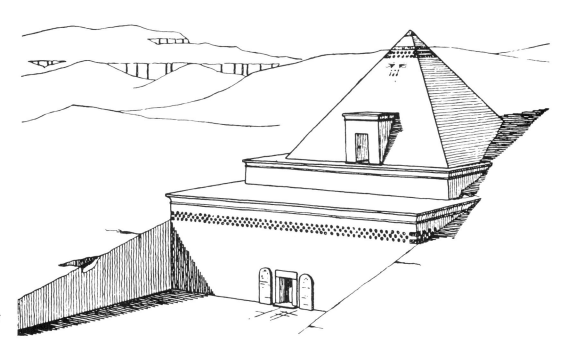

Rekonstruktion einer Grabanlage in Deir el-Medine.

fern im Norden des Landes an, und die Gräber im Tal der Könige, wie in der übrigen thebanischen Nekropole, werden jetzt für private Bestattungen wiederbenutzt. Die neue Führungsschicht des thebanischen »Gottesstaates« der 21. Dynastie, der höhere Klerus des Gottes Amun, richtete im 10. Jahrhundert v. Chr. mehrere Mumienverstecke in der Nähe des Tempels von Deir el-Bahari ein, in denen die individuellen Bestattungen ihrer Angehörigen zusammengetragen wurden. Einige gelangten in die königliche *Cachette* hoch im Felsen, wo die Mumien aus dem Tal der Könige gesammelt wurden (Kapitel 4), die Mehrzahl aber in eine zweite, 1891 von Daressy entdeckte *Cachette* im Vorgelände des Tempels. Diese unterirdische Anlage war in aller Eile mit Särgen, Kanopen und *Uschebti*-Kästen vollgestellt worden und wurde nun von Daressy und seinen Helfern in ähnlicher Eile ausgeräumt. In nicht weniger als 153 Särgen, 101 davon Doppelsärge (ein innerer in einem äußeren Sarg), lagen vor allem Angehörige des Hohenpriesters Mencheperrê, der um 990 v. Chr. starb. Die Zahl der gefundenen Einzelteile war so gewaltig, daß die ägyptische Regierung beschloß, mehrere Staaten in Europa und Amerika an diesem Fund zu beteiligen. 1893/94 wurden die Geschenke (Särge und *Uschebti*-Kästen) verteilt, und so kommt es, daß heute ein Sarg aus der Cachette von Deir el-Bahari im Rathaus von Appenzell zu besichtigen ist, ein anderer in Mexico City, wieder andere in russischen oder skandinavischen Museen.

Selbst diese thebanischen Hohenpriester bemühten sich, in Analogie zu den früheren Königen, sich selber und ihre engsten Angehörigen im Tod von den übrigen Sterblichen abzuheben, also einen neuen »Bedeutungsmaßstab« für das Begräbnis zu schaffen. Da man keine dekorierten, individuellen Gräber mehr anlegte, mußten die Unterschiede an anderer Stelle deutlich gemacht werden. Die Motive der Dekoration wandern von den Grabwänden auf die Särge, es beginnt die Blütezeit der ägyptischen Sargmalerei, und auch auf die Herstellung der illustrierten Totenpapyri wird größte Sorgfalt verwendet. Auf Särgen wie auf Papyri begegnen jetzt Darstellungen, die uns aus den Königsgräbern vertraut sind, aber sie sind offenbar nicht auf die oberste Führungsschicht beschränkt. Dagegen wird nur bei den Hohenpriestern und ihren engsten Familienangehörigen ein neues Mittel der Hervorhebung angewandt, die Vergoldung der Mumie an Gesicht und Händen.

Wahrscheinlich darf man in der Tatsache, daß die *Cachette*-Begräbnisse alle im Umkreis des Tempels von Deir el-Bahari liegen, einen Versuch sehen, sich dem neuen

Typus des Königsgrabes anzunähern, dem »Grab im Tempelhof«. Das ist ganz deutlich bei den »Gottesgemahlinnen des Amun«, die nach den inneren Wirren des 9. Jahrhunderts v. Chr. die geistliche und weltliche Nachfolge der Hohenpriester antreten und zu königlichen Statthalterinnen in Oberägypten werden. Sie nehmen, wie die Könige, Thronnamen an, formen ihre Verwaltung nach dem Muster der königlichen, lassen sich königliche Erneuerungsfeste (Sedfeste) wünschen und legen ihre Grabanlagen im Bezirk der Totentempel aus dem Neuen Reich an, im Ramesseum und später in Medinet Habu, wo die Oberbauten noch heute zwischen »Hohem Tor« und Tempelpylon erhalten sind. Diese bescheidenen Bauten aus Ziegel und Stein bilden einen auffälligen Kontrast zu den gewaltigen »Grabpalästen«, welche sich die Verwalter der »Gottesgemahlinnen« in der 25. und 26. Dynastie in der alten Beamtennekropole anlegen. Hier finden wir riesige Oberbauten aus Nilschlammziegeln und mehrstöckige unterirdische Anlagen, reich mit religiösen Texten dekoriert. Neben Pyramidentexten und Totenbuch werden auch die königlichen Unterweltsbücher des Neuen Reiches noch einmal ausführlich benutzt, in mustergültig genauen Kopien; aber man kopiert nur die überlieferte Totenliteratur, neue Texte werden in dieser Zeit nicht geschaffen.

Mit der persischen Eroberung 525 v. Chr. ist die große Zeit der thebanischen Totenstadt endgültig vorbei, wenn auch Motive aus den alten Jenseitsbüchern noch bis in römische Zeit in Gräbern, auf Särgen und auf Papyri verwendet werden und die apokalyptische Literatur der Gnosis und des frühen Christentums nachhaltig beeinflußt haben.

28

28 *Der Westfriedhof bei der Pyramide des Cheops in Gîza mit den regelmäßig angeordneten Graboberbauten (Mastaba) der Beamten und Totenpriester des Königs.*

29 *Der Gräberberg von Beni Hasan in Mittelägypten mit Felsgräbern der Gaufürsten, die in der 11. und 12. Dynastie den »Antilopengau« beherrschten.*

29

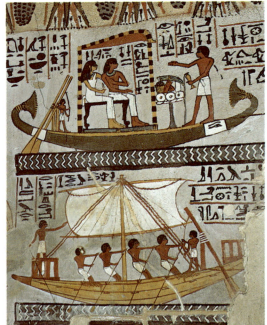

30
32

31

30 Spruch 151 aus dem Totenbuch im Grab des Sennefer. Der Spruch, der sich zum Teil auch auf der Goldmaske Tutanchamuns findet, dient der Einbalsamierung des Toten und seinem Schutz in der Balsamierungshalle, wo sich der Gott Anubis um ihn kümmert. Im Zentrum des Bildes legt Anubis letzte Hand an die aufgebahrte Mumie an, unter der man den vogelgestaltigen Ba des Verstorbenen erblickt; schützend kniet Nephthys am Kopf der Mumie, Isis zu ihren Füßen. Umrahmt wird diese Mittelszene von weiteren Darstellungen des Ba-Vogels, von Uschebti-Figuren des Toten (unten rechts und links), den vier »Horussöhnen« als Schutzgöttern seiner Eingeweide und den vier »magischen Ziegeln«, die auch in der Sargkammer der Königsgräber den Toten nach allen vier Himmelsrichtungen hin schützen.

31 Unter Weinranken versteckt hat Sennefer die Decke seiner Grabkammer mit einem schützenden Geier versehen, der wie der Chekerfries darunter ein Element der Königsgräber ist.

32 Malerei aus dem Grab des Sennefer (Theben 96), der unter Amenophis II. als Bürgermeister von Theben amtierte. Die Boote (oben ein Papyrusnachen, unten ein hölzernes Segelboot) begleiten den Verstorbenen auch als Beigaben ins Jenseits, damit er sich ungehindert fortbewegen und die begehrten Ziele des Totenreiches besuchen kann. Im oberen Boot thront Sennefer mit der »Hausherrin Merit« in einem Schrein, ein Totenpriester spen-

33

34

35

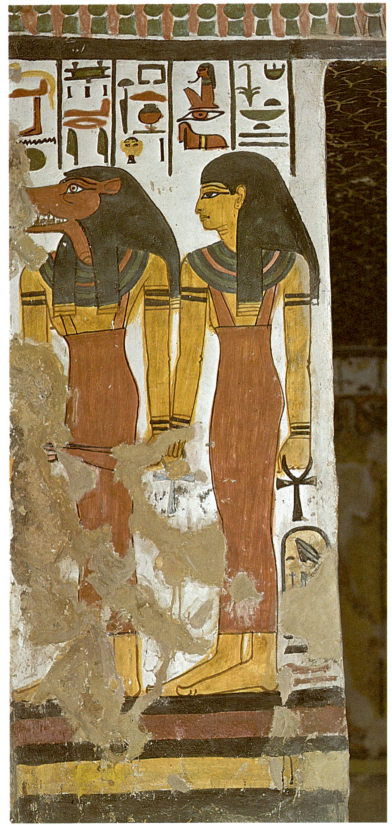

det ihnen Opfer, die auf einem kleinen Altar aufgehäuft sind, und gießt eine Wasserspende aus. Darüber erkennt man noch den abschließenden Fries aus Weinreben und Lotosblüten, beides Symbole des Wiederauflebens.

33 Geflügelte Göttin Maat im Grab der Königin Nefertari, mit dem Schriftzeichen ihres Namens (Straußenfeder) auf der Perücke; sie soll als »Tochter des Re« die Verstorbene schützend umfangen. Über ihr und der Schriftzeile das Himmelszeichen und darüber die mit gelben Sternen verzierte Decke.

34 Grab des Sennefer: In einem leichtgebauten Schrein, von Weinranken umgeben, thronen Osiris und Anubis, die beiden wichtigsten Totengötter. Osiris, mit dem gebogenen Götterbart, hält Krummstab und »Geißel« in Händen, als Insignien seiner Herrschaft über das Reich der Toten. Auf seiner Perücke sitzt die weiße oberägyptische Krone mit Straußenfedern, auch als Atefkrone bezeichnet; hinter ihr der scheinbar paradoxe Titel »Osiris, König der Lebenden«, der den Gott als Totenherrscher meint, vor ihm noch weitere Beinamen. Der hundsköpfige Anubis umfaßt schützend den immer gefährdeten Gott. Er trägt wie Osiris Halskragen und Armreife als Schmuck, dazu ein geschupptes, hemdähnliches Obergewand und den kurzen Götterschurz. Die Throne stehen auf einer grünen Matte und zeigen an der Seite das Symbol der »Vereinigung der Beiden Länder«.

35 Fortsetzung der vorigen Szene nach rechts. Vor Osiris und Anubis in ihrem Göt-

terschrein stehen Sennefer und »seine geliebte Schwester, die Hausherrin und Sängerin des Amun, Merit«, die Hände zum Gebet an die beiden Totengötter erhebend. Merit, mit der gelben Hautfarbe der Frauen, trägt das enganliegende Trägerkleid und neben Halskragen und Armreifen ein Bügelsistrum mit Hathorkopf um einen Arm, das ihr als kultische »Sängerin« und Musikantin im Chor des Amuntempels zusteht. Sennefer, mit kurzer Perücke und kurzem Kinnbart, trägt über dem kurzen Schurz ein langes, durchscheinendes Leinengewand; vor ihm ein kleiner Opferaltar mit Lotosblumen.

36 »Osiris Königin Nefertari« wird von einer jenseitigen Göttin mit Nilpferdkopf geleitet. Beide haben die gelbe Hautfarbe der Frauen, während Nefertari sonst in ihrem Grab mit rötlicher Hautfarbe dargestellt wird; sie trägt in der Hand das Lebenszeichen.

37 Die sieben heiligen Kühe und ihr Stier, darunter drei von den vier »Steuerrudern des Himmels«. Die Darstellung gehört zu Spruch 148 des Totenbuches, welcher der Nahrungsversorgung und dem Schutz im Jenseits dient. Nefertari beschränkt sich auf die beigeschriebenen Namen der Kühe und Ruder und läßt den Text des Spruches fort.

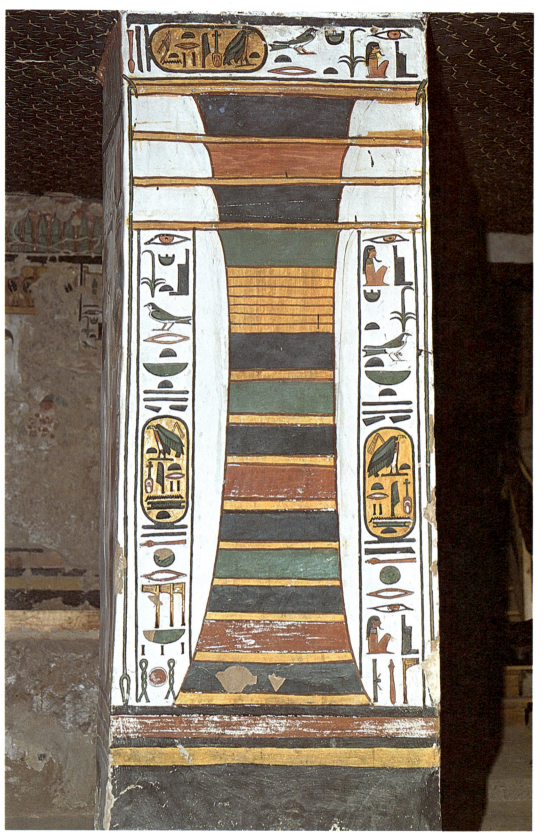

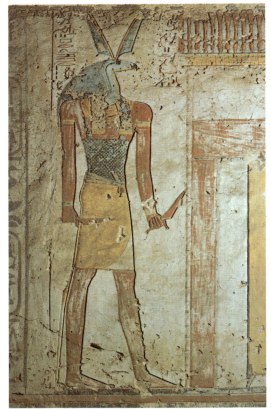
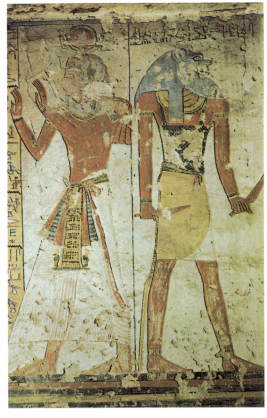

40
41
42

43
44

64

38 Die Gestalt des »vereinigten« Re und Osiris, umsorgt von Isis (rechts) und Nephthys (links). Illustration zu Versen der »Sonnenlitanei« im Grab der Nefertari.

39 Die vier Pfeiler in der Grabkammer der Nefertari zeigen auf ihren Innenseiten die Darstellung des Djed-Pfeilers, umrahmt von Titeln und Namen der »großen königlichen Gemahlin«. Ähnlich müssen die entsprechenden Pfeilerseiten im Grab Ramses' II. dekoriert gewesen sein (jetzt nur noch Spuren).

40–42 Statt der königlichen Unterweltstexte hat Königin Tausret in den vorderen Räumen ihres Grabes neben anderen Göttern einige von den Torwächtern des Jenseits abbilden lassen, die zu Spruch 145 des Totenbuches gehören; [40] ist, mit schwarz ausgefülltem Kopf, der Wächter des 15. Tores; [41] gehört, vogelköpfig mit zwei Federn, zum 16. Tor; [42] hat den Kopf des zwergengestaltigen Bes und gehört zum 14. Tor; alle tragen in jeder Hand ein Messer. In [42] noch anbetend König Sethnacht, der das Grab usurpierte.

43 Sarkophaghalle der Königin Tausret. Am umlaufenden Sockel Darstellungen von Grabbeigaben, an den Wänden Ausschnitte aus dem Pfortenbuch (hier in der Mitte die Ertrunkenen), an der gewölbten Decke die Gottheiten der Dekane und anderer Sternbilder. Auf den schlanken Pfeilern Götterdarstellungen: links Geb, rechts Anubis.

44 Ebenso. Die Götter sind hier links Anubis, rechts »Horus, Sohn der Isis«.

45/46 Zwei Gestaltungen des gleichen Motivs in königlichen Sargkammern: [45] bei Tausret, [46] bei Merenptah. Es handelt sich um eine Variante zum Schlußbild des Höhlenbuches, das den nächtlichen Lauf der Sonne noch einmal zusammenfaßt. Die Sonne, von zwei Armpaaren bewegt, erscheint als Kind, widderköpfiger Käfer und Scheibe. Ihr Lauf führt durch schwarze Finsternis und blaue Wasserfluten, durch die Dreiecke auf beiden Seiten angedeutet. Verstorbene mit ihren Bas (Vögel) und Schatten (Wedel) beten sie an, und das widderköpfige Flügelwesen, das sich über die ganze Breite der Wand spannt, vereinigt noch einmal ihre beiden Hauptaspekte. Die bei Tausret links unten noch erhaltene Szene zeigt den Erdgott Aker als Doppelsphinx mit der Sonnenbarke; ganz unten auf dem Sockel Grabbeigaben.

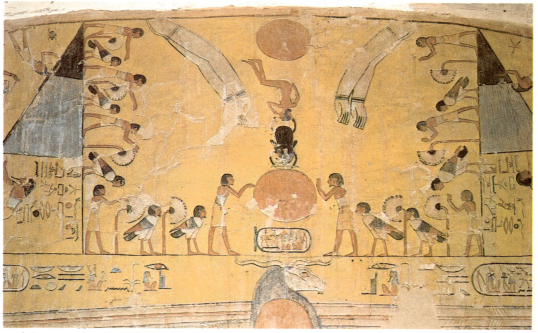

45/46

47 Osirisschrein im Grab der Tausret, mit »Horus, Sohn des Osiris« links und Anubis rechts vor dem Totenherrscher, der links als »Herrin (!) des Himmels« bezeichnet ist, da hier die Königin (ursprünglich außerhalb des Schreines anbetend dargestellt) in das Wesen des Gottes eingetreten ist. Osiris hat grüne Hautfarbe und hält seine Herrschaftsinsignien, sein Sohn Horus trägt die Doppelkrone des Königs. Den Schrein bekrönt ein Fries von schützenden Uräusschlangen.

48 Symbolische Darstellung der ständigen »Geburt« der Stunden durch einen Gott »Der die Stunden verbirgt«. Die Stunden sind auf beiden Seiten durch Göttinnen und Sterne angedeutet, und ringsherum windet sich der Leib der »großen Schlange«. Sargkammer der Tausret.

Kapitel 4 **Arbeit am »Geheimen Ort«**

In der biographischen Inschrift seines Grabes berichtet der Beamte Inene über die Regierungszeit Thutmosis' I., daß er nicht nur beim Aufstellen der großen Obelisken aus Rosengranit im Tempel von Karnak die Aufsicht führte, sondern ebenso, als man »das Felsgrab Seiner Majestät aushob in der Einsamkeit, ungeschaut, ungehört«, also in größter Heimlichkeit. Dieses älteste, noch sehr bescheidene Felsgrab des Tales liegt tatsächlich ganz versteckt am Fuß steiler Klippen und wurde erst 1899 von Loret wieder aufgefunden.

Inene, eigentlich Bürgermeister der Residenzstadt Theben, führt unter seinen Titeln auch den eines »Leiters der Arbeiten am Felsgrab des Königs«, der ihn in aller Deutlichkeit als den Bauleiter dieses neuartigen Projektes kennzeichnet. Es ist möglich, daß Inene nochmals für das Grab Thutmosis' II. verantwortlich war, während Hatschepsut für ihr Königsgrab einen neuen Bauleiter ernannte, den Hohenpriester des Amun Hapuseneb. Erst in der Ramessidenzeit lag die Leitung aller Arbeiten im Tal der Könige von Amtes wegen beim oberägyptischen Wesir, während die Könige der 18. Dynastie von Fall zu Fall hohen Beamten in ganz verschiedener Stellung, die ihr besonderes Vertrauen genossen, die Bauleitung im Tal der Könige übertrugen; Amenophis II. wählte dafür seinen Wesir Amenemope, Thutmosis IV. den zweithöchsten Amunspriester Amenhotep, Amenophis III. seinen besonderen Vertrauten Amenophis, Sohn des Hapu. Wie die Bauleiter der Pyramiden des Alten Reiches bevorzugte Grabplätze in der Nähe der königlichen Grabstätte erhielten, so wiesen die Könige des Neuen Reiches ihren Bauleitern mehrfach Schachtgräber im Tal der Könige, also im besonders geheiligten Bezirk der königlichen Gräber zu.

Von den übrigen Beamten, die an der Planung und Ausführung der Königsgräber Anteil hatten, und vor allem von den Künstlern und Handwerkern, die hier wirkten, erfahren wir im frühen Neuen Reich so gut wie nichts. Erst nach der Amarnazeit fließen die Quellen reichlicher. Der Schatzhausvorsteher Maja, der für die Grablegung Tutanchamuns und vermutlich auch Ajas verantwortlich war und für König Haremhab Oberägypten verwaltete, hat in seinem memphitischen Grab auch seine Mitarbeiter darstellen lassen. Unter ihnen hatte Userhât speziell die Bauleitung im Tal der Könige und damit vermutlich für das Königsgrab Haremhabs, das zum erstenmal Relief verwendet. Unter ihm wirken die Zeichner Huja und Merimeri mit der verantwortungsvollen Aufgabe, die geplante Dekoration aus den Vorlagen korrekt in Vorzeichnung auf die Wände zu übertragen, dazu der »Künstler« Qebeh, dessen Titel über seine spezielle Funktion nichts aussagt; wem wir die unerreichte Qualität der flach erhabenen Reliefs im Schacht und im Vorraum verdanken, wissen wir nicht. Der »Maurermeister des Schatzhauses« Pendua hat wohl das Ausschachten und Glätten der Wände geleitet, und für die finanzielle Seite, für die Entlöhnung und Versorgung der Arbeiter, war der Vermögensverwalter Thotmes verantwortlich, ein enger Mitarbeiter des mächtigen Maja, der mit dem Schatzhausvorsteher zusammen eine Inspektion im Grab Thutmosis' IV. verewigt hat, die im 8. Regierungsjahr Haremhabs stattfand.

Die Rolle dieser Beamten bei der Anlage des Königsgrabes von Haremhab ist nur erschlossen und nicht sicher zu beweisen. Zuverlässiger sind wir aus anderen Quellen über die Vorarbeiter informiert, die an der Spitze ihrer Arbeitstrupps auf dem schmalen Wüstenpfad von ihrer Siedlung Deir el-Medine ins Tal der Könige zogen. Der älteste für uns greifbare ist Neferhotep der Ältere, der noch in die Zeit von Haremhab gehört; seine Frau trug den schönen Namen Ii-m-uau »Die von fern Gekommene«, und ihr gemeinsamer Sohn Nebnefer vollendete unter der Regierung Ramses' II. eines der älteren ausgemalten Gräber in Deir el-Medine (Nr. 6). Wann dieser Sohn dem Vater im

Der Bauleiter Maja und seine Frau Merit. Statuengruppe in Leiden.

Amt nachfolgte, ist nicht genau anzugeben. Indizien deuten aber darauf hin, daß Neferhotep auch bei der Anlage des Sethosgrabes als Vorarbeiter der »rechten Seite« wirkte, während die »linke Seite« des Arbeitstrupps (vgl. unten) Baki unterstand. Der Sohn Nebnefer war dann sicher an den Arbeiten für das Grab Ramses' II. beteiligt, zusammen mit seinen Kollegen Paschedu und Qaha als Vorarbeitern der »linken Seite« und unter Aufsicht des Wesirs Paser; er muß mehrere Jahrzehnte lang amtiert und auch die Anlage des Grabes der Nefertari im Tal der Königinnen erlebt haben. Das Amt des Vorarbeiters vererbte sich dann nochmals auf seinen Sohn Neferhotep den Jüngeren, der in den späten Jahren Ramses' II. und unter dessen Nachfolger Merenptah die »rechte Seite« der Arbeiterschaft befehligte; er fand unter Sethos II. den Tod, als der Usurpator Amenmesse vorübergehend das Gebiet von Theben besetzen konnte.

Daß wir über diese Vorarbeiter, ihre Kollegen und Untergebenen so gut unterrichtet sind, verdanken wir der ungewöhnlichen Fülle von Dokumenten aus ihrer Niederlassung Deir el-Medine, eine der wenigen erhaltenen Siedlungen aus pharaonischer Zeit. Ringsum vom thebanischen Wüstengebirge und seinen Ausläufern abgeschlossen, lebten hier die Künstler und Handwerker mit ihrem Hilfspersonal, denen wir die Ausführung der zahllosen Gräber von Theben-West verdanken. Am Talboden drängen sich ihre Häuser, etwa siebzig insgesamt, auf engem Raum zusammen; mit einem Obergeschoß und zum Teil auch mit Vorratskellern versehen, boten diese Häuser einer Familie jedoch reichlich Platz, Kaufurkunden erwähnen die verschiedensten Möbel, und vielfach erfreuten auch Wandmalereien das Auge der Bewohner. Am Hang des Wüstengebirges legten sie ihre eigenen Gräber mit einer reich und farbenfroh ausgemalten Hauptkammer an; die Form der Pyramide, die jetzt nicht mehr zum königlichen Grabmal gehörte, kam hier noch einmal zu Ehren, da die Oberbauten dieser Gräber mit einer kleinen Ziegelpyramide bekrönt waren.

Wahrscheinlich wurde das Arbeiterdorf bereits von Thutmosis I. gegründet, von dem sich gestempelte Ziegel erhalten haben, oder sogar schon von seinem Vorgänger Amenophis I., dem späteren »Schutzheiligen« der Totenstadt. Doch fehlen uns immer noch die Akten der 18. Dynastie, so daß wir über die ersten zwei Jahrhunderte der Siedlung kaum etwas wissen. Desto reichlicher fließen die Quellen ab ca. 1300 v. Chr., für die 19. und 20. Dynastie. Dreißig Jahre lang (1921–1951) haben Grabungen des Französischen Instituts für orientalische Archäologie in Kairo nicht nur Gräber, Beigaben und Wohnhäuser, sondern auch viele Tausende von beschrifteten Ton- und Kalksteinscherben *(Ostraka)* freigelegt, einen Abfallhaufen von unschätzbarem Wert, der bisher nur zum Teil veröffentlicht ist. Auch einige Papyri haben sich erhalten, aber auf diesem wertvollen und teuren Material wurden nur besondere Zusammenstellungen von Akten, dazu religiöse und literarische Texte festgehalten. Für den Gebrauch des Tages griff man auf das kostenlose, überall vorhandene Schreibmaterial der Scherben zurück.

Auf diesen Ostraka sind systematisch die Arbeitsvorgänge festgehalten, die Versorgung der Arbeiter mit den nötigen Werkzeugen und Lampen, ihre monatliche Entlöhnung, ihre Tauschgeschäfte und Streitereien vor Gericht, dazu »klassische« Texte zur Übung der Schreiber oder flüchtige Skizzen von Motiven, die nicht immer zum Bildprogramm der Gräber gehören, sondern der eigenen Lust am Gestalten dienen. Insgesamt geben uns diese Quellen einen für das gesamte Altertum beispiellosen Einblick in das tägliche Leben einer Siedlung, deren Bewohner keine »normalen« Bauern und Handwerker waren, sondern gutbezahlte Spezialisten im Staatsdienst.

Seit alter Zeit waren die Arbeiter an den großen staatlichen Bauten Ägyptens in »Wachen« oder Abteilungen militärisch straff organisiert. In Deir el-Medine ist die »Mannschaft« der Arbeiter, die sich stolz auch »die Mannschaft Pharaos« nennt, in eine »linke« und eine »rechte Seite« eingeteilt, die man vielleicht auch entsprechend auf die linke und rechte Seite der langgestreckten Königsgräber angesetzt hat. Jede der beiden Seiten stand unter der Führung eines Vorarbeiters und seines Vertreters – sehr angesehene und wichtige Leute, die vom höchsten Beamten, dem Wesir, oder sogar

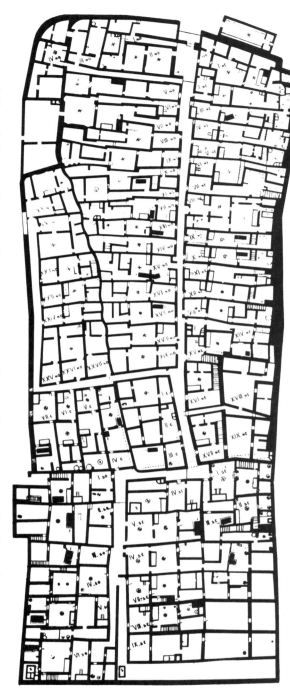

Plan der Handwerkersiedlung von Deir el-Medine.

vom König selbst eingesetzt wurden und die unmittelbare, tägliche Aufsicht über die Arbeiten führten, während der Wesir als nomineller Bauleiter nur von Zeit zu Zeit eine Inspektion abhielt. Die Vorarbeiter verkehren direkt mit den oberen Behörden, schlichten Streitigkeiten in ihrer Mannschaft und werden bei Rechtsgeschäften gern als Zeugen herangezogen. Ihnen zur Seite standen »Schreiber des Königsgrabes«, nach den Quellen bis zu vier gleichzeitig, also zwei für jede »Seite« der Mannschaft. Daß sie genügend zu tun hatten, bezeugt die Masse der erhaltenen Papyri und Ostraka, in der sich die Vielzahl der täglich anfallenden Aufgaben in Verwaltung und Rechtssprechung spiegelt. Die Schreiber amteten auch als Finanzbeamte, halfen Steuern eintreiben und führten genaue Listen über die Entlöhnung des gesamten Personals, die monatlich in Naturalien ausbezahlt wurde; die Vorarbeiter erhielten jeder 7½ Sack Getreide, die Arbeiter 5½ Sack, wobei ein Sack Getreide dem Gegenwert von zwei *Deben* (rund 180 g) Kupfer entsprach, und nach dieser »Währung« berechnete man den Wert aller übrigen Produkte, die man für das nicht verbrauchte Getreide eintauschte. Ein Korb hatte einen Wert von ½ bis 2 Deben, ein Rasiermesser 1–2, ein Paar Sandalen bis zu 3 Deben, für ein Bett oder einen Stuhl mußte man 12–25 Deben bieten und für einen Ochsen nicht unter 100 Deben.

Die Gesamtstärke der »Mannschaft« von Deir el-Medine scheint sehr stark zu schwanken. Manche Angaben deuten auf rund 40, andere auf 60 Arbeiter, unter Ramses IV. sind es vorübergehend sogar 120. Dazu kommt eine größere Zahl von Hilfspersonal: Wasserträger, Polizisten, unverheiratete Burschen als Hilfsarbeiter, Sklavinnen und die Familienangehörigen, die in der Siedlung wohnten. Im Tal der Könige haben wahrscheinlich nur selten mehr als 60 Mann gearbeitet, häufig und vor allem gegen die Fertigstellung eines Grabes hin sicher weniger. Die Arbeiter kehrten auch nicht jede Nacht in ihre Wohnhäuser zurück, sondern konnten in Hütten übernachten, die teils auf der Paßhöhe über Deir el-Bahari, teils im Tal selbst (über dem Grab Tutanchamuns) errichtet waren. Gearbeitet wurde vor- und nachmittags, mit einer Pause dazwischen, und in zehntägigen Wochen, bei denen der letzte Tag arbeitsfrei war. Zahlreiche Festtage und die verschiedensten Gründe für erlaubte Abwesenheit sorgten für eine beträchtliche Ausdehnung dieser Freizeit, und in der späteren Ramessidenzeit scheint sich sogar eine Tendenz zum »verlängerten Wochenende« mit zwei freien Tagen durchzusetzen.

Die Arbeitsjournale der Schreiber sagen nur selten etwas über Ort und Art der Arbeit, sondern halten, neben besonderen Ereignissen, nur die Tatsache fest, ob an einem Tag gearbeitet wurde oder nicht; dazu vermerken sie die Abwesenheit von Arbeitern und geben Gründe dafür an. Ergänzend kommen Aufzeichnungen über die Ausgabe von Werkzeug und von Lampen hinzu, verstreute Hinweise in anderen Aufzeichnungen und nicht zuletzt die Graffiti – meist kurze Inschriften an den Felswänden des thebanischen Gebirges.

Insgesamt reichen diese schriftlichen Quellen nicht aus, um den Ablauf der Planung und Ausführung eines königlichen Felsgrabes in allen seinen Phasen wiederherzustellen, und wir müssen ergänzend zu weiteren, vorwiegend archäologischen Quellen greifen. Alle Gräber im Tal der Könige weisen mehr oder weniger unfertige Teile auf, die uns über das Werkverfahren und den Ablauf der Arbeit hervorragend informieren. Besonders wertvoll sind in dieser Beziehung die Gräber von Haremhab und Sethos II., da sie von der ungeglätteten Wand bis zum fertig bemalten Relief alle Stadien der Arbeit nebeneinander zeigen. So können wir die Entstehung eines neuen Felsgrabes zumindest in Umrissen aufzeigen.

Der Tod eines Königs wurde den Arbeitern vom Schreiber, vom Polizeichef oder von einem anderen Beamten mit der alten Formel gemeldet: »der Falke ist zum Himmel geflogen«, Anspielung auf den König als Gestaltwerdung des Horusfalken. Zugleich wurde die Thronbesteigung des Nachfolgers verkündet, die jedes Mal den Anbruch einer neuen Zeit, die Wiederholung der Schöpfung bedeutet, und dieses freudige Ereignis konnte man tagelang jubelnd feiern. Dann gingen die Arbeiten und

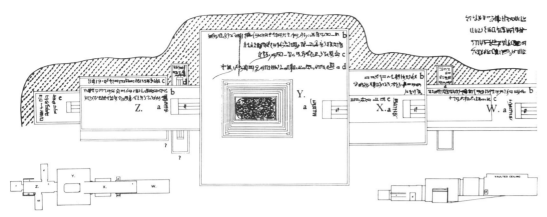

Papyrusfragment mit dem Plan des Grabes von Ramses IV. (hinterer Teil) im Museum von Turin, ergänzt (zum Vergleich unten Grundriß und Schnitt der entsprechenden Räume). Eingetragen sind die ägyptischen Bezeichnungen der Räume, dazu der Sarkophag mit seinen vergoldeten Schreinen.

Begräbnisvorbereitungen im alten Königsgrab noch über zwei Monate weiter, denn erst nach der traditionellen Balsamierungsdauer von 70 Tagen konnte die Mumie des verstorbenen Königs aus der fernen Residenz, die damals in Memphis oder im Delta lag, nach Theben übergeführt und beigesetzt werden. Es blieb also genügend Zeit, um einer angefangenen Dekoration einen zumindest provisorischen Abschluß zu geben, obgleich man bei Haremhab und Sethos II. den Eindruck hat, die Künstler hätten mitten in der Arbeit aufgehört.

Spätestens nach dem Begräbnis des Vorgängers ging der neue König an die Vorbereitung seiner eigenen Grabanlage. Wir wissen nicht, ob und wieweit er an dieser Planung selber teilnahm oder es den zuständigen Fachleuten überließ, den erweiterten Entwurf des neuen Königsgrabes und die Richtlinien für seine Dekoration und für die notwendigen Beigaben festzulegen. Dabei mußte, wie wir gesehen haben (Kapitel 2), jedes Mal etwas verändert und erweitert werden, um der dynamischen Forderung nach einer »Erweiterung des Bestehenden« Genüge zu tun. Grundriß und Aufriß des Grabes wurden auf einer Papyrusrolle aufgezeichnet, mit beigeschriebenen Maßangaben über Länge, Breite und Höhe der Räume, über ihre Funktion und über die Art ihrer Dekoration. Kopien solcher Entwürfe, dazu genauere Detailpläne für einzelne Räume, übertrug man auf Papyri oder Scherben (Ostraka), die man bei der täglichen Arbeit im Tal benutzen konnte. Neben dem bekannten »Turiner Grabplan« (seit Lepsius Ramses IV. zugeschrieben) und einem großen Kalksteinostrakon in Kairo (Ramses IX.) sind weitere Beispiele solcher Kopien erhalten, dazu Aufzeichnungen über die Maße von Königsgräbern. Keiner der erhaltenen Pläne stimmt ganz genau mit einem der bekannten Gräber überein; das darf nicht überraschen, denn diese Vorlagen waren nicht für alle Details verbindlich, manche notwendige Änderung ergab sich während der Arbeit, zum Beispiel durch die so unterschiedliche, nicht voraussehbare Qualität des Steines.

Aus den beschrifteten Plänen erfahren wir die ägyptischen Namen der einzelnen Grabräume. Die Korridore hießen »Gottesgang« (setja-netjer), wobei unter »Gott« der Sonnengott Re zu verstehen ist, denn der offene Zugang zum Grab heißt ausführlich »erster Gottesgang des Re, der auf dem Weg des Lichtes ist«. Der Schacht oder der ihm entsprechende Raum wird als »Halle des Abschneidens (oder ähnlich)« bezeichnet, weil er die durchlaufende Grabachse »abschneidet«, unterbricht. Von den beigegebenen Streitwagen des Königs bezieht die »Halle des Wagens« ihren Namen, und die Sargkammer mit den vergoldeten Schreinen ist das »Goldhaus« oder »die Halle, in der man (das heißt der tote König) ruht«. Dazu kommen noch »Schatzkammern« für die Beigaben und weitere Nebenräume.

Vor den ersten Meißelhieben der Arbeiter mußte zunächst noch der Platz für das neue, im Plan bereits festgelegte Grab ausgesucht werden. Bei Ramses IV. erscheint erst mehr als ein Jahr nach der Thronbesteigung eine königliche Kommission mit dem Bauleiter und Wesir Neferrenpet im »Feld«, dem Tal der Könige, »um einen Platz zum

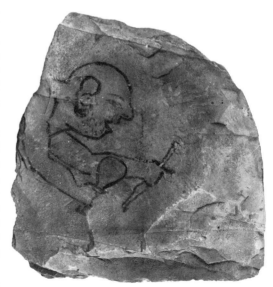

Steinhauer bei der Arbeit. Skizze auf einem Kalksteinostrakon im Fitzwilliam Museum, Cambridge.

Spuren des spitzen Meißels (links) und des Flachmeißels (rechts) im Grab des Haremhab.

Aushauen des Grabes für Ramses IV. ausfindig zu machen«. Bei Sethos II. wird dagegen schon drei Monate nach dem Regierungsbeginn am Grab gearbeitet. Die Bauleitung mußte auch genaue Unterlagen über frühere Anlagen besitzen, um bei der Länge der Gräber nicht aus Versehen in ein anderes Felsgrab zu stoßen, wie es bei Ramses III. geschehen ist (Kapitel 2).

Wenn der Platz ausgesucht war, konnten die beiden »Seiten« der Mannschaft unter ihren Vorarbeitern damit beginnen, den Zugang und die ersten Korridore aus dem Felsen herauszuschlagen. Bei dem brüchigen Kalkstein des Tales konnte man zum Teil mit einfachen Steinwerkzeugen arbeiten, bei festeren Schichten mit Feuersteinlagen wurde der spitze Meißel aus Kupfer oder Bronze angesetzt, dessen Spuren auf den Wänden noch deutlich sichtbar sind; Werkzeuge aus Eisen kannte man noch nicht, der Hammer wurde aus Holz gefertigt. Die feinere Arbeit geschah mit leicht gerundeten Flachmeißeln, die ganz andere Spuren hinterlassen. Größere Silexknollen im Gestein ließ man stehen, wie im Grab des Merenptah. Der anfallende Schutt wurde, soweit nötig, mit Körben oder Säcken hinausbefördert, zum großen Teil aber auch im Grab belassen; in den Aufzeichnungen der Schreiber werden die bewegten Gesteinstrümmer in Kubikellen *(deni)* ausgerechnet. Die Räume wurden von oben nach unten stufenweise aus dem Fels herausgearbeitet, und die Wände sind in den älteren Gräbern ziemlich unregelmäßig ausgehauen, oft sogar aus der Senkrechten herausgeneigt, so daß für die verwendeten Maße ein beträchtlicher Spielraum bleibt. Erst die Gräber nach der Amarnazeit, etwa Haremhab und Sethos I., streben eine größere Genauigkeit an.

Die folgenden Arbeitsgänge wurden eng miteinander kombiniert und gemeinsam von den Vorarbeitern überwacht. Während ein Teil der Mannschaft die Korridore noch weiter in den Fels hineintrieb, war nur wenige Meter hinter ihnen ein anderer Teil mit dem Glätten der Wand beschäftigt; dazu benutzte man Poliersteine und füllte die vorhandenen Risse und Löcher im Stein mit Gipsstuck aus. Die ausgebesserte Wand wurde dann gleich, solange die Bergfeuchte noch die Arbeit erleichterte, mit einem dünnen Verputz überzogen, so daß ein gleichmäßiger Maluntergrund entstand. Unvollendete Korridorabschnitte, etwa in den Gräbern des Prinzen Montuherchepeschef und

Ausbesserungen der geglätteten Wand mit Gipsstuck (Haremhab).

71

Ramses' III., zeigen alle drei Phasen dieser Arbeit in enger Aufeinanderfolge, während man bei Haremhab und Sethos II. besonders gut die ähnlich dichte Arbeitsfolge bei der Anbringung der Dekoration beobachten kann.

Die Vorlagen der Zeichner enthielten zum Teil Richtungsvermerke, welche einzelne Abschnitte der Jenseitsbücher bestimmten Himmelsrichtungen und entsprechend orientierten Wänden der Sargkammer zuwiesen, um die Vorstellung von der Unterwelt möglichst getreu auf das Grab zu übertragen. Solche Richtungsvermerke auf der Wand haben sich in der unfertigen Sargkammer Haremhabs erhalten, sogar mit Zwischenwerten wie »Nordosten« oder »hintere (Wand), Norden«. Die vorgesehene Dekoration für die einzelnen Räume des Grabes war im Prinzip schon im ersten Planungsentwurf festgehalten, während die Verteilung auf den Wänden an Ort und Stelle erfolgte.

Durch Hilfslinien wurden die Wandflächen in der gewünschten Weise aufgeteilt. Mit einer Schnur, in rote Farbe getaucht, dann gespannt und gegen die Wand geschnellt, erzeugte man tadellos gerade, nur ein wenig diffuse Linien, die zum Beispiel in der Sargkammer Haremhabs die Register und einzelnen Nachtstunden des Pfortenbuches voneinander trennen. Für die menschlichen Figuren innerhalb der Register zog der Vorzeichner weitere Hilfslinien – eine für die Kopfoberkante, eine für den Hals, eine für den Gürtel oder die Hand und eine für das Knie; für Tierfiguren, Tore, Schreine und anderes wurden entsprechende Hilfslinien gezogen, und für die großen Götterszenen überzog man die Pfeilerseiten mit einem dichten Quadratnetz, das eine genaue Kopie der Vorlagen erlaubte. An der Decke der Räume ließen sich durch rote Hilfslinien und Punkte die Mittelachse, Pfeilerabstände oder Reihen von Sternen festlegen. Bei den religiösen Büchern mit ihrer Fülle an Texten und Figuren zwangen die Raumverhältnisse oft zu starker Abänderung der Vorlage; Register mußten verkürzt oder zusätzlich unterteilt werden, manchmal begegnen auch Wiederholungen eines Abschnitts, und vor allem die immer wieder neue Aufteilung der Textzeilen führte zu Umstellungen und gelegentlich zu verkehrter Reihenfolge.

In das Netz von roten Hilfslinien trug der *zesch-qedut*, der »Umrißzeichner«, nun freihändig die Figuren ein. Szene für Szene wurden die Umrisse mit wenigen sicheren Strichen zunächst in roter Farbe skizziert, dann sogleich mit schwarzer Farbe verbessert und endgültig festgelegt, wobei wir immer wieder die Sicherheit der Linienführung bewundern können. Wenn die Figuren ausgeführt waren, folgten die Beischriften, und auch die Hieroglyphenzeilen wurden zunächst mit roter Farbe flüchtig »ausprobiert«, dann erhielten sie mit schwarzer Farbe ihre endgültige Gestalt; manchmal wurde die Richtung der Zeichen und ihre Aufteilung auf die meist senkrechten Zeilen noch im letzten Augenblick geändert. An großen Wänden mußte der Umrißzeichner von einem Gerüst aus arbeiten, und es deutet alles darauf hin, daß rote Skizze, nochmaliger Vergleich mit der Vorlage und schwarze Reinzeichnung nacheinander vom gleichen Künstler ausgeführt wurden. Bei Sethos II. ist auch die Reinzeichnung gleich in roter Farbe hergestellt worden.

In den Gräbern bis zu Amenophis II. ließ man Figuren und Texte in der schwarzen Reinzeichnung stehen, farbig bemalt wurde nur der ornamentale Rahmen der Szenen, dazu die roten Sonnenscheiben, Schmuckbänder und wenige andere Elemente. Seit Thutmosis IV. erhielten die Götterszenen eine vollständige Bemalung, während das Unterweltsbuch Amduat noch in der Sargkammer Amenophis' III. in der kursiven Strichtechnik ausgeführt ist, wie sie die Papyrusvorlagen aufweisen.

Im Grab des Haremhab erfolgte der Übergang von der Wandmalerei zum Relief. Jetzt begann, sobald der Umrißzeichner die Wände vorbereitet hatte, der Bildhauer mit seiner Arbeit. Von unten nach oben fortschreitend, hob er die schwarzen Umrisse mit einem scharfen Meißel heraus und arbeitete den Hintergrund ab, um zuletzt noch die feinere Innenzeichnung auszuführen. So erhielt man ein ganz flach erhabenes Relief, dessen Oberfläche zusammen mit dem abgemeißelten Hintergrund sorgfältig geglättet, mit Gips ausgebessert und dann neu übertüncht wurde. Auf diesen gleichmäßigen Malgrund wurden im letzten Arbeitsgang die Farben aufgetragen.

Richtungsvermerke »Nordwesten« (links) und »Südosten« (rechts) in der Sargkammer des Haremhab.

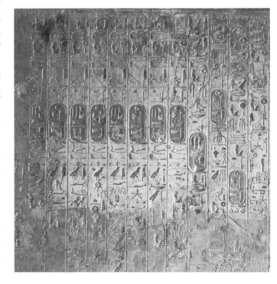

Unvollendete Wand mit vertieftem und zum Teil schon bemaltem Relief im ersten Korridor des Grabes von Sethos II.

Das geschah nach einem festgelegten Kanon, der den Künstlern wenig Spielraum ließ. Für männliche Wesen war eine dunkle, rotbraune Körperfarbe vorgeschrieben, für weibliche ein heller, gelber Farbton. Perücken wurden blau oder schwarz bemalt, die Schurze in leuchtendem Weiß. Gegenstände aus Holz hatten rote, pflanzliche Elemente grüne Bemalung. Dazu trat eine Hintergrundfarbe, für die man ein neutrales, stumpfes Weiß bevorzugte, bei Haremhab und Ramses I. jedoch ein Graublau, das vielleicht die Aufnahme des verstorbenen Königs in die Welt der Götter (Kapitel 5) auch durch die Götterfarbe andeuten soll. Sethos I. hat dieses Blau nur im Schacht seines Grabes verwendet, während Wände und Pfeiler der Sargkammer (das »Goldhaus«) bei ihm, wie in den späteren Ramessidengräbern, ein intensives Gelb als Untergrund haben; die übrigen Räume zeigen das neutrale Weiß, so daß wir in diesem Grab drei verschiedene Hintergrundfarben antreffen.

In den vollständig ausgeführten Gräbern sind nicht nur die Darstellungen und der Hintergrund bemalt worden, sondern auch jede einzelne Hieroglyphe; denn die ägyptische Schrift hat die in der Geschichte wohl einmalige Eigenheit, daß ihre Zeichen neben einer festgelegten Form auch eine festgelegte Farbe haben. Der Maler mußte daher eine sehr genaue Kenntnis des Schriftsystems und der sehr schwierigen religiö-

Unvollendete Wand in der Sargkammer Haremhabs mit der 4. Stunde des Pfortenbuches. An der Pforte, der Sonnenbarke und im unteren Register hat die Arbeit des Bildhauers schon begonnen.

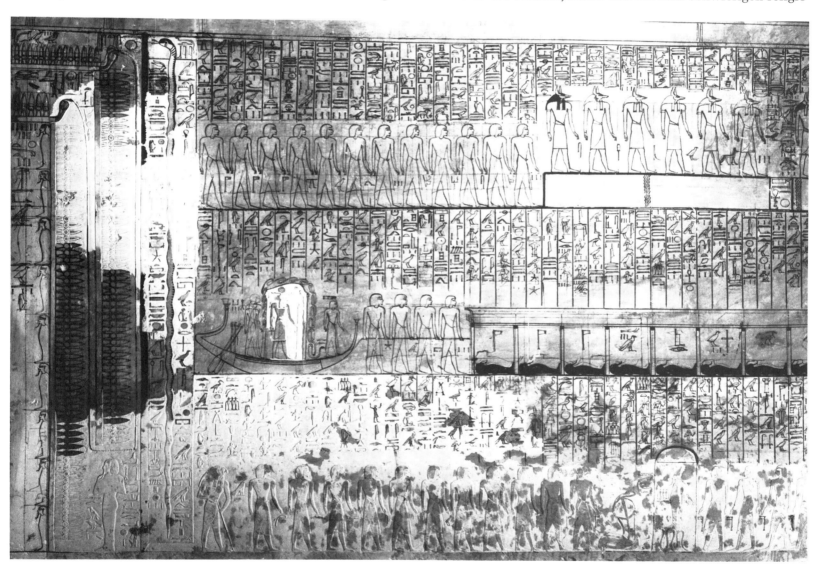

sen Texte besitzen, um jedem Zeichen die »richtige« Farbe zu geben, und es gibt tatsächlich einige Hieroglyphen, deren Form gleich, deren Farbe aber verschieden ist. Durch korrekte Bemalung konnte der Maler nachträglich auch noch Fehler ausgleichen, die dem Bildhauer unterlaufen waren.

Verwendet wurden, neben Schwarz und Weiß, nur die Grundfarben Gelb, Grün, Blau und Rot, keine Mischungen. Wo es nötig war, konnte man die Grundfarbe kräftiger oder schwächer anrühren und dadurch Nuancen erzielen, um zum Beispiel ein blaues Zeichen oder eine blaue Perücke vom blauen Hintergrund abzuheben; auf einem gelben oder roten Malfond werden die mit diesem gleichfarbigen Zeichen meist verändert, um sie deutlich davon abzusetzen, so daß sich der gültige Farbkanon auch nach der Hintergrundfarbe richtet. Auf unfertigen Wandpartien fehlen manchmal bestimmte Grundfarben, weil sie offenbar nacheinander angerührt und aufgetragen wurden. Bei Sethos I. erhielten einzelne Bilder zusätzlich einen dünnen Firnisüberzug.

Im ersten Korridor konnte man noch ohne Schwierigkeiten mit Tageslicht arbeiten, dann aber waren Arbeiter, Schreiber und Künstler mehr und mehr auf künstliche Beleuchtung angewiesen. Eine große Zahl von Ostraka vermerkt die Ausgabe und den Verbrauch von Fett, Öl und Dochten zu Beleuchtungszwecken; wie bei der Benutzung von Werkzeug führen die Schreiber sehr genau Buch, um private Verwendung des staatlichen Eigentums zu unterbinden. Die getrennt für die »rechte« und »linke Seite« der Mannschaft ausgegebenen Mengen schwanken sehr stark, je nach der Art und dem Ort der Arbeit. Wie die verwendeten »Lampen« aussahen, zeigt die Abbildung in einem der Gräber von Deir el-Medine: ein schlichtes, flaches Tongefäß mit einem oder mehreren Dochten, die mit tierischem Fett genährt ein gleichmäßiges, nicht rußendes Licht geben.

Darstellung einer einfachen Lampe mit drei Dochten in den Händen der personifizierten »Ewigkeit«, die über den Toten wacht (Grab Theben 5).

Zuletzt, wohl erst nach dem Begräbnis, wurden die Holztüren eingesetzt, um bestimmte Räume des Grabes zu verschließen; sie erhielten, wie der zugemauerte Eingang, das Siegel der Nekropole – den Schakal über neun Gefesselten, sichtbarer Triumph über alle feindlichen Mächte, die sich dem »geheimen Ort« der Totenstadt nicht nähern sollen.

Über lange Zeit hinweg, unter der Herrschaft der ersten Ramessidenkönige bis zu Merenptah, konnten die feindlichen Mächte auch ferngehalten werden. Dann aber, in der späten 19. Dynastie (um 1200 v. Chr.), beginnen unruhige Zeiten für die Arbeiterschaft. Ein Mitglied des Königshauses, der Prinz und Vizekönig von Nubien Amenmesse, rebelliert gegen König Sethos II. und kann für etwa zwei Jahre ganz Oberägypten in seine Gewalt bringen. Die Arbeiten am Königsgrab werden unterbrochen, und der Usurpator beginnt mit der Anlage eines eigenen Grabes (Nr. 10) im Tal der Könige, das in der kurzen Zeit mit drei Korridoren, Schacht und Pfeilerhalle erstaunlich tief in den Felsen hineingetrieben und zum Teil auch noch dekoriert wird; nach der Rückeroberung Thebens läßt Sethos II. den Text der »Sonnenlitanei« im ersten Korridor sorgfältig ausmeißeln, um seinem Widersacher auch noch im Jenseits zu schaden.

Die Unruhe in der »großen« Politik spiegelt sich in der kleinen Welt von Deir el-Medine. Der Vorarbeiter der rechten Seite, Neferhotep, kommt bald nach der Besetzung Thebens durch die Rebellen ums Leben und hinterläßt offenbar keinen Sohn und Erben; daher macht sich sein Bruder Amennacht Hoffnungen auf das Amt, das sich bereits seit drei Generationen in der gleichen Familie befindet. Aber es kommt ganz anders. Ein Außenseiter, der bisherige Arbeiter Paneb, erlangt das Amt, da er den höchsten Beamten (Wesir) durch ein »Geschenk« von fünf Sklaven bestechen kann. Der Wesir mag auch noch andere Gründe gehabt haben, ist doch sein Vorgänger auf Betreiben des Paneb vom Usurpator Amenmesse aus dem Amt entlassen worden! Bei aller Empörung regte sich kein offener Widerstand gegen Paneb, der bereits als skrupelloser Gewaltmensch berüchtigt war und mehrere Jahre lang die ganze Arbeiterschaft tyrannisierte.

Das Siegel der Nekropole.

Der enttäuschte Amennacht trug die Schandtaten des Paneb eifrig in einer umfangreichen Klageschrift zusammen, die er zu gegebener Zeit dem Wesir vorlegen wollte.

Der Brief des Parahotep an seinen Vorgesetzten. Hieroglyphische Umschrift von J. Černý (das Original ist kursiv – hieratisch – geschrieben).

Dieses Dokument ist uns als Papyrus 10055 des Britischen Museums in London erhalten geblieben und stellt uns Paneb als einen ägyptischen Don Juan vor, dem nichts heilig ist. Er setzt die Arbeiter mit ihrem Gerät für private Zwecke ein und vergnügt sich mit ihren Frauen und Töchtern, er bricht alle Eide, vergreift sich fortgesetzt am staatlichen Eigentum und bringt sogar Gegenstände der königlichen Grabausstattung beiseite; seinen Vorgänger Neferhotep und seinen Amtskollegen Hai bedroht er offen mit dem Tod, gegen andere Mitglieder der Mannschaft wirft er Steine oder Ziegel und macht sich mehrfach der Körperverletzung schuldig. Er dringt in fremde Gräber ein und scheint bei Sethos II. sogar das königliche Begräbnis zu entweihen.

Es liegt nahe, an Übertreibung und an Verleumdung durch seinen Widersacher zu denken. Aber eine Reihe weiterer Aufzeichnungen aus der Siedlung bestätigt einige Anklagepunkte und macht wahrscheinlich, daß auch die übrigen im wesentlichen stimmen. Dabei tritt Paneb, wie es seinem Amt zukommt, selbst als Richter auf, um Streitigkeiten in der Arbeiterschaft zu schlichten und Verstöße zu bestrafen. In einem Fall, den wir aus dem Protokoll der Gerichtssitzung kennen, tritt er sehr energisch Verleumdungen entgegen, die über seinen Amtskollegen Hai in Umlauf gebracht wurden, läßt die Schuldigen mit je hundert Stockhieben bestrafen und droht ihnen für den Wiederholungsfall mit dem Abschneiden von Nase und Ohren. Daß Paneb bei allen Schattenseiten doch aktiv, energisch und fähig war, lassen die Dokumente deutlich erkennen, und mit dem Grab des Usurpators Amenmesse hat er mit seinen Leuten in kurzer Zeit eine gewaltige Arbeitsleistung vollbracht. Er bleibt auch nach der Wiederherstellung der legalen Herrschaft im Amt, führt bei den wiederaufgenommenen Arbeiten im Grab Sethos' II. die Aufsicht, und erst nach dem Tod dieses Königs führen die Klagen und Beschwerden gegen ihn zum Erfolg; er wird als Vorarbeiter durch Aanacht ersetzt, und auch von seinem ältesten Sohn Aapehti, den er als Nachfolger aufzubauen suchte, hören wir nichts mehr.

Vom Selbstbewußtsein dieser Facharbeiter zeugt ein Brief, den der Maler Parahotep in dieser Zeit an seinen Vorgesetzten, den Schreiber Qenherchepeschef, schreibt: »In Leben, Heil und Gesundheit! Was soll diese schlechte Art, (in) der du gegen mich handelst? Ich bin bei dir wie der Esel. Wenn es Arbeit gibt, wird der Esel geholt, wenn es Essen gibt, wird der Ochse geholt. Wenn es Bier gibt, suchst du (mich) nicht, (aber) wenn es Arbeit gibt, suchst du (mich) … Suche (mich) nicht (mehr)!«

Das klingt wie eine Aufkündigung der Arbeit, und wenige Jahrzehnte später hören wir davon, daß die gesamte Mannschaft die Arbeit niederlegt, um ihrer Forderung nach pünktlicher Bezahlung Nachdruck zu verleihen. Auf einem Berliner Ostrakon hat der Schreiber die Klage der Arbeitstruppe notiert, daß sie seit zwanzig Tagen ohne Getreidezuteilung sei, und er sorgt dafür, daß ihnen am 23. Tag endlich eine »Zahlung« geleistet wird. Auf einem Ostrakon in Chicago teilt ein anderer Schreiber dem Wesir mit, »daß wir äußerst elend sind. Alle Sachwerte, die uns zustehen, sind fortgelassen worden. Nicht leicht ist ja das Steineschleppen! Man hat uns auch die 6 Maß Gerste wieder genommen, um sie uns als 6 Maß Erde zu geben. Möge mein Herr etwas tun, damit uns der Lebensunterhalt gewährt wird! Denn wir sind schon am Sterben, wir werden kaum am Leben bleiben. Man gibt sie uns nicht, nämlich irgendeine Entlöhnung!«

Die Lage spitzt sich durch immer neue Säumigkeit der Verwaltung im 29. Regierungsjahr Ramses' III. (1156 v. Chr.) bedrohlich zu, und es kommt zum ersten uns bekannten Streik der Weltgeschichte, bei dem es jedoch weder um höhere Löhne noch um Mitbestimmung geht, sondern um Mißstände in der Verwaltung, die eine Auszahlung der Naturallöhne über Gebühr und immer wieder verzögern. Der »Turiner Streikpapyrus« hält die Ereignisse in genauen Protokollen durch den Schreiber Amennacht fest. Als ihre Geduld erschöpft ist, überschreitet »die gesamte Mannschaft die fünf Mauern der Totenstadt« und führt mit der Parole »Wir haben Hunger« bis zum Einbruch der Nacht einen Sitzstreik vor einem der offiziellen Gebäude des Westufers durch. An den folgenden Tagen (sie haben bisher nur beschwichtigende Worte gehört) ziehen die Arbeiter zum Ramesseum, dem Hauptsitz der Verwaltung, und dringen sogar in das Innere des Tempels ein. Vergeblich wendet sich der Polizeioberst Monthumes an den Bürgermeister von Theben, denn »die Magazine sind leer, es ist nichts vorhanden«, und mit Mühe kann man aus dem Tempelvorrat wenigstens eine Tagesration für die Arbeiter entnehmen: 55 Brote. Am Morgen darauf setzt sich der Polizeioberst selber an die Spitze des friedlichen Demonstrationszuges, in den auf seinen Rat jetzt auch die Frauen und Kinder eingereiht sind, und man zieht zum Totentempel Sethos' I., wo offenbar noch größere Vorräte lagern, denn jetzt bekommen die Arbeiter einen vollen Monatslohn ausbezahlt.

Die Vorgänge wiederholen sich ähnlich im folgenden Monat und auch später noch mehrfach. Immer wieder werden die Arbeiter von der Verwaltung mit Teilzahlungen hingehalten, vergeblich bleibt ihre Hoffnung auf den Wesir, der inmitten der allgemeinen Korruption machtlos scheint und keine wirksame Abhilfe schafft. Man darf vermuten, daß die Arbeiter in dieser echten Notlage ihre genaue Kenntnis der Grabanlagen dazu ausnützen, frühere Begräbnisse (aber noch nicht im gutbewachten Tal der Könige!) mit ihren Beigaben zu plündern und mit dem Erlös das Getreide zu kaufen, das ihnen der Staat vorenthielt. Schon Paneb wurde der Grabräuberei bezichtigt und ist für uns der erste bekannte Vertreter dieses traurigen, aber einträglichen Gewerbes. Viele Generationen lang wirkten die Grabräuber erfolgreich in der Stille, erst unter Ramses IX. kam es etwa 1112 v. Chr. zum offenen Skandal. Wieder, wie bei den Streiks, hat das genaue Protokoll eines Schreibers die Ereignisse authentisch festgehalten.

Ungefähr gleichzeitig gehen dem Büro des Wesirs Anzeigen der beiden miteinander verfeindeten Bürgermeister von Theben zu – von Pawerâa, der für das Westufer, und von Paser, der für das Ostufer zuständig ist; der letztere behauptet, sogar in das Grab des damaligen »Ortsheiligen«, des vergöttlichten Königs Amenophis I., seien Diebe eingebrochen. Darauf findet eine Inspektion der Totenstadt durch Pawerâa statt, der von Polizeioffizieren, Priestern und Schreibern begleitet ist. Es werden insgesamt zehn Königsgräber untersucht, alle außerhalb des Tales der Könige gelegen, im Bereich von

Dra abu'l Naga und El-Tarif, wo vor allem die Gräber der 17. und der 11. Dynastie liegen. Nur eines von diesen Gräbern findet man aufgebrochen und beraubt, die anderen sind unverletzt, auch das von Amenophis I. Dagegen ist der Befund bei den Privatgräbern eher bestürzend, sie sind fast alle beraubt. Pawerâa hat sofort eine Liste von acht mutmaßlichen Dieben bereit; sie werden peinlich verhört und gestehen.

Nur einen Tag nach dieser Untersuchung begibt sich der Wesir persönlich in das Tal der Königinnen, wo man alles in bester Ordnung antrifft und den Verdacht gegen einen gewissen Pacharu, das Grab einer Königin beraubt zu haben, nicht bestätigt findet. Damit ist die »Mannschaft« der Arbeiter vom Verdacht des Grabraubes gereinigt und formiert sich wieder einmal zu einem Demonstrationszug, der ihrer Freude Ausdruck gibt und zugleich gegen den Bürgermeister Paser gerichtet ist, der sie beschuldigt hatte. Dieser droht nun in seiner Enttäuschung, sich direkt an Pharao zu wenden, während sein Kollege Pawerâa für den Wesir einen Bericht über die Demonstration abfaßt und verlangt, man solle den Anklagen auf den Grund gehen.

Es finden nun zwei Sitzungen des »Großen Gerichtshofes« statt. Die erste endet mit einem Freispruch des beklagten Pacharu und der Feststellung, daß alle Behauptungen des Paser als falsch befunden sind. In der zweiten Sitzung wird gegen die acht »großen Verbrecher« von Dra abu'l Naga verhandelt, die bereits gestanden hatten und jetzt noch einmal dramatisch schildern, wie sie in das Grab des Königs Sobekemsaf und seiner Gemahlin Nubchas eindrangen und bis zu den reich ausgestatteten Mumien der beiden vorstießen: »Wir öffneten ihre Sarkophage und ihre Särge, in denen sie lagen, und fanden die ehrwürdige Mumie dieses Königs, mit einem Sichelschwert ausgestattet. Eine große Zahl von Amuletten und goldener Schmuck lagen um seinen Hals, und seine Goldmaske bedeckte sein (Gesicht). Die ehrwürdige Mumie dieses Königs war ganz mit Gold überzogen. Seine Särge waren innen und außen mit Gold und Silber geschmückt, dazu mit verschiedenen kostbaren Steinen eingelegt. Wir rafften das Gold zusammen, das wir auf der ehrwürdigen Mumie dieses Gottes fanden, ... und wir fanden die Königin in genau der gleichen Weise (geschmückt). Wir rafften wieder alles zusammen, was wir an ihr fanden, und wir legten Feuer in die Särge. Wir nahmen auch die Beigaben an uns, die sie bei sich hatten, die Dinge aus Gold, Silber und Bronze, und teilten sie unter uns auf. Wir teilten das Gold, das wir bei diesen beiden Göttern gefunden hatten, ... in acht Teile, für jeden von uns 20 *Deben* ...«

So fiel für jeden der Räuber die stattliche Summe von 1,82 kg Gold ab, aber es stellt sich bei der Verhandlung auch heraus, daß ein Teil dieser Summe der Bestechung von Beamten diente. Einer der Grabräuber wurde bereits ein Jahr zuvor verhaftet, kommt aber durch massive Bestechung des Gefängnisschreibers rasch wieder frei. Wir erfahren auch, daß es bereits Händler zum Weiterverkauf der Wertsachen gibt und daß die Gräber der Totenstadt noch von anderen Banden geplündert werden. Was bei der Gerichtsverhandlung zutage tritt, ist nur die »Spitze eines Eisbergs«, wenn dieses Wort in Ägypten am Platz ist, wo man besser von einer Pyramide der Bereicherung und Korruption spricht. Die acht Übeltäter werden schuldig gesprochen und in die Obhut des Hohenpriesters Amenhotep von Karnak gegeben, bis Pharao über ihre Bestrafung (Tod oder Verstümmelung) entscheidet. Aber es lebt bereits ein zu großer Personenkreis von der Grabräuberei, als daß man dieses Übel ausrotten könnte.

Wichtig ist, daß bei allen Anklagen, Verhören und Verhandlungen noch keinerlei Verdacht auf das Tal der Könige fällt. Neuerdings hat man mit guten Gründen auch die angebliche Beraubung des Tutanchamungrabes kurz nach der Beisetzung in Zweifel gezogen. Es scheint eher, daß sich die Bewachung des Tales bis zum Ende des Neuen Reiches als wirksam und ausreichend erwies, weshalb sich die Räubereien auf andere Teile der Totenstadt konzentrierten, wo immer noch genug zu holen war. Die zunehmenden inneren Wirren und äußeren Gefahren (Streifzüge libyscher Stämme bis nach Oberägypten) scheinen daran nichts geändert zu haben. Gerade die jüngsten Gräber im Tal der Könige sind ja keineswegs versteckt angelegt, sondern mit repräsentativen Zugängen, die auf einen Betrachter wirken sollten.

Erst nach dem Ende des Neuen Reiches um 1070 v. Chr. wurde es zunehmend schwieriger, das Tal unter Kontrolle zu halten. Die Organisation der »Mannschaft« von Deir el-Medine bestand noch einige Zeit weiter, aber ihre Aufgabe war im wesentlichen beendet, denn mit Ramses XI. hört die Errichtung von königlichen Felsgräbern auf. Zugleich brach eine unruhige Zeit für die im Todesschlaf ruhenden Königsmumien an; denn als man eingesehen hatte, daß die Gräber im Tal der Könige auf die Dauer nicht mehr zu schützen waren, begann die priesterliche Leitung des thebanischen »Gottesstaates« mit einer Reihe von Umbettungen. Einige der Königsmumien wurden zunächst im Grab Sethos' I. zusammengetragen, andere in einem Seitenraum der Sargkammer von Amenophis II., und wahrscheinlich dienten auch Ramses' XI. und weitere Gräber als Zwischenstation. Völlig ungestört blieb nur Tutanchamun, dessen Grab bereits verschüttet war. Die Möglichkeit besteht, daß man die Öffnung der Gräber und Umbettung der Mumien dazu benutzte, die wertvollen Beigaben offiziell sicherzustellen, um sie nicht in die Hände von einheimischen Grabräubern fallen zu lassen. Mit dem Ende des Neuen Reiches waren ja auch die nubischen Goldminen versiegt, der Import aus Asien stockte, und für die neue Staatsführung lag die Versuchung nahe, das nach den Grabräuberakten immer noch unberührte Tal der Könige als nahe, bequeme Schatzkammer für Edelmetalle und Halbedelsteine zu nutzen.

Unter dem Begründer der 22. Dynastie, dem Libyer Scheschonk I. (945–924 v. Chr.), kamen die Königsmumien wieder zur Ruhe. Der größte Teil wurde in die Familiengruft des Hohenpriesters Pinudjem II. im Talkessel von Deir el-Bahari gebracht, wo sie zum Teil mit den Angehörigen seiner Familie Särge und Leichentücher tauschten. Dieses Versteck erwies sich als gut gewählt; etwa 935 v. Chr. endgültig versiegelt, wurde es erst 1871 oder wenig später von den modernen Grabräubern aufgespürt und zum Verkauf einzelner Beigaben (Papyri, Kanopen, Uschebti, Holzstatuetten) genutzt, bis Maspero 1881 hinter das Geheimnis kam und den restlichen Inhalt des Verstecks, darunter alle Särge und Mumien, nach Kairo überführte (Kapitel 1).

Die Königsmumien im Grab Amenophis' II. wurden nicht nochmals umgebettet, sondern blieben bis 1898 ungestört, als Loret das Grab entdeckte und ausräumte.

Mit dieser Zusammenlegung der erreichbaren Königsmumien, in Schreiberprotokollen auf einigen ihrer Särge festgehalten, war die Arbeit am »Geheimen Ort« endgültig zu Ende, damit auch ein Abschnitt ägyptischer Geschichte, der durch die Funde von Deir el-Medine besonders reich dokumentiert ist. Nicht nur durch die zahllosen Notizen des Alltags, auch durch Denksteine mit sehr persönlich gehaltenen Texten und Bekenntnissen lassen uns die Künstler und Schreiber tiefer in ihr Inneres blicken, als es sonst im fernen Altertum gelingt. Inmitten des wirtschaftlichen Niedergangs setzen sie ihre Hoffnung auf die Götter Ägyptens, wenden sich unmittelbar an die »großen« Götter Amun oder Ptah, deren Orakel dem Menschen immer mehr Entscheidungen abnehmen. Dazu kommt eine Fülle kleinerer, aber hilfreicher Götterwesen, auch göttliche Tiere und verstorbene Könige aus der Vergangenheit. Eine besondere Rolle im frommen Glauben der Arbeiter spielen die Meresger, »Die das Schweigen liebt«, als schlangengestaltige Göttin der höchsten Bergspitze, oder das vergöttlichte Paar Amenophis I. und Ahmes Nefertari als Schutzheilige der Totenstadt. Sogar die Könige erweisen mehr und mehr diesen sekundären Gottheiten ihren Respekt und nehmen sie in das Bildprogramm ihrer Gräber auf. Aber das gehört bereits in das nächste Kapitel.

49

49 *Deir el-Medine: Im Tal die Siedlung, in der die Künstler und Handwerker, die an den Gräbern beschäftigt waren, lebten; am Berghang die Eingänge zu ihren Grabanlagen, oben langgestreckt das französische Grabungshaus und darüber der Bergpfad, der ins Tal der Könige hinüberführt.*

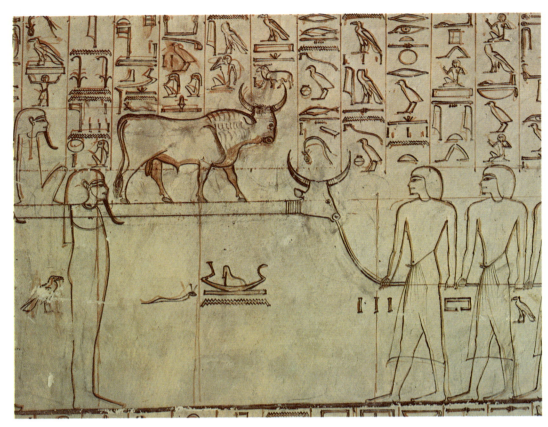
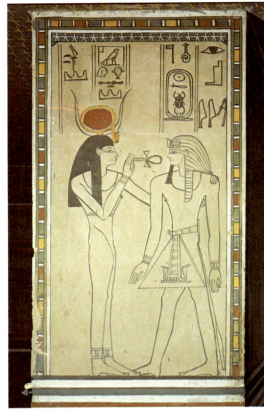

50 Unfertige Partie mit roter und schwarzer Vorzeichnung aus der Sarkophaghalle des Haremhab (Pfortenbuch, 11. Szene).

51 Rote Vorzeichnung aus der 3. Stunde des Amduat im Grab Sethos' II. Auch die Korrekturen sind rot ausgeführt.

52 Im Grab des Haremhab ist nur die ursprüngliche Vorzeichnung und Verteilung von Text und Bild rot, während die endgültige Anordnung und die Korrekturen schwarz ausgeführt wurden.

53 Pfeiler in der Sarkophaghalle Amenophis' II., mit schematisch ausgeführten Figuren des Königs und der Göttin Hathor, die ihm das Zeichen Anch, »Leben«, an die Nase reicht; als »Oberhaupt der westlichen Wüste«, also des Totenreiches, trägt sie eine schwarze Perücke, der König das Kopftuch. Vollständig ausgemalt sind nur der Rahmen des Bildes und die Sonnenscheibe (von der Uräusschlange umringelt) auf dem Haupt der Göttin.

54

54 Fertig bemalte Hieroglyphen im Grab der Königin Nefertari.

55 Unfertige, nur vorgezeichnete Szene aus der 11. Stunde (mittleres Register) des Amduat im Grab Sethos' I.

55

56 *Fertige Reliefszene aus dem Schacht im Grab des Haremhab. Der König (mit Kopftuch, Uräus und Zeremonialbart) opfert bauchige Weingefäße vor der Göttin Hathor, die unter dem Kuhgehörn und der Sonnenscheibe eine reiche, gestufte Perücke trägt. In den Händen hält sie die Zeichen für »Leben« und »Heil«.*

57

57 Fertige Reliefszene von einem der Pfeiler im Grab der Königin Tausret: Die Göttin Hathor, um den Hals das Menit (Gegengewicht des Halskragens und zugleich Kultinstrument).

58 Reliefszene im Grab des Haremhab (Ausschnitt). Der König opfert Wein vor Isis, die hier den Kopfschmuck der Hathor trägt: Kuhgehörn und Sonnenscheibe mit Uräus.

58

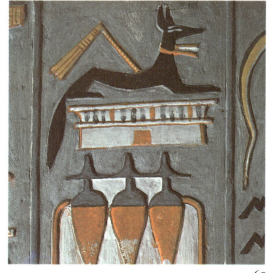

59 Bemalte Hieroglyphen aus dem Text zum Ritual der »Mundöffnung« im Grab Sethos' I.
60/61 Hieroglyphen (Beischriften zu Osiris und Anubis) im Grab des Haremhab.

Kapitel 5   Pharao vor den Herren des Jenseits

Aus dem Geäst emporsteigend, spendet die Baumgöttin dem Verstorbenen und seiner Frau Wasser und Brot für das Fortleben im Jenseits. Die Lotosblüten deuten auf das erhoffte Wiederaufleben, die »Salbkegel« auf dem Haupt der Knienden auf fortwährenden Wohlgeruch (Grab des Sennedjem).

Auf einem der beiden Pfeiler seiner Grabkammer hat sich Thutmosis III. zusammen mit Familienangehörigen darstellen lassen. Am Anfang dieser Szene begegnet uns, flüchtig skizziert, ein ganz ungewöhnliches Motiv: ein stilisierter Baum, der dem König die Brust reicht, und dazu die Beischrift »er saugt an (der Brust) seiner Mutter Isis«. Da Thutmosis' Mutter tatsächlich die »Königsmutter Isis« ist, die auf der gleichen Pfeilerseite mit ihm zusammen im Papyrusnachen durch die Gefilde des Jenseits fährt, könnte man die Darstellung zunächst vordergründig deuten – als Heimkehr des gestorbenen Königs zu seiner Mutter, Verjüngung im Grab, die ihn wieder als kleines Kind an ihren Brüsten saugen läßt.

Aber der Baum deutet auf die Göttin, die sonst als Nut oder Hathor angesehen wird und in den Beamtengräbern so häufig als Frauengestalt erscheint, die aus dem Baum herauswächst und dem Toten mit seinem vogelgestaltigen *Ba* (der »Seele«) kühles Wasser und Opferspeisen spendet. Sichtbar ist hier die Verbundenheit des Menschen mit der Götterwelt gestaltet, sein Vertrauen auf ihre nährenden Kräfte. Sind dies nicht sichtbar die »Brüste der Natur«, denen Fausts Streben gilt? Der Baum gibt Schatten, Feuchtigkeit und Nahrung, aber auch die vogelgleiche Seele des Menschen findet hier alles, was sie braucht; von der Göttin des Baumes geht ein Strom von Leben aus, der im Jenseits nicht versiegt.

Für ein Königsgrab ist die Szene nur hier bei Thutmosis III. belegt, und es ist zugleich die älteste Götterszene der Königsgräber. Daß die Göttin Isis genannt wird, statt Hathor oder Nut, liegt sicher mit daran, daß dieser König eine Isis als irdische Mutter hatte. Zugleich aber kann er als Horus, dessen Rolle er auf Erden spielt, in den Schutz seiner göttlichen Mutter Isis zurückkehren, die ihn im Mythos umsorgt, großzieht und gegen alle Gefahren behütet.

Hathor ist die einzige Göttin, die auf den Pfeilern des folgenden Königsgrabes (Amenophis II.) neben Osiris und Anubis dargestellt wird; auf den Wänden des nächstfolgenden Grabes, bei Thutmosis IV., erscheint sie sogar ebenso oft wie die beiden Götter zusammen. Damit haben wir die »klassische« Dreiheit der wichtigsten Totengottheiten, die jeweils mit ganz verschiedenen Aspekten des Jenseits verbunden sind. Alle spenden dem König das gleiche – sie halten ihm ein Lebenszeichen *(Anch)* an die Nase und verkörpern damit ihre belebenden Kräfte, die den Menschen auch im Jenseits tragen und immer neu wiederaufleben lassen, getreu der Verheißung »Erhebe dich! Du bist nicht gestorben« in den Pyramidentexten (§ 657).

In den älteren Gräbern tritt der König völlig passiv vor die Götter, die ihm jenseitiges Leben spenden. Erst bei Haremhab betet er sie an und opfert ihnen Krüge mit Wein, der sie gnädig stimmt; bei Sethos I. und später bringt er ihnen noch andere Gaben dar, wie sie seit jeher in den Szenen des Tempelkultes üblich sind. Dazu treten Verheißungen, die den Göttern beigeschrieben sind, der gegenseitige Austausch zwischen Mensch und Gott wird intensiver. Aber eindrucksvoller ist das ruhige Dastehen der früheren Zeit, bei dem nur durch Berührung, Umarmung, An-der-Hand-Fassen des Königs seine Aufnahme in den Kreis der Götter angedeutet wird, wo nur die eine Hieroglyphe des Lebens an seiner Nase das »neue Atemfeld« (Rilke) anzeigt, das ihm im Jenseits geschenkt ist.

Nach ägyptischem Glauben wandeln die Götter nicht auf Erden. Sie sind in unserer Wirklichkeit nur in Bild und Gleichnis, niemals direkt ansprechbar; ihre Wohnstatt sind der Himmel und die Unterwelt, also die beiden Sphären des Jenseits. So wird nur den Verstorbenen das ungeheure Erlebnis zuteil, die Gegenwart der Götter unmittelbar zu erleben, sie von Angesicht zu Angesicht zu schauen. Wer die dunkle Schwelle des Todes überschritten hat, dem wird eine »Einführung« in die Welt der Götter zuteil, die am Ursprung aller späteren Mysterienkulte steht. So betrachtet, sind die Götterszenen und die Jenseitsbeschreibungen der Königsgräber Bilder der »Einweihung« in Mysterien einer anderen Welt, aber einer Einweihung, die den realen Tod voraussetzt und allen Menschen zuteil wird, nicht an eine Gemeinde von Mysteriengläubigen gebunden bleibt.

Der vertraute Umgang mit den Göttern, an den Wänden und Pfeilern der Königsgräber dargestellt, zeigt den vollzogenen Eintritt Pharaos in die Gefilde des Jenseits, die dann im zweiten Teil der Dekoration, in den Unterweltsbüchern, ausführlich beschrieben werden. Liebevoll wird der König an der Hand gefaßt, von Gottheit zu Gottheit bis vor den Thron des Totenherrschers Osiris geleitet, des »Königs der Ewigkeit«. Aber Pharao, der schon auf Erden Götterrollen zu spielen hat und als »Bild« des Schöpfergottes gilt, wird noch in einem viel tieferen Sinn in die Welt der Götter aufgenommen. Der Tod beseitigt für ihn alle Schranken, die seiner Göttlichkeit auf Erden gesetzt sind. Schon die Pyramidentexte des Alten Reiches beschreiben, wie der tote König zum Himmel emporsteigt und sich dort, wenn er nicht friedlich aufgenommen wird, gewaltsam den Eintritt in die Welt der Götter verschafft. Seine himmlische Apotheose gipfelt darin, daß er sich die Zaubermacht aller Himmelsbewohner einverleibt und dadurch seine göttliche Macht bis zur äußersten Grenze steigert. Diese extreme Vergöttlichung nimmt gern die rituelle Form der »Gliedervergottung« an, in der jeder Körperteil des Verstorbenen, von Kopf bis Fuß, mit einer bestimmten Gottheit gleichgesetzt wird:

»Mein Gesicht ist ein Falke,
mein Scheitel ist Re,
meine beiden Augen sind ... die beiden Schwestern,
meine Nase ist der unterweltliche Horus,
mein Mund ist der Herrscher des Westens,
...
meine Rippen sind Horus und Thot,
mein Hintern ist die Große Flut,
mein Phallus ist Tatenen ...
meine Zehen sind Uräusschlangen.«

Die einzelnen Götter, die man zur Gleichsetzung wählt, können wechseln, es ist kein starres Schema festgelegt. Denn die Absicht ist, den Toten ganz und gar, bis in die Zehen und Fingerspitzen hinein, als Gott zu zeigen, der seinen »Brüdern« zurufen kann »Ich bin einer von euch«. So endet die ausführliche Gliedervergottung des Königs in der »Sonnenlitanei« des Neuen Reiches (Kapitel 6) in den allgemeinen Beteuerungen:

Ausschnitt aus der »Gliedervergottung« im Totenbuch (Spruch 42).

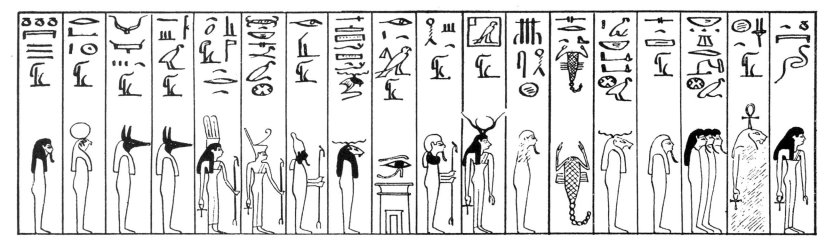

»Meine Glieder sind Götter,
ich bin gänzlich ein Gott,
kein Glied von mir ist ohne Gott.
Ich trete ein als Gott,
und ich komme heraus als Gott,
die Götter haben sich in meinen Leib verwandelt.«

Ein König des Neuen Reiches tritt also in den Götterszenen seines Grabes nicht nur vor die Götter hin, um sie anzubeten und ihnen zu opfern – er tritt in sie ein und wird selber zu einem Gott, der in den Himmel und in die Unterwelt aufgenommen ist. Friedrich Abitz hat im Grab der Tausret (Kapitel 3) entdeckt, daß in einigen Fällen männliche Götter weibliche Beinamen tragen. Früher hätte man dies als zufälligen Fehler, als Nachlässigkeit des Schreibers oder Steinmetzen beiseitegeschoben, aber inzwischen haben wir gelernt, auf solche Feinheiten besser zu achten. Wie bei weiblichen Formen des königlichen Horustitels deuten die Schreibungen an, daß die regierende Königin in das Wesen der betreffenden Gottheit eingegangen, selber zu einem Osiris, Ptah usw. geworden ist. Daß sie nun anbetend vor einer Göttergestalt steht, in der sie selber anwesend ist, stört den Ägypter nicht; er hat manche Könige (wie Amenophis III. und Ramses II.) in kultischer Verehrung vor ihrer eigenen Statue abgebildet. Ein Gott kann gleichzeitig in vielen Bildern erscheinen, auch in der Gestalt des regierenden Monarchen. Im Jenseits, am eigentlichen Ort der Götter, wird er von ihnen in Wesen und Gestalt aller Gottheiten aufgenommen, auch das eine Garantie seines Fortlebens für alle Zeit.

Damit kehren wir zurück zur Dreiheit Hathor/Anubis/Osiris, die am Anfang der Entwicklung steht. Was Osiris für den Toten und sein Weiterleben bedeutet, werden wir im 11. Kapitel betrachten. Anubis gehört einer noch älteren, meist tiergestaltigen Schicht von Göttern an, die bis in die Vorgeschichte zurückreicht. Durch seinen Tierkopf, den er dem Schakal oder einem ähnlichen Caniden entlehnt hat, wurde er zum Prototyp der für die Kirchenväter wie Spätere so verächtlichen und lächerlichen »hundsköpfigen« Götter, der Mischwesen aus Menschenleib und Tierkopf. Dabei ist der Tierkopf für den Ägypter nur eine von vielen Möglichkeiten, das Wesen oder die Funktion einer Gottheit durch ein Attribut anzudeuten.

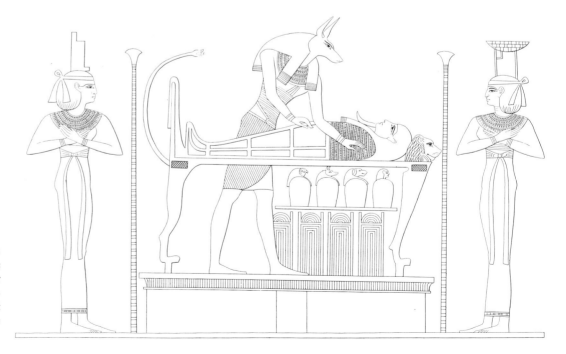

Anubis an der Bahre des Toten, zwischen Isis (links) und Nephthys (rechts), die auf die Gleichsetzung mit Osiris weisen. Unter der Bahre die vier Kanopenkrüge mit ihren Kästen, zur Aufnahme der Eingeweide bestimmt und mit den Köpfen der vier »Horuskinder« versehen. Grab der Tausret.

Wie die reißende Löwin Sachmet als Göttin der Heilkunst erscheint, so der Wüstenhund, der sich an den Leichen zu schaffen macht, als Gott der Einbalsamierung, der körperlichen Unversehrtheit der Toten. In einer beliebten Darstellung der ramessidischen Königs- und Beamtengräber, die im Tal der Könige vor allem bei Siptah gut erhalten ist, legt Anubis an die aufgebahrte Mumie letzte Hand an, unterstützt von Isis und Nephthys, die neben der Bahre knien; eine ganz ähnliche Szene, die auf den Särgen der Spätzeit an beherrschender Stelle erscheint, setzt unter die Mumienbahre noch die Kanopenkrüge für die Eingeweide. Alles, was mit dem körperlichen Fortleben zu tun hat, ist dem Schutz des Anubis anvertraut, der als »Herr des abgeschirmten Landes« auch Schutzherr der ganzen Nekropole ist; auf dem offiziellen Siegel der Nekropole bewacht und bändigt er neun gefesselte »Feinde«.

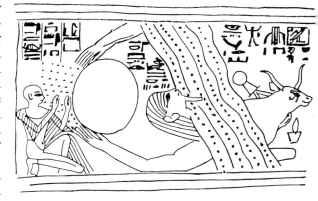

Die Hathorkuh im Westgebirge, verbunden mit einer Szene des Sonnenlaufes. Berliner Papyrus (Nr. 3127) des Amenemuja, 21. Dynastie.

Schon in den königlichen Grabdenkmälern des Alten Reiches wird die Göttin Hathor neben dem Sonnengott Re als Garantin des jenseitigen Fortlebens verehrt. In Theben liegen ihr die Königsgräber besonders nahe, denn eine kuhgestaltige Hathor erhält im Felsen von Deir el-Bahari spätestens seit der 11. Dynastie eine Kultgrotte, der unter Hatschepsut und Thutmosis III. weitere folgen; aus dem Felsen oder aus dem Papyrusdickicht heraustretend, nimmt sie den Toten in ihren mütterlichen Schutz. Totenbücher des Neuen Reiches enden gern, wie der berühmte Papyrus Ani im Britischen Museum, mit einer solchen Szene der »Kuh im Westberg«, und das Motiv gehört dann zum festen Bildprogramm der ramessidischen Beamtengräber und der reich bemalten Särge und Papyri der 21. Dynastie. In den Sargtexten und im Totenbuch (Spruch 103) möchte der Verstorbene »im Gefolge« oder »zur Seite« der Göttin sein, die sich mit der Himmelsgöttin Nut auch in die Rolle der Schatten und Erfrischung spendenden Baumgöttin teilt.

Wo Hathor herrscht, da herrschen Liebe, Musik, Tanz und selige Trunkenheit, da wächst der Mensch über sich hinaus, regeneriert sich und wird wieder jung. Wenn die Göttin als »Herrin des Westens« und als »Oberhaupt der westlichen Wüste« auch über das Reich der Toten gebietet, dann darf der Mensch darauf hoffen, jenseits des Todes in diese Sphäre der allgemeinen Freude und Verjüngung einzutauchen. Hathor verbindet die Lebenden und die Toten, und in feiner Abstufung machen das die Pfeiler in der Sargkammer von Amenophis III. deutlich. Ihre Ostseiten zeigen Hathor in der gewöhnlichen Erscheinungsform, mit Kuhgehörn und Sonnenscheibe auf dem Haupt, die Westseiten aber die besondere Erscheinungsform der »Westgöttin«, welche das Hieroglyphenzeichen »Westen« auf dem Kopf trägt, doch oft als Hathor angesprochen wird und als besondere Gestalt dieser Göttin gilt. Seit Amenophis III. in den Königsgräbern belegt, erscheint sie besonders häufig auf dem Boden von Särgen seit der 21. Dynastie, als Gegenbild zur Himmelsgöttin Nut, die schon im Neuen Reich auf dem Deckel von Särgen den Toten schützend umfängt.

Beide, auf der linken Seite Hathor und auf der rechten Seite Nut, führen auf den bemalten Längswänden im Grabschacht von Amenophis III. die Reihe der Gottheiten an und bezeugen damit, daß der tote König in beide Sphären des Jenseits, Himmel und westliches Totenreich, aufgenommen ist. Mütterlich umfangen sie ihn, wie den Sonnengott, der abends in der Westwüste versinkt und zugleich in den Leib der Himmelsgöttin eintritt. Abweisend und lebensbedrohend, ist die Wüste nur die Haut des Jenseits, unter der sich die nährenden und verjüngenden Tiefen der Welt verbergen. Für sie steht die Göttin, welche den Toten umfängt und in den Szenen des Sonnenlaufes (Kapitel 6), namenlos, aus dem Westgebirge heraus die Sonne an sich zieht.

Wenn aber Hathor über jene Wüstenunendlichkeit und ihre abgründige Tiefe gebietet, wie ist dann ihr Verhältnis zu Isis, der Schwestergemahlin des Osiris, die ihn vom Tode auferweckt? So wichtige Rollen Isis im Osirismythos und beim Begräbnis des Toten, beim »Werden zu Osiris« spielt, als Partnerin des Osiris in der Herrschaft über die Unterwelt hat sie der Ägypter in der älteren Zeit nicht gesehen. Vielleicht, weil dieser Platz schon durch Hathor und für das himmlische Jenseits durch Nut ausgefüllt war. Osiris herrscht allein für sich, und seine tägliche Auferstehung ge-

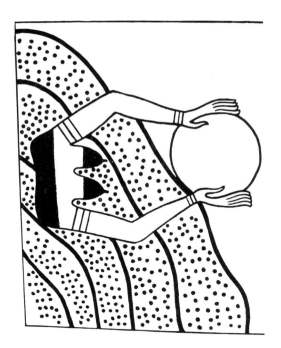

Die anonyme, nur angedeutete Göttin mit der Sonne im Westgebirge.

schieht nicht durch Isis, sondern durch den Sonnengott Re, der in die Unterwelt hinabsteigt.

So überrascht es nicht, daß Isis bis zur Amarnazeit in der Dekoration des Königsgrabes fehlt. In der Grabkammer Tutanchamuns tritt sie ein erstes Mal auf, bei Haremhab wird sie bereits viermal dargestellt – zweimal mit ihrer Namenshieroglyphe, dem Thronsitz, auf dem Haupt, zweimal mit Kuhgehörn und Sonnenscheibe, also ganz in der Gestalt der Hathor. Dazu tragen beide Göttinnen auch noch die gleichen Beinamen »Herrin des Himmels« und »Gebieterin aller Götter«, und nur der Titel einer »Gottesmutter« eignet allein der Isis. Sie wird dafür als »Oberhaupt des Westens von Theben« und mit der schwarzen Perücke der Totengöttin auch dem anderen Aspekt der Hathor, der Westgöttin, angenähert; diese erscheint bei Haremhab unter dem Namen der Hathor, aber in der Darstellung unterschieden, da sie statt des Kuhgehörns die Hieroglyphe »Westen« trägt. Name, Darstellung, Beinamen und Funktion der drei Göttinnen überschneiden sich, ohne sich völlig zu decken; sie sind im Grunde drei Aspekte *einer* Gottheit und doch wieder getrennt, kunstvoll hält der ägyptische Theologe ihr Verhältnis in der Schwebe und vermeidet jede dogmatische Festlegung auf eine »richtige« Lösung. Er spürt, daß die Struktur der Welt, die in den Göttern faßbar wird, ein komplexes Geflecht ist, voller Überschneidungen und Widersprüche.

Auch in späteren Gräbern sind Isis und Hathor in der Darstellung oft nicht zu trennen, nur der beigeschriebene Name hebt sie voneinander ab. Neben dieser Isis/Hathor gibt es jedoch stets noch eine andere Isis, die gemeinsam mit ihrer Schwester Nephthys zur Umgebung des Osiris gehört. Gemeinsam stehen sie hinter seinem Thron oder knien zu den Seiten seiner Bahre, wie sie schon vorher am Kopf- und am Fußende der königlichen Sarkophage den Toten als Osiris beschützen. In diesem Zusammenhang treten Hathor oder die Westgöttin niemals auf. Dagegen wird der Sonnengott in seiner Scheibe über dem Eingang der ramessidischen Königsgräber von Isis und Nephthys verehrt; ihre Anwesenheit deutet darauf hin, daß Re jede Nacht in Osiris eingeht (Kapitel 11). Nephthys fügt sich so vollkommen in diese Rolle ein, Gehilfin und Schwester von Isis und Osiris zu sein, daß ihr eigenes Wesen dahinter zurücktritt und für uns kaum faßbar wird – göttliches Vorbild aller still und selbstlos Dienenden.

Bei Haremhab wird der falkenköpfige Harsiêse, »Horus, Sohn der Isis«, neu in das Bildprogramm aufgenommen. In dieser Gestalt ist Horus nicht der alte Himmelsgott, der seine Schwingen über die ganze Welt breitet und sie mit Sonne und Mond als seinen Augen erleuchtet, sondern der Sohn und Helfer von Isis und Osiris, damit auch des verstorbenen Königs, den er über die Schwelle des Todes hinweg zu seinem Vater geleitet. Als Erbe des Osiris sorgt er für den Fortbestand der irdischen Herrschaft, steht seinem Vater aber auch in der Unterwelt bei, damit er nicht in seiner Todesschwäche dem Angriff des feindlichen Seth erliegt. Als weitere Helfer des Osiris und des Verstorbenen treten zum erstenmal im Grab des Aja die vier »Horussöhne« auf – Amset, Hapi, Duamutef und Qebehsenuf, die durch ihre Vierheit, den vier Himmelsrichtungen zugewiesen, die Totalität des Schutzes garantieren. Von der Einbalsamierung angefangen, erscheinen sie in den verschiedensten Zusammenhängen als Schutzgötter des Toten, und in den Unterweltsbüchern helfen sie dem Sonnengott in seinem Kampf gegen die Apophisschlange (Kapitel 10). Die genaue genealogische Beziehung der Horuskinder ist dem Ägypter nicht wesentlich; er macht sich meist keine Gedanken darüber, wer ihre Mutter ist, und als ihr Vater kann je nach der Situation Horus oder Osiris erscheinen. Im Spruch 151 des Totenbuches kommen sie von allen Seiten, um sich als »Sohn« schützend an die Seite des Toten und damit des Osiris zu stellen:

»Ich bin dein Sohn, Osiris!
Ich bin gekommen, damit ich dein Schutz sei,
ich habe dein Haus befestigt, so daß es bleibt und dauert,
wie Ptah befohlen hat, wie Re selber befohlen hat.«

Der hier genannte Ptah tritt seit Haremhab regelmäßig in der Dekoration des Königsgrabes auf. Vor dem Durchgang zur Sargkammer bilden Ptah mit dem *Djed*-Amulett und sein »Sohn« Nefertem mit dem »Isisblut«-Amulett *(Tit)* bei Haremhab und bei Sethos I. den Abschluß der Dekoration, sind also besonders hervorgehoben. Nefertem trägt die Lotosblüte auf dem Haupt und ist seit dem Alten Reich der Gott der Salben und der Duftstoffe, allgemein des Wohlgeruches. Kosmetika und ihre Behälter waren bereits in der Vorgeschichte wichtige Grabbeigaben, sollten sie doch dem Toten die Lebensfrische zurückgeben und für das Jenseits bewahren. Auch bei der späteren Mumifizierung des Körpers verloren diese Hilfsmittel nichts von ihrer Bedeutung, sondern dienten weiterhin als Mittel der Bewahrung, der Wiederbelebung und der Vergöttlichung, denn der Wohlgeruch zeichnet in ganz besonderem Maß die Götter aus (und die Verstorbenen werden ja zu »Göttern«), ist ein untrügliches Anzeichen ihrer Gegenwart. Im Bericht über die göttliche Herkunft der Hatschepsut wird ihre Mutter vom Wohlgeruch überströmt, als sich ihr der Gott Amun in menschlicher Gestalt nähert, und noch in den christlichen Märtyrerlegenden zeichnet ein besonderer Wohlgeruch die Heiligen über ihren Tod hinaus aus. In ägyptischen Grabbildern halten die Verstorbenen häufig eine Lotosblüte, gelegentlich auch ein Salbgefäß an die Nase – sichtbares Zeichen ihrer Wiederbelebung, so wie Nefertem als »Lotos an der Nase des Re« die tägliche Regeneration des Sonnengottes unterstützt; die aufgehäuften Duftstoffe (»Salbkegel«) auf dem Kopf der Verstorbenen, die für die privaten Grabbilder des Neuen Reiches so kennzeichnend sind, haben die gleiche Funktion: den Toten in göttlichen Wohlgeruch einzuhüllen, ihn gegen die Kräfte des Todes, der Auflösung und Verwesung zu schützen. Für den toten König garantiert das Nefertem mit seiner Lotosblüte.

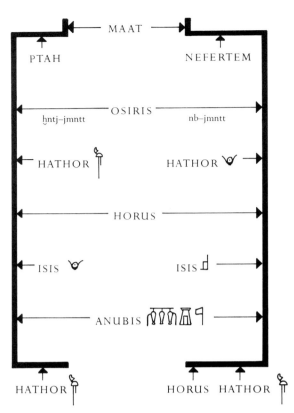

Schema der Verteilung der Götterszenen in der Vorkammer Haremhabs (und entsprechend auch bei Sethos I.). Die vorherrschende Symmetrie ist immer wieder im Detail durchbrochen.

Schwieriger ist es, die Bedeutung des Ptah für das königliche Jenseits zu kennzeichnen. Wenn ein Hymnus auf den Gott seine Fürsorge für die Unterwelt *(Dat)* und für die Verstorbenen preist, so hat er als universaler Schöpfer bereits Funktionen des Sonnengottes übernommen, wie jener »geht er im Westgebirge *(Manu)* unter«, um zu den Toten hinabzusteigen. Als Ptah-Sokar-Osiris hat er zugleich am Wesen des Totenherrschers Anteil; verbindendes Glied ist hier der alte, falkengestaltige Totengott Sokar von Memphis, der im Neuen Reich mehr und mehr auch in den thebanischen Gräbern und Tempeln verehrt wird. Das Totenbuch überliefert einen Spruch (82), »Gestalt anzunehmen als Ptah«, der jedoch nur ganz allgemein die Göttlichkeit des Verstorbenen betont. Spezielle Verantwortung trägt Ptah eigentlich nur für das Ritual der »Mundöffnung«, das dem Verstorbenen den Gebrauch seiner Sinne zurückgibt. So müssen wir die Bedeutung des Ptah für den Toten eher in seiner Verbindung mit bestimmten Urgöttern sehen, mit dem Urgewässer Nun und der »Urerde« Tatenen, dazu in seinen Schöpferqualitäten, die dem Toten zum Wiederaufleben verhelfen. Diese für das Jenseits wichtigen Aspekte treten sehr betont im berühmten »Denkmal Memphitischer Theologie« hervor, das man bis vor kurzem dem Alten Reich zugewiesen hat, jetzt aber mit guter Begründung der 19. Dynastie zuschreibt (H. Schlögl).

Ptah gilt in einem häufigen Beinamen auch als »Herr der *Maat*«, das heißt als Herr der bei der Schöpfung gesetzten und gestalteten Weltordnung, die ihre Gültigkeit im Jenseits nicht verliert. Sie ist »die Richtschnur der Welt« und »sie geht mit dem, der sie übt, hinab ins Reich der Toten«, wie es in der Erzählung vom redekundigen Oasenmann heißt. Das Tun der Maat, das ägyptische Texte immer wieder fordern, entscheidet bereits im Diesseits über die Qualität des Fortlebens im Jenseits, denn jeder Verstorbene muß sich dort dem Totengericht stellen (Kapitel 9), das in der »Halle der beiden Maat« stattfindet; dieser Dual der »beiden Maat« meint hier die ganze, vollständige Maat, die im Diesseits wie im Jenseits gilt. Daher begleitet die Maat, als Göttin mit dem Schriftzeichen der Feder auf dem Haupt, in doppelter Gestalt auch den Sonnengott in der Unterwelt (Amduat, 1. Stunde), und seit dem Grab des Haremhab wird die Verheißung, daß sie im Jenseits ebenso gilt wie auf Erden, im Königsgrab sichtbar gemacht. Auf beiden Seiten des Durchgangs in die Sargkammer tritt sie dem

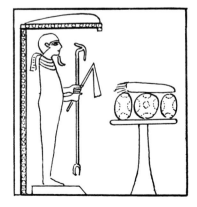

Der Gott Ptah in seiner üblichen Gestalt (Totenbuchvignette zu Spruch 82).

Der göttliche Iunmutefpriester mit Pantherfell und Seitenlocke, Kultgeräte in den erhobenen Händen und eine Ibisstandarte mit Jubelnden vor sich. Grab Ramses' IX.

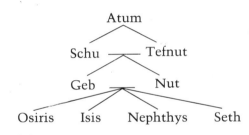

Die vier Generationen der »Neunheit«

toten König entgegen, um ihn zu »empfangen« und sicher über die Pfade des Jenseits zu geleiten. In der späteren 19. Dynastie rückt sie dann, mit schützenden Flügeln versehen, an den Eingang des Grabes, um dem Verstorbenen schon bei seinem Eintritt hilfreich beizustehen.

Der Nachfolger Haremhabs, Ramses I., gelangte offenbar erst in hohem Alter zur Herrschaft und mußte sich bei der eiligen Anlage seines Grabes im Tal der Könige auf die wesentlichen Elemente beschränken (Kapitel 2). Diese »Kurzfassung« eines königlichen Felsgrabes ist für uns besonders wertvoll, weil sie deutlich zeigt, was man in der Anlage und in der Dekoration als wesentlich empfand, und weil trotz Eile und Beschränkung selbst bei diesem Grab die Forderung nach einer angemessenen »Erweiterung des Bestehenden« erfüllt wurde.

Auf den Seitenwänden des einzigen dekorierten Raumes stehen zwei Ausschnitte aus dem Pfortenbuch stellvertretend für das Bildprogramm der königlichen Unterweltsbücher. Die Eingangswand ist den beiden Maatgöttinnen und anderen Götterszenen vorbehalten, die bereits Haremhab verwendet hatte; dagegen setzt die Rückwand neue Akzente und führt einige Gottheiten erstmals in das Bildprogramm ein. Rücken an Rücken thronen hier Osiris und der Sonnengott in seiner Morgengestalt als Chepri, mit dem Skarabäuskäfer an Stelle des Kopfes; ähnlich hat später die Königin Nefertari in ihrem Grab den Sonnengott als Atum neben Osiris thronend dargestellt, und auch dort sollen der Sonnengott und Osiris als die beiden für das jenseitige Schicksal besonders maßgebenden großen Götter im Bild vereinigt werden. Ein Schritt weiter, und beide sind in der Gestalt des »Vereinigten« aus der Sonnenlitanei zu einer einzigen Gestalt verbunden (Kapitel 11)! Der König wird bei Ramses I. von Harsiêse, Atum und Neith vor den thronenden Osiris geführt. Auf der anderen Seite weiht er vor dem Sonnengott vier Kleiderkästen und reiht sich, halb kniend, unter die »Mächte von Buto und Hierakonpolis« ein, um dem Gott mit rhythmischem Schlagen der Brust (die eine Faust ist erhoben, die andere liegt auf der Brust) zuzujubeln.

Dieses uralte Motiv, das den Jubel der ganzen Schöpfung stellvertretend durch die tiergestaltigen Mächte der beiden vorgeschichtlichen Grenzorte andeutet, wird im Grab Sethos' I. in anderer Form aufgegriffen. Die zur Mittelachse gekehrten Pfeilerseiten sind dort in der Sargkammer links mit den schakalköpfigen Mächten (oder »Seelen«) von Hierakonpolis *(Nechen)*, rechts mit den falkenköpfigen Mächten von Buto *(Pe)* verziert. Sie wenden sich dem Eingang zu, und so schreitet der Sonnengott bei seinem Gang durch Grab und Unterwelt Nacht für Nacht durch das Spalier dieser jubelnden Wesen, mit ihm zugleich der tote König.

Mit dem Übergang zum vollständig dekorierten Königsgrab hat Sethos I. auch bei den Götterszenen das Bildprogramm stark erweitert und eine ganze Reihe zusätzlicher Götter berücksichtigt; dazu boten vor allem die insgesamt vierzehn dekorierten Pfeiler Gelegenheit, während sich die Szenen im Schacht und in der Vorkammer stärker in die Tradition einfügen. Jetzt sind die vier Schutzgöttinnen Isis, Nephthys, Selkis und Neith in der oberen Pfeilerhalle vollständig vertreten, dazu mit Atum, Schu und Geb alle Generationen der »Neunheit«, in der die Götterfülle auseinander entwickelt und genealogisch geordnet wird. Ergänzend kommt erst jetzt der Mondgott Thot hinzu, Ptah erscheint als Ptah-Sokar und als Sokar-Osiris, der Sonnengott in allen Hauptgestalten als Chepri, Atum und Re-Harachte, Anubis in einer ungewöhnlichen, widderköpfigen Erscheinungsform, die schon Ramses I. in der Osirisnische verwendet hatte. Dazu tritt noch, besonders hervorgehoben, der *Iunmutef* (»Pfeiler seiner Mutter«), das göttliche Vorbild des Priesters mit dem Pantherfell und zugleich des ältesten Sohnes und des Königs, der diese Rolle als treusorgender Sohn spielt; deshalb wird er später deutlich als eine Erscheinungsform des Osirissohnes Horus vorgestellt.

Auffällig ist die unterschiedliche Verteilung von männlichen und weiblichen Gottheiten bei Sethos I. Während in der oberen Pfeilerhalle zum Mittelgang hin nur Göttinnen auftreten (vorne Westgöttin und Hathor, hinten Isis mit Nephthys), fehlen Göttinnen auf den Pfeilern im unteren Grabbereich vollständig. Eine Erklärung bieten vielleicht die zeitgenössischen Szenen des Sonnenlaufes, in denen die Sonnenscheibe häufig von zwei Armpaaren bewegt wird; von unten, aus der Tiefe, heben die Arme eines Gottes sie empor, von oben fassen sie die Arme einer Göttin. Da die Dekoration des Königsgrabes immer wieder auf den Sonnenlauf Bezug nimmt (Kapitel 6), darf man durchaus mit einer Anspielung auf jene Weltenkräfte rechnen, die in der Tiefe männlich, in der Höhe weiblich sind.

Eine der wenigen Neuerungen, die sich in der stark zerstörten Dekoration des Grabes von Ramses II. greifen läßt, deutet in die gleiche Richtung. Die nach innen, zum Sarkophag hin gekehrten Pfeilerseiten seiner Sargkammer trugen offenbar alle ein Bild des *Djed*-Pfeilers, der zugleich als Basis für viele Szenen des Sonnenlaufes dient und für den in der Tiefe weilenden Osiris eintritt. Nefertari, die »große königliche Gemahlin«, verwendet auf den Pfeilern ihrer Sargkammer das gleiche Motiv, so daß sich die Spuren im Grab des Königs mit Sicherheit ergänzen lassen.

Götterwesen aus der Vorkammer Ramses' III., von Champollion gezeichnet.

Die folgenden Königsgräber sind zu zerstört oder zu unvollständig, um die Entwicklung der Götterszenen weiter zu verfolgen, und das relativ gut erhaltene Grab der Königin Tausret stellt einen Sonderfall dar (Kapitel 3). Eine grundlegende Neuerung gegenüber Sethos I. und den älteren Gräbern tritt jedoch deutlich hervor: auf den Pfeilerseiten erscheinen jetzt nicht mehr Gottheit und König gemeinsam, sondern beide Partner werden auf verschiedene Pfeilerseiten verteilt.

Die fortgesetzte Erweiterung des Bildprogramms läßt sich noch einmal in der 20. Dynastie, bei Ramses III. und seinen Nachfolgern, deutlich greifen. Dabei entspricht es wohl einer allgemeinen Tendenz, wenn die »großen« Gottheiten zugunsten von Göttergestalten mit geringerer oder lokal geprägter Bedeutung zurücktreten, man möchte jetzt auch deren Schutz und Hilfe für den toten König aufbieten. Bei Ramses III. stoßen wir auf die lokalen Sonderformen Horus-Chentechtai von Athribis im Delta und Schepsi von Hermopolis in Mittelägypten, dazu auf die Göttin Meret, welche die Welt der Töne verkörpert und dazu mit dem königlichen Erneuerungsfest (Sedfest) verbunden ist, welches der König auch im Jenseits in einer nicht abreißenden Kette »Millionen Mal« feiern möchte. Sopdu und Onuris führen uns in Grenzbereiche der ägyptischen Welt; als Herren der Wüste können sie dem König Schutz und Hilfe in den Wüstengebieten des Totenreiches gewähren. Speziell über die thebanische Westwüste gebietet die schlangengestaltige Meresger, Verkörperung der höchsten Bergspitze über der Siedlung von Deir el-Medine, deren »Mannschaft« sie betont verehrt. Diese nur lokal bedeutsame Göttin, die von ihrer Bergspitze auch das Tal der Könige überschaut, wird von Ramses VI. in die Dekoration des Königsgrabes hineingenommen und erscheint bei Ramses IX., besonders hervorgehoben, bereits in der Eingangsszene des Grabes; sie trägt dort das Zeichen für »Westen« auf dem Haupt, das sie als eine Gestalt der Westgöttin und damit letztlich der Hathor kennzeichnet.

Ganz eigenartige Göttergestalten sind im Vorraum zur Sargkammer Ramses' III. abgebildet; heute fast völlig zerstört, haben sie Aquarelle von Reisenden des 19. Jahrhunderts noch vollständig festgehalten. Wir treffen hier den zwerggestaltigen, fratzenhaften Bes, als universalen Helfer im Volksglauben allgegenwärtig und in zahllosen Amuletten verbreitet; daneben Göttergestalten mit Schlangen und Eidechsen in Händen und andere mit eigenartigen Tierköpfen, sogar mit einer Schildkröte an Stelle des Kopfes. Als Statuetten aus Holz, mit schwarzem Teer überzogen, hat man die gleichen oder zumindest ähnlichen Wesen bereits Sethos I. ins Grab mitgegeben; von Belzoni gefunden, sind sie heute im Britischen Museum ausgestellt, aber immer noch nicht veröffentlicht. Bei Sethos sollten sie als Holzfiguren schützend und helfend den toten König umgeben und ihm zugleich zum Wiederaufleben verhelfen, denn Schlange, Eidechse und Schildkröte sind Symbole der Regeneration im Jenseits.

Schützende und zum Wiederaufleben helfende Götterwesen rings um den aufgebahrten Toten, im Mittelstreifen Isis, Nephthys und die »Horuskinder« (Totenbuch, Spruch 182).

Sinn und Funktion dieser Göttergestalten hat um die gleiche Zeit auch ein Spruch des Totenbuches in Wort und Bild gestaltet. Die Vignette zu Spruch 182 zeigt die hilfreichen Geister rings um die aufgebahrte Mumie des Verstorbenen, und nach dem Titel dieses Spruches geht es darum, Osiris dauern zu lassen, ihm Atem zu geben (also

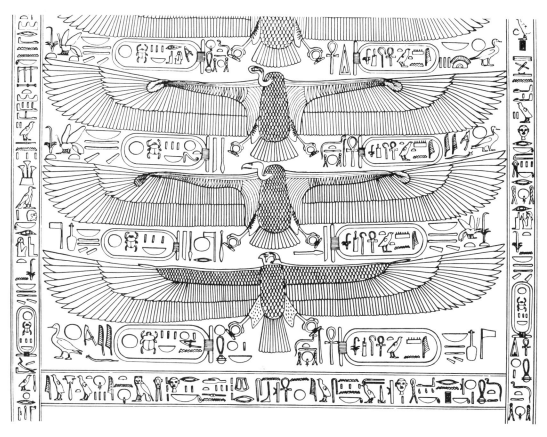

Schützende Flügelwesen (mit Schlangen-, Geier- und Falkenkopf) von der Decke des dritten vergoldeten Schreines im Grabschatz Tutanchamuns (Ausschnitt). Die Seitenzeilen enthalten hier Anrufe an Geb und Nut.

wiederaufleben zu lassen) und seine Feinde zu vertreiben – kurzum: »Schutz, Hilfe und Unterstützung im Totenreich (zu gewähren).« Im Text des Spruches heißt es noch prägnanter:

> »Schutz und Leben sind ganz um ihn,
> diesen Gott, den sein *Ka* behütet, den König der Unterwelt,
> der den Westen beherrscht und den Himmel erobert hat im Triumph,
> . . . der bis in alle Ewigkeit bestehen wird.«

Solche Worte könnte man als Motto über alle Götterszenen des Königsgrabes setzen, denn es sind immer wieder diese beiden Hoffnungen, die sich an die jenseitige Hilfe der Götter knüpfen: Schutz gegen Gefahren und neues, verjüngtes Leben. Schützend überspannen seit Sethos I. geflügelte Wesen die Decke des ersten Korridors; neben Geiern begegnen abwechselnd auch Falken, Schlangen und Skarabäuskäfer, und die geflügelte Sonnenscheibe setzt im Durchgang zum nächsten Korridor einen besonderen Akzent. Der dichte Flug dieser Wesen, ins Innere des Grabes gerichtet, vertreibt alle feindlichen Gewalten, und das Rauschen ihrer Flügel schafft Atemluft für den verstorbenen König.

Auf beiden Seiten der Decke lassen die Flügel zwei Schriftzeilen frei, in denen links der Sonnengott Re-Harachte, rechts Osiris, »König der Lebenden«, den König als ihren getreuen »Sohn« begrüßen und ihm ein seliges Dasein im Jenseits verheißen. Damit wird der verstorbene Pharao vom Eingang seines Grabes an in die Obhut der beiden Götter gegeben, die sein jenseitiges Schicksal am stärksten prägen, die ihn aber zugleich als Sohn und Erbe aller Götter in dieser Götterwelt von Grab und Jenseits willkommen heißen.

62 *Baumgöttin auf einem der Pfeiler in der Sargkammer Thutmosis' III. Sie reicht dem verstorbenen König die Brust, und die Beischrift gibt außer seinem Thronnamen Mencheperrê noch den Vermerk »er wird gestillt (von) seiner Mutter Isis«.*

62

63

64

63 *Wandmalerei im Grab des Priesters Panehsi (Theben, Grab 16, Regierungszeit Ramses' II.) mit der in Beamtengräbern so häufigen Gestaltung der Baumgöttin, die aus dem Geäst heraus dem Toten Nahrung und kühles Wasser spendet. In ihrem Schatten trinkt nicht nur der Tote, sondern dazu sein vogelgestaltiger* Ba, *und rechts vom Baum sind hinter dem sitzenden Paar des Grabherrn und seiner Gemahlin auch ihre beiden* Bas *dargestellt.*

64 *Götterszenen im Grab Thutmosis' IV. (Vorkammer). Der König vor Osiris (links), Anubis und zweimal vor Hathor; jede der Gottheiten reicht ihm das Zeichen für »Leben« an die Nase – der Lebensodem, den die Götter auch im Jenseits dem Menschen spenden.*

65 *Ramses IX. opfert die Maat (hockende Göttin mit dem Schriftzeichen der Feder auf dem Haupt) dem Gott Ptah (hier mit hohen Federn, wie Tatenen), der als »Herr der Maat« gilt; vor dem Gott steht eine weitere Figur der Maat. Aquarell von Hay aus dem Grab Ramses' IX.*

66 Der Gott Anubis (Ausschnitt) im Grab des Haremhab, bemaltes Relief. Der Übergang vom Tierkopf (unbestimmbare, stilisierte Hundeart, oft als »Schakal« bezeichnet) zum Menschenleib wird durch die blaue Perücke der Götter und durch den Halskragen gemildert. An den Oberarmen Schmuckbänder, die auch der König meist trägt.

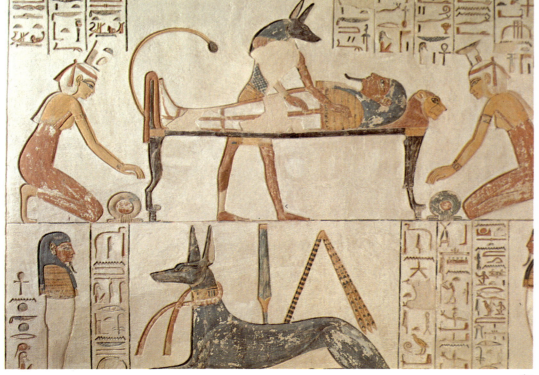

67 Anubis an der aufgebahrten Mumie, deren Gesichtsteil bereits durch eine vergoldete Maske (mit Götterbart) geschützt ist. Links kniet Isis, rechts Nephthys, um die Totenklage um Osiris anzudeuten; vor jeder ein Schenamulett (zusammengebundener Ring mit Schutzfunktion). Unter dieser Szene der liegende Anubis ganz in Tiergestalt, auf dem Rücken die Herrschaftszeichen Szepter und »Geißel«. Zwei von den vier Horussöhnen rahmen die Darstellung ein, die auf Spruch 151 des Totenbuches hinweist. Grab des Siptah, zweiter Korridor.

68 König Haremhab opfert bauchige Weingefäße vor Hathor als »Westgöttin«, die auf ihrer schwarzen Perücke die Hieroglyphe »Westen« trägt. Sie ist »Oberhaupt von Theben, Herrin des Himmels und Gebieterin der Götter«. Vorkammer im Grab des Haremhab.

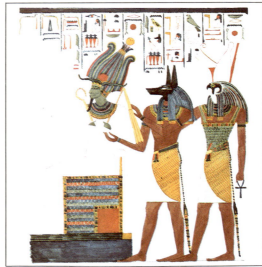

69 Die Göttin Maat, mit dem Schriftzeichen der Feder auf ihrer blauen Perücke, im Durchgang zwischen Vorkammer und Sargkammer im Grab des Haremhab, dem sie zuruft: »Ich komme, damit ich bei dir sei«, so daß der König auch im Jenseits in der Maat, der richtigen Ordnung der Welt, geborgen ist.

70 Osiris, Anubis und »Horus, Sohn der Isis« auf der Rückwand des Schachtes von Sethos I. Aquarell von Robert Hay, nach 1824 (auf der linken Seite war die Szene schon damals zerstört).

71 Der falkenköpfige Mondgott Chons-Neferhotep im Grab Ramses' IX. Er trägt auf dem Haupt das Mondzeichen (Sichel und Scheibe), von dem eine Uräusschlange mit Kuhgehörn und Sonnenscheibe herabhängt, Anspielung auf die Göttin Hathor als Uräus

72

74   75

und »Auge« des Sonnengottes. Die Beischrift bezeichnet den Gott auch als »Schu, der den Himmel von der Erde trennte« (bei der Schöpfung) und ruft dem König die Verheißung zu: »Ich gebe deine Seele (Ba, mit Widder geschrieben) in den Himmel und deinen Körper in die Unterwelt, in alle Ewigkeit.«

72 Nefertem, der Gott der Salben und Wohlgerüche, im Grab des Haremhab. Er trägt den gebogenen Götterbart, Halskragen und Schmuckbänder, dazu auf der Perücke die Lotosblüte, in der er sich als »Lotos an der Nase des Re« verkörpert. Das Gebilde hinter ihm gehört zu einer großen Darstellung des »Isisblut«-Amuletts (Tit).

73 König Haremhab, mit dem Königskopftuch und dem Uräus an der Stirn, betet vor der Göttin Isis, die ihr Schriftzeichen (Thronsitz) auf der schwarzen Perücke trägt, in den Händen Lebenszeichen (Anch) und Uasszepter; sie wird in der Beischrift als »Gottesmutter, Herrin des Himmels, Gebieterin aller Götter und Oberhaupt des Westens von Theben« (also auch als Westgöttin!) bezeichnet.

73

Kapitel 6 »Ich bin Re«

Am Anfang der Dekoration, die seit Sethos I. die Felsgräber der Könige vollständig ausfüllt, steht eine Götterszene, der besonderes Gewicht zukommt. Gleich nach dem Eintritt in das Grab erblickt der Besucher auf der linken Wand, also am Beginn der Dekoration, den König im reichverzierten, langen Schurz der Ramessidenzeit; betend streckt er seine Hände einem falkenköpfigen Gott entgegen, den die Beischrift und die rote Sonnenscheibe auf seinem Scheitel als Re-Harachte kennzeichnen. Es ist der Sonnengott in seiner allgemeinsten Gestalt, dem der König bei seinem Eintritt in die Räume des Jenseits huldigt.

König und Sonnengott: im Zeichen dieser vielschichtigen und spannungsreichen Beziehung steht auch die ganze übrige Dekoration des ersten Korridors. Gleich nach dem Eingangsbild folgen Titel und Titelbild eines religiösen Buches, des »Buches der Anbetung des Re im Westen«, das wir meist abgekürzt als »Sonnenlitanei« bezeichnen. Sein Inhalt führt aus, was der Titel verspricht; in einer langen Litanei von 75 Anrufungen wird der Sonnengott in seinen verschiedenen Gestalten und Funktionen gepriesen, die er im »Westen«, im unterweltlichen Totenreich, annimmt und ausübt. Ist dieser erste Teil des Buches reine Anbetung des Gottes, so dient der zweite Teil der Gleichsetzung des verstorbenen Königs mit ihm, einer Gleichsetzung auf drei Ebenen: der König ist Re, der *Ba* des Gottes ist sein *Ba*, sein jenseitiger Lauf folgt der Bahn der Sonne durch Himmel und Unterwelt.

Der falkenköpfige Sonnengott mit der Sonnenscheibe.

> »Ich bin du, und du bist ich,
> dein *Ba* ist mein *Ba*,
> dein Lauf ist mein Lauf durch die Unterwelt!
> . . .
> Wie du bist, so bin auch ich, . . .
> dein Wandel ist ja mein Wandel,
> dein Dahineilen ist ja mein Dahineilen
> . . .
> Meine Fahrt ist deine Fahrt, Re,
> mein Dahineilen ist dein Dahineilen
> . . .
> Ich gehe mit dem Gang des ›Horizontischen‹,
> ich wandle mit dem Wandel Res.«

74 *Der ibisköpfige Gott Thot, »Herr von Hermopolis und Schreiber der Götterneunheit«, auf einem Pfeiler im Grab Ramses' VI. (Halle E). Er trägt das Mondzeichen auf dem Haupt, in den Händen Anch und Uas. Über ihm das Himmelszeichen und ein Fries von Uräusschlangen und oben auf dem Pfeiler eine Götterprozession, die eine verschlüsselte Schreibung des königlichen Thronnamens darstellt.*

75 *Die Göttin Hathor, »Gebieterin des Westens«, im Grab Ramses' III., in einer relativ seltenen Art der Darstellung, die sie als Frau mit Kuhkopf zeigt, auf dem Gehörn die Sonnenscheibe und zwei hohe Straußenfedern. Im Hintergrund, affenköpfig, der »Horussohn« Hapi.*

Der besondere, ungewöhnliche Nachdruck, den die Sonnenlitanei darauf legt, daß der verstorbene König den Lauf des Sonnengottes nachvollzieht, mag zunächst überraschen. Aber er führt uns zum präzisen Inhalt ägyptischer Jenseitshoffnung: einzugehen in den Kreislauf der Gestirne, auf dieser kosmischen Bahn den Tod zu überwinden. Diesem Ziel dient bereits die Ausrichtung der Pyramiden des Alten Reiches, ihr Eingang weist auf den nördlichen Himmelspol, der *Ba* des Verstorbenen steigt empor zur Region der »Unvergänglichen«, der Zirkumpolarsterne, die sichtbar über den Horizont des Daseins emporgehoben sind, niemals in die unheimliche Tiefe der Welt hinabtauchen müssen.

Auf neue kosmische Umlaufbahnen setzt das Mittlere Reich den Verstorbenen. Nun stehen die Dekansgestirne, die Sterne der Ekliptik im Vordergrund; sie sind die »Unermüdlichen«, die beide Bereiche des Jenseits durchlaufen, Himmel wie Unterwelt. Die Sterne unseres Tierkreises verschwinden und kehren wieder. Ihre Rückkehr aus der Todestiefe gibt die beruhigende Gewißheit, daß das Dasein dort nicht endet, daß auch die Verstorbenen nicht auf immer in die Tiefen der Unterwelt hinab müssen.

103

Aber noch weitaus gewaltiger und überzeugender führt das der Lauf der Sonne vor Augen, des mächtigsten aller Gestirne. Hier wiederholt sich täglich das Wunder von Werden und Vergehen, von Hinabstieg in die Tiefe und triumphaler Wiederkehr in verjüngter Gestalt.

Wenn es dem Toten gelingt, in das gewaltige Schiff einzusteigen, das die Sonne in kurzer Zeit »Millionen von Meilen« durch die Räume des Jenseits dahinträgt, wenn er stetig im Gefolge des Sonnengottes bleibt, hat er die sicherste Gewißheit, alle Schrecken der Todeswelt zu überwinden. So versuchen die religiösen Texte des Neuen Reiches konsequent, das Schicksal des verstorbenen Königs mit dem Lauf der Sonne zu verbinden. Für die übrigen Sterblichen gab es Totenbuchsprüche, die den »Einstieg in die Sonnenbarke« sichern. Schon der Anblick des Gottes in seiner goldenen, leuchtenden Barke, die im Urgewässer dahinfährt, bringt den Verstorbenen Trost und Freude, regt sie zu Anbetung und jubelnder Begrüßung an. In dieser »Barke der Millionen« sollen eigentlich alle seligen Toten mitfahren; dort sind auch die Speisen gehäuft, die der Sonnengott austeilt. So ist es ein ganz elementarer Wunsch, daß der Verstorbene in diesem bereits so beladenen Fahrzeug noch einen Platz erhält, dazu die besondere Ehre, zur Rudermannschaft des Gottes zu gehören.

Allgegenwart und Allbedeutung des Sonnengottes gestaltet die Sonnenlitanei in einer langen Reihe von Figuren und Beinamen, die in Wort und Bild seine Funktionen im unterweltlichen Reich der Toten umschreiben. Die Figuren illustrieren die 75 Anrufungen des Gottes, aber sie gelten auch als seine Erscheinungsformen *(cheperu)* und werden bald zu selbständigen Schutzgöttern des Toten, die im Tempel Ramses' II. in Abydos kultisch verehrt werden und dem König als Gegenleistung ihre Wohltaten spenden. Sie geben ihm lange Lebenszeit, Befehlsgewalt und Triumph über seine Feinde, dazu im Jenseits freie Bewegung, Wiederaufleben und ständige Versorgung mit allem Nötigen. Sie gewähren ihm auch, »sich zu verjüngen wie der Mond«, und geben »die Liebe zu ihm in die Herzen aller schönen Frauen«. Hier können wir zusehen, wie sich Funktionen eines großen Gottes in kurzer Zeit zu selbständigen Wesenheiten entwickeln.

In der Litanei selber heben die Namen der angerufenen und abgebildeten Gestalten des Sonnengottes seine Wohltaten für die Verstorbenen hervor: *Der die Bas schützt, Der den Bas Luft gibt, Der die Körper erleuchtet, Der atmen läßt, Der Leuchtende, Der die Wege bahnt, Der die Körper entstehen läßt, Der die Welt erneuert.* Andere beziehen sich auf die Bestrafung der Verdammten, auf die Vernichtung aller »Feinde« der Schöpfung; in dieser Funktion ist er *Der Fesselnde, Der Heiße* oder *Der vom Kessel,* in Anspielung auf Strafen, die in Kapitel 9 behandelt werden. Und neben den vertrauten Erscheinungsformen des Gottes als täglich verjüngtes Kind, als Widder und Skarabäus, als »Großer Kater« in seiner strafenden Gestalt und als heiliges Auge begegnen ungewohnte Namen, die auf das Todesschicksal anspielen, das auch er erleidet. Durch seinen Hinabstieg in die Unterwelt wird er zu einem »Gruftbewohner« wie die anderen Toten; nun ist er *Der Unterweltliche, Der Geheimnisvolle, Der Verborgene, Der Dunkle* oder *Der mit dunklem Gesicht, Der Trauernde* oder *Der Weinende, Der Faulende* und *Der im Sarkophag.* Hier berührt sich sein Schicksal und sein Wesen mit dem des Osiris, und so treffen wir unter den Figuren und Namen auch viele Erscheinungsformen des Totenherrschers.

Das Mysterium der Einheit von Re und Osiris werden wir im 11. Kapitel genauer betrachten. In leuchtenden Farben schildern die Unterweltsbücher und die Texte der Sonnenlitanei die nächtliche Begegnung der beiden großen Götter und ihre Verschmelzung zu einer einzigen Gestalt, der des »Vereinigten«, mit dem die Figurenreihe beginnt. Im Grab der Königin Nefertari (Kapitel 3) ist er als widderköpfige Mumie dargestellt, von Isis und Nephthys betreut. Der beigeschriebene Text sagt deutlich: »Re ist das, der in Osiris eingegangen ist – Osiris ist das, der in Re eingegangen ist.« Osiris ist der Körper dieses Gottes, der als Mumie daliegt, die Sonne ist der herabschwebende *Ba,* der den Körper in der Tiefe der Unterwelt erblickt und aufs neue

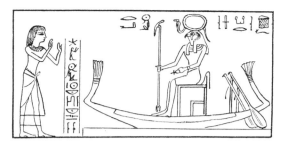

Der Verstorbene betet vor der Sonnenbarke und »Re in seinem Schrein«. Totenbuch des Nebseni.

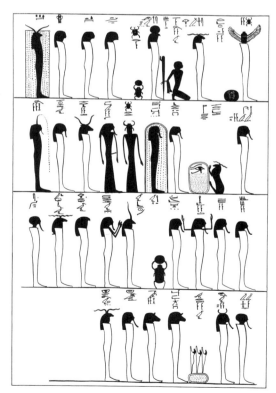

Figuren zur »Sonnenlitanei« auf einem der Pfeiler in der Sargkammer Thutmosis' III.

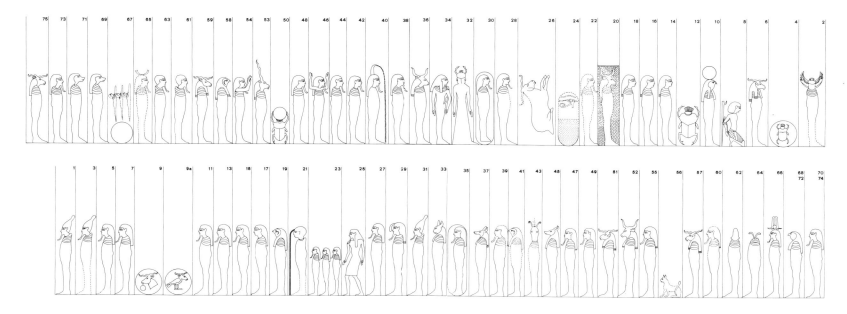

Figuren zur »Sonnenlitanei« im zweiten Korridor Sethos' I., rechte Wand. Heute zerstörte Partien sind gestrichelt.

Die entsprechenden Figuren auf der linken Wand.

Darstellung des Sonnenlaufes in einem thebanischen Grab (Nr. 296). Unten Osiris als Djed-Pfeiler, das Anch-Zeichen über ihm hebt die Sonnenscheibe empor, die von oben durch die Arme einer anonymen Göttin gehalten wird. Anbetende Paviane, Isis/Nephthys und Ba-Vögel rahmen vor dem Hintergrund des Westgebirges das Bild ein.

belebt mit seinen Strahlen, Finsternis und feindliche Gewalten vertreibend – »hell wird die Unterwelt durch die Strahlen ihres Schöpfers«.

In das Totenbuch des Neuen Reiches sind, ergänzend zu den Sonnenhymnen, komplexe Bilder des Sonnenlaufes eingefügt, welche die Nachtgestalt als Osiris (*Djed*-Pfeiler), das morgendliche Wiederaufleben (Lebenszeichen *Anch*), den Tageslauf (Sonnenscheibe) und das abendliche Hinabsinken in die geöffneten Arme der Westgöttin in einem einzigen Bild vereinigen und in immer neuen Varianten gestalten. Dieser stetige, täglich wiederholte Lauf des Lichtes öffnet auch dem Toten alle Wege im Unvertrauten, für ihn ist es der Sonnengott, »der die Wege bahnt, die in der Unterwelt sind, und die Straßen im Jenseits öffnet«. Dem Ansturm des Lichtes widersteht keines der Jenseitstore, »jeder Weg ist offen durch dein Erscheinen«, besingt noch Echnaton seinen Lichtgott Aton.

In der Göttin des Westens und in der Himmelsgöttin Nut verkörpern sich die beiden Bereiche des Jenseits, die den Sonnengott mütterlich umfangen und ihn, den alt und müde gewordenen »Greis«, in das kleine Kind zurückverwandeln, das am Morgen neu geboren wird. »Meine Geburt ist die Geburt des Re im Westen (also im Totenreich!)« wünscht sich der Tote in der Sonnenlitanei; wenige Verse weiter fühlt er sich als Kind von Re, Atum und Chepri, also von den drei Hauptgestalten des Sonnengottes, und seine Amme ist die Himmelsgöttin Nut – »sie zieht mich auf, wie den *Ba* des Re, der in ihr ist«, das heißt wie die Sonne, die hier im Leib der Göttin gedacht ist. Kühne Darstellungen des Neuen Reiches zeigen die Himmelsgöttin mit dem Sonnenkind in ihrem schwangeren Leib und machen damit das Mysterium der täglichen Neugeburt für uns sichtbar; der erhobene Phallus des frühreifen Knaben deutet darauf hin, daß dieser Neugeburt eine Selbstzeugung des Sonnengottes vorangeht.

Der tägliche und der nächtliche Sonnenlauf über den Himmel wird an der Decke von spätramessidischen Königsgräbern in Bildfolgen gestaltet, die man als »Himmelsbücher« bezeichnen und den Unterweltsbüchern an die Seite stellen kann; vielfach begegnen dabei die gleichen Motive im Himmel wie in der Unterwelt. Den Rahmen bildet an diesen Decken der langgestreckte, nackte Leib der Himmelsgöttin, welche die Sonne am Abend verschluckt und am Morgen wieder zwischen ihren Schenkeln hervortreten läßt. Hier leben uralte, schon in den Pyramidentexten ausgesprochene Wünsche des Toten fort, unter die Sterne am Leib der Nut aufgenommen zu werden, in den so sicheren und unverrückbaren Gang der Gestirne einzutreten. Daher breitet sich die Göttin seit dem Neuen Reich auch über den Deckel der Sarkophage, direkt über den Leib des Toten, den sie wie die Sonne in sich aufnimmt und wieder entläßt. Sein Wunsch ist, in ihren Armen zu ruhen, »so daß er ewiglich nicht stirbt«.

So hat der Ägypter das Jenseits, in das der Tote eingeht, nicht nur in den Tiefen der Unterwelt gesehen, sondern als Himmelsregion, verkörpert in der Göttin Nut. An ihrem Leib gleitet die Sonne am Tag dahin, nachts aber versinkt sie in Tiefen des Himmels, die an das Unendliche grenzen, »Göttern und Geistern unbekannt«. Dort vollzieht sich geheimnisvoll die Regeneration der Gestirne und der Toten, aus dieser Ferne kommen die Zugvögel, deren Verschwinden und Wiederkehr das Todesgeschick andeuten. Ihre Vogelgestalt eignet auch dem *Ba* des Menschen (Kapitel 8), der wie ein Vogel frei beweglich durch alle Räume schweift und den Himmel wie die Unterwelt offen findet:

»Mein *Ba* ist dort und steigt zum Himmel empor,
mein *Ba* ist hier und tritt in die Unterwelt ein.«

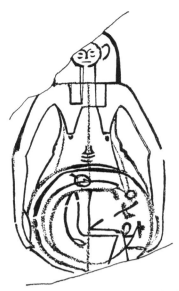

Das Sonnenkind im Leib der schwangeren Himmelsgöttin auf einem Bildostrakon des Neuen Reiches.

Der *Ba* des Sonnengottes erscheint entsprechend als widderköpfiger Seelenvogel in der Sonnenscheibe, und für die Unterwelt ist die Sonne selbst ein »Zugvogel«, der sie regelmäßig jede Nacht aufsucht. Da man das Wort *Ba* auch mit dem gleichlautenden Zeichen des Widders schreiben kann, deutet die widderköpfige Gestalt des Sonnengottes auf seiner Nachtfahrt darauf hin, daß er als *Ba* in die Unterwelt hinabkommt, um dort seinen Körper aufzusuchen, der erdenschwer in der Tiefe ruht. Und auch hier öffnet die ägyptische Schrift wunderbare Möglichkeiten der Gedankenverbindung und der kühnen bildnerischen Gestaltung. In einem ramessidischen Grab in Deir el-Medine hat der Künstler in der beliebten Szene mit dem Balsamierungsgott Anubis an der aufgebahrten Mumie diese Mumie als Fisch dargestellt, da das Wort für »Körper, Leichnam« mit einem Fischzeichen geschrieben wird. So gehören in mehrfacher Hinsicht der *Ba* mit seiner Vogelgestalt zum Himmel, der Leib als Fisch in die Tiefe von Erde und Wasser.

Diese Tiefe wird zwar überwiegend als Erdentiefe gesehen und in den Unterweltsbüchern oft als Gott Tatenen personifiziert, aber sie ist auch die Wassertiefe des Urozeans Nun und die Himmelstiefe im Leib der Göttin Nut. Während Re im Pfortenbuch am Ende seiner nächtlichen Unterweltsfahrt aus dem Urgewässer hervorgeht und von den Armen des Nun in die Höhe gehoben wird, strömt das Urgewässer in den Himmelsbüchern direkt um den Leib der Himmelsgöttin, und man kann die Nachtfahrt der Sonne sogar in den Leib eines Krokodils verlegen, in welchem der Ägypter das mächtigste Wassertier verehrt. So ist die Nachtfahrt, unter welchem Aspekt auch immer, ein Weilen in der Welttiefe, die alle fruchtbaren und regenerierenden Kräfte in sich birgt. Sie nimmt den Sonnengott am Abend nach langer, ermüdender Tagesfahrt als gebeugten »Greis« in sich auf und entläßt ihn am Morgen verjüngt als »kleines Kind« oder als Skarabäuskäfer, der »von selbst« aus seiner Mistkugel hervorkommt.

Die mit Sonne, Mond und Sternen verzierte, nackte Himmelsgöttin auf der Innenseite eines späten Sargdeckels.

Mit diesem geheimnisvollen, aber immer wieder offenbarten Wunder der täglichen Verwandlung und Verjüngung der Sonne befassen sich die Texte und Darstellungen der Königsgräber besonders eindringlich. Denn aus dem Erlebnis einer allgemeinen Erneuerung der ganzen Schöpfung, die mit jedem Sonnenaufgang einhergeht, schließt der Ägypter auf eine analoge, tägliche Verwandlung und Verjüngung des Toten. Der Bedeutung des Vorgangs entsprechen die vielen verschiedenen Möglichkeiten, ihn zu beschreiben und darzustellen. Als Kind oder in der Morgengestalt des Käfers erscheint der Sonnengott zwischen den Schenkeln der Himmelsgöttin oder taucht aus den Wasserfluten empor; die »Große Flut« trägt ihn als Himmelskuh in die Höhe, und zugleich tritt er strahlend aus dem Tor des Horizontes. Am stärksten vereinfacht, beinahe zur Hieroglyphe geworden, wird dieser Vorgang in manchen Szenen des Sonnenlaufes dargestellt, die nur noch aus der Sonnenscheibe und einem Armpaar bestehen, das aus der Tiefe herausgreift. Manchmal tritt eine Andeutung des Westge-

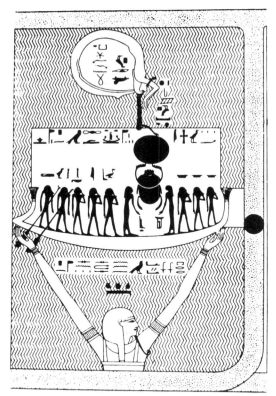

Schlußbild des Pfortenbuches auf dem Alabastersarg Sethos' I.

birges hinzu, aus dem heraus ein Armpaar mit weiblichen Brüsten die Sonne an sich zieht, während ausführlichere Fassungen des Bildmotivs zwei Armpaare zeigen, die sich die Sonne gegenseitig zureichen und sie ständig in Bewegung halten. Die aus der Tiefe hebende Kraft ist dabei männlich, und die Sonne tritt nicht nur als Scheibe auf (einmal sogar aus dem Mund eines Gottes aufsteigend), sondern als Widderkopf oder Widderkopf in der Scheibe, als Skarabäuskäfer, als Kind und schließlich in Gestalt der ganzen Sonnenbarke, wie sie am Ende des Pfortenbuches aus dem Nun emporgehoben wird. Hier sind, in allgemeinster Form, die verborgenen Kräfte der Tiefe angedeutet, welche die Sonne jeden Abend an sich ziehen und jeden Morgen verjüngt entlassen, das Gestirn unermüdlich um den ganzen Umkreis des Alls, durch Himmel und Unterwelt dahintreiben.

Das älteste Unterweltsbuch Amduat verlegt die nächtliche Verjüngung in den Leib einer riesigen Schlange, die schon in der elften Nachtstunde vor der Sonne dahingetragen wird und »Weltumringler« heißt. Der Idee nach ist es bereits der Uroboros, die sich in den Schwanz beißende Schlange, das sichtbar gemachte Unbegrenzte als äußerste Grenze des Kosmos. In der zwölften Nachtstunde, unmittelbar vor dem morgendlichen Sonnenaufgang, geht die Sonnenbarke mit allen Göttern und mit der ungeheuren Zahl von seligen Toten in den Schwanz dieser riesigen Schlange ein; im Text heißt es, daß sie alle »als Ehrwürdige« in die Schlange eintreten, und die Namen der ziehenden Götter machen deutlich, was damit gemeint ist: »der Alte«, »der Greise«, »der Altersschwache«, »der seine Jahre durchlebt hat«, »der Grauhaarige« usw. Abgelebt, matt und altersschwach treten der Sonnengott und sein Gefolge ein, fahren »im Rückgrat« der Schlange dahin und kommen aus ihrem Maul heraus »als die Verjüngten«, neugeboren als kleine Kinder. Der umgekehrte Weg von der Schwanzspitze zum Maul der Schlange deutet auf die wunderbare Umkehr der Zeit, die nur im Jenseits möglich ist – vom Greis zurück zum Kind, vom Tod zurück zur Geburt. So stellt sich der Ägypter im Amduat die tägliche Regeneration der Sonne vor, die analog auch für alle anderen Wesen gilt. Jenseits der Wiedergeburtsschlange steigt die Sonne als Skarabäuskäfer zum Himmel empor, unterstützt von den ausgebreiteten Armen des Gottes Schu. Er ist der Himmelsträger, der Erdgott und Himmelsgöttin voneinander trennt, und daher am besten geeignet, die Sonne aus der Tiefe, in der sie sich verjüngt hat, wieder zum Himmel emporzuheben.

Auch das jüngere Pfortenbuch kennt beide Motive der Erneuerung, das Hindurchziehen und das Emporheben. Schon in der dritten Nachtstunde verschwindet das Zugseil der Sonnenbarke in einem langgestreckten Gebilde, das auf jeder Seite in einem Stierkopf endet. Es ist die »Erdbarke«, auch »Schiff der Götter (das heißt der Toten)« und »Schiff der Unterwelt *(Dat)*« genannt, offenbar ein Bild der »Erde« als Unterwelt und nächtlicher Raum der Sonnenfahrt. Seit alter Zeit kann die Erde als ein Doppelwesen mit zwei Köpfen (für Eingang und Ausgang) dargestellt werden, und vor allem der Erdgott Aker begegnet in dieser Gestalt.

In der Pfortenbuchszene mit der »Erdbarke« ist somit die ganze Unterweltsfahrt mit wenigen Strichen und Andeutungen zu einem einzigen Bild verdichtet. Ausführlicher werden die Verjüngung und morgendliche Neugeburt der Sonne erst am Ende des Buches geschildert, in der letzten Nachtstunde. Dort stoßen vier Paviane die Himmelstür im Osten auf und verkünden der jubelnden Welt das Wiederaufleuchten des Gestirns. Den Glanz, der sich jetzt verbreitet und dem Sonnengott vorausgeht, faßt ein Leidener Papyrus in das treffende Bild »der Himmel ist Gold, das Gewässer Lapislazuli, die Erde ist mit Türkis bestreut«. Die hervortretende Sonne »vereint die Unterwelt mit dem Himmel«, und mit ihr erscheint ein Chor von acht Göttinnen, die auf Schlangen reiten, Sterne in der Hand tragen und mit lauter Stimme das Sonnenkind preisen.

Der Sonnengott ist, wie im Amduat, in ein Kind verwandelt und »öffnet die Unterwelt zum Himmel hin«, bahnt sich einen Weg empor, während er noch »auf den Armen des Nun« ist. *Nun* ist der Gott des Urgewässers und verkörpert so die Tiefe der Welt, die auch in den Szenen des Sonnenlaufes stets durch einen männlichen Gott vertreten ist, dessen Arme die Sonne aus der Tiefe emporheben. Diesen Vorgang gestaltet das Schlußbild des Pfortenbuches, das zugleich den ganzen Sonnenlauf noch einmal zusammenfaßt. Das Sonnenschiff mit der Morgengestalt des Käfers und einer reichen Götterbesatzung wird von den Armen des Nun aus dem Wasser hochgestemmt und von oben durch die Himmelsgöttin Nut in Empfang genommen; die Göttin steht auf der in sich zurückgekrümmten Figur des Osiris, »der die Unterwelt *(Dat)* umschließt«, und zeigt damit das letzte Ziel der neuen Tagesfahrt an – die Sonne muß wieder hinab in jene Tiefe, die von Osiris umschlossen ist, ihre Bahn läuft immer neu in sich zurück.

Auch jedes der jüngeren Unterweltsbücher besitzt ein solches Schlußbild, das sich von Mal zu Mal wandelt, neu durchdacht und gestaltet wird. Das Schlußbild des Höhlenbuches hat König Merenptah in seiner Sargkammer abgeändert und beherrschend auf die rechte Wand des Raumes gesetzt, ebenso wenig später die Königin Tausret. Hier ist die Richtung umgekehrt, die anonymen Armpaare greifen nicht aus der Tiefe, sondern von oben herab und schieben Sonnenscheibe, Sonnenkind und widderköpfigen Käfer scheinbar nach unten – in Wahrheit ist gemeint, daß die Armpaare einander die Sonne in ihren verschiedenen Erscheinungsformen zureichen und sie in stetiger Bewegung halten; Merenptah hat zu den Sonnengestalten noch seinen königlichen Thronnamen hinzugefügt, so daß er, ganz im Sinne der »Sonnenlitanei«, mit in den Sonnenlauf hineingenommen ist.

Anbetende Wesen mit ihrem *Ba*-Vogel umrahmen die Mitte des Bildes, sogar ihre »Schatten«, als Wedel aus Straußenfedern dargestellt (Kapitel 8), neigen sich verehrend vor dem Gott, der seinen nächtlichen Lauf durch schwarze, nur teilweise erhellte Finsternis und durch blaue Wasserfluten nimmt – darauf deuten die eigenartigen Dreiecke, die dem Besucher des Raumes zuerst ins Auge fallen. Das menschliche Gesicht in den beiden dunkel ausgefüllten Hügeln meint den Sonnengott in seiner »Gruft« *(qereret)*, in der er sich jede Nacht verjüngt; dies ist das »große Geheimnis«, von dem die Texte sprechen, und für den toten Pharao, dessen Mumie in diesem Raum geruht hat, die bleibende Verheißung, eine »Lebenszeit wie die Sonne« zu haben. Unter diesen Darstellungen spannt das widderköpfige Mischwesen, das Tages- und Nachtgestalt des Sonnengottes in sich vereint, seine Flügel über die ganze Breite der Wand aus.

Auf der gegenüberliegenden Wand treffen wir, als weitere Verheißung an den Toten, die Auferweckung des Osiris durch das Licht der Sonne (Kapitel 11). Die Szene ist dann, etwas abgewandelt, in das »Buch von der Erde« hineingenommen worden, das an anderer Stelle auch das Pfortenbuchmotiv von der »Erdbarke« wieder aufgreift. Statt des Doppelstieres ist es hier ein Doppellöwe, der Eingang und Ausgang der Erdtiefe bewacht; diese verkörpert der Gott Tatenen, der die Sonnenbarke rechts in Empfang nimmt, während sie links Nun, der Gott des Urgewässers, wieder entläßt. In der Mitte des Bildes ist der Sonnenlauf hieroglyphenartig durch Arme und Sonnenscheibe angedeutet, und hier sind es wieder »die Arme des Nun«, welche das Gestirn aus unsichtbaren Abgründen an den Himmel befördern. Erdtiefe und Urgewässer haben sich zu einem einzigen regenerierenden Element vereint, in dem sich die Sonne verjüngt, und in den Ovalen auf der Brust des Doppellöwen erscheint noch Schu, der Himmel und Erde trennt und am Schluß des Amduat die Sonne zum Himmel emporgetragen hat.

Das letzte Tor der Unterwelt heißt im Amduat »Welches die Götter erhöht«, denn zugleich mit dem Sonnengott werden auch alle anderen Götter und seligen Toten aus der dunklen Wasser- und Erdtiefe erneut ans Licht gehoben; mit ihnen tauchen die Schlafenden aus ihrer Traumwelt, die der Ägypter ebenfalls im Nun vermutet, wieder ins helle Bewußtsein empor. Die Welt ist so jung, wie sie bei der Schöpfung war – vor ihrer Erschaffung waren alle Dinge in der Finsternis und im Nun, dem »trägen« Urgewässer, bei der Schöpfung sind sie zum erstenmal diesem dunklen Wasserabgrund entstiegen. Der Ägypter ist von der Überzeugung durchdrungen, daß die Schöpfung

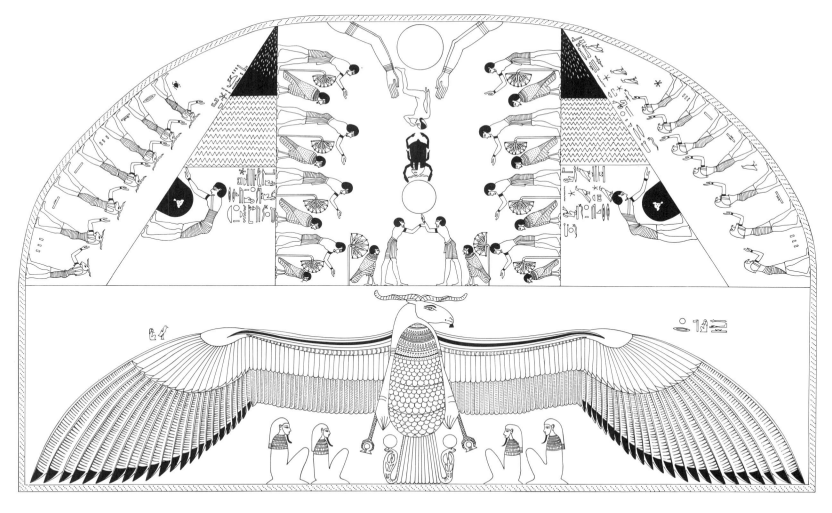

Darstellung des Sonnenlaufes in der Sargkammer der Tausret.

wiederholbar ist, daß sich das »Erste Mal«, wie er den Urbeginn nennt, jeden Morgen beim Sonnenaufgang ein weiteres Mal wiederholt und der Welt die jugendliche Frische des Anfangs zurückgibt. Wie das Leben im Feuchten entsprungen ist, so braucht es auch zu seiner Erneuerung das Urwasser; mit ihm, mit dem Nun, identifiziert sich der Verstorbene in der »Sonnenlitanei« zuallererst, noch bevor er sich mit der Sonne und mit Osiris gleichsetzt.

Wenn er den unsichtbaren Kräften anvertraut wird, welche die Sonne aus ihrem nächtlichen Erneuerungsbad zum Himmel steigen lassen und durch das All vorantreiben, hat der Tote die sicherste Gewähr, nicht zu vergehen. Die andere Möglichkeit ist, selber wesenseins mit der Sonne zu werden, einzutreten in den Lauf der Gestirne, der trotz immerwährender Bedrohung durch die Apophisschlange (Kapitel 10) niemals unterbrochen wird.

Deshalb versuchen die Darstellungen und Texte auf den Wänden der Königsgräber, den Sonnenzyklus in das Grab hineinzunehmen, das mächtige Gestirn die unterirdischen Korridore und Kammern durchlaufen und den Toten seiner Bahn folgen zu lassen. Von der Darstellung über dem Eingang, die den König in Anbetung der Sonne zeigt, die sein Grab betritt, über die Gleichsetzung der »Sonnenlitanei« bis zur hintersten Wand, auf der bei Ramses VI. noch einmal die Arme des Nun mit der hoch emporgehobenen Sonnenbarke erscheinen, spannt sich die nächtliche Bahn der Sonne durch das ganze Grab. Darauf deuten auch die Namen der Korridore, die uns in den originalen Plänen der Anlagen erhalten sind (Kapitel 4) – »die Gottesbahn des Sonnenweges« oder »die erste Gottesbahn des Re, welche auf dem Weg der Sonne ist«, und ähnliche Namen auch für die tieferen Gänge. Welche Bedeutung gerade dem »solaren« Teil der Dekoration beigemessen wurde, zeigt schließlich die Tatsache, daß Sethos II. nach seinem Sieg über den Usurpator Amenmesse Titelbild und Texte der »Sonnenlitanei« im ersten Korridor von dessen Grab sorgfältig ausmeißeln ließ.

Auf der rechten Wand der Sargkammer im Grab Ramses' III. hat Champollion ein Bild kopiert, das heute längst zerstört ist. Es stand an der gleichen Stelle, an der schon Merenptah und Tausret zusammenfassende Bilder des Sonnenlaufes anbringen ließen, wandelt das Thema aber in neuer und eigenwilliger Weise ab. In der Sonnenscheibe, von einer doppelten *Uroboros*schlange umschlossen, steht in der Mitte und betont groß der Name des Königs »Ramses, Herrscher von Heliopolis«; die zwölf Göttinnen, welche die Sonne und in ihr zugleich den König verehren, verkörpern wie die Sterne und Scheiben des äußeren Kreises die zwölf Stunden, durch welche die nächtliche Bahn des Gestirnes geht. Der Künstler hat alle Möglichkeiten ausgeschöpft, die Schreibung und Bedeutung des Königsnamens ihm in die Hand gaben. Wörtlich bedeutet der Name Ramses »Re ist es, der ihn geboren hat«, ist aber so geschrieben, daß man ihn hier auch als »Re ist es, der fortwährend gebiert« verstehen kann, wobei als Objekt wieder der König in seiner jenseitigen Existenz zu denken ist, und das Zeichen für »Gebären« (drei zusammengebundene Fuchsfelle) ist genau in das Zentrum der gesamten Komposition gesetzt, bildet gedanklich und formal die Mitte. Selbst der Zusatz »Herrscher von Heliopolis« erhält hier neuen Sinn, ist doch Heliopolis die alte Sonnenstadt Ägyptens, zu der man sich eine jenseitige Entsprechung denkt.

Der Herrscher, der seinen Namen groß in die Sonnenscheibe schreibt und mit der ständig erneuerten Geburt im Jenseits verbindet, gestaltet bildlich die gleiche Aussage, die der Text der »Sonnenlitanei« bereits Jahrhunderte vorher verkündet, um darauf die tiefste Jenseitshoffnung Pharaos aufzubauen: »Ich bin Re!«

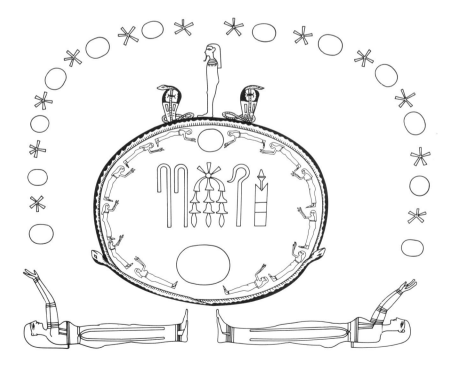

Der Name »Ramses, Herrscher von Heliopolis« in der Sonnenscheibe. Sargkammer Ramses' III.

76

77

76 *Eingangsszene im Grab des Merenptah. Der König vor dem falkenköpfigen Sonnengott Re-Harachte. Der König trägt Sandalen und die reichen Gewänder der Ramessidenzeit, dazu auf dem Kopftuch die Atefkrone mit schützenden Uräusschlangen. Über der Szene und ihren Beischriften eine geflügelte Sonnenscheibe mit zwei Uräen.*

77 *Anschluß an die vorige Szene: Titel, Titelbild und Textanfang der »Sonnenlitanei« im ersten Korridor des Merenptahgrabes. Das dreigeteilte Titelbild zeigt in der Mitte die abgeplattete Sonnenscheibe mit Skarabäus und widderköpfigem Gott; ihr Hinabstieg vertreibt die feindlichen Wesen, die in Tiergestalt nach beiden Seiten vor der Sonne flüchten.*

78/79 *Figurenreihe aus der »Sonnenlitanei« im Grab Sethos' I., zweiter Korridor, linke Wand (Ausschnitte).*
80/81 *Die entsprechende Figurenreihe auf der rechten Wand (Ausschnitte).*

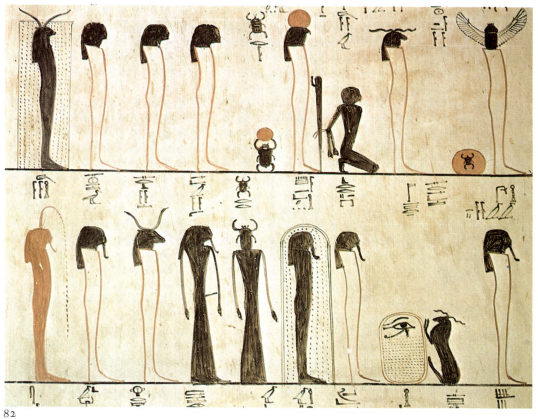

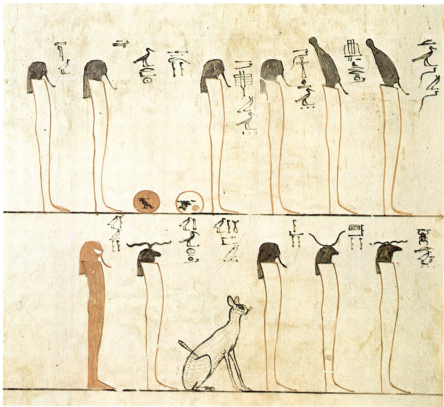

82/83 *Figurenreihen aus der »Sonnenlitanei« auf den Pfeilern in der Sargkammer Thutmosis' III.*

84

84 Grab der Königin Nefertari. Der thronende Sonnengott Re-Harachte, welcher der Königin in der Beischrift »die Lebenszeit des Re« verheißt, also die Zeitdauer der Sonne; um seine Sonnenscheibe ringelt sich eine schützende Schlange. Hinter ihm thront Hathor als Westgöttin, mit der Hieroglyphe für »Westen« auf dem Haupt und als »Oberhaupt von Theben und Gebieterin aller Götter« bezeichnet. Die Thronsitze stehen auf einer Fußmatte und tragen an der Seite das Symbol für die »Vereinigung der Beiden Länder«.

85 Der widderköpfige, vogelgestaltige Ba des Sonnengottes in der rot ausgemalten Sonnenscheibe, eingerahmt von Isis (links) und Nephthys (rechts) als Klagevögeln. Die Szene eröffnet an der gestirnten Decke im zweiten Korridor ein Textstück aus der »Sonnenlitanei«. Grab des Siptah.

86 Über dem Eingang der ramessidischen Königsgräber (hier: Merenptah) wird der Sonnengott in seinen beiden Hauptgestalten als Skarabäus (Morgensonne) und widderköpfiger Gott (Nachtsonne) von Isis und Nephthys angebetet, ein erster Hinweis auf die Vereinigung der Sonne mit Osiris. Die Sonnenscheibe ist nur in dieser Außenszene gelb statt rot ausgemalt.

85

86

87 Buch vom Tage und Buch von der Nacht, eingerahmt von der doppelten Gestalt der Himmelsgöttin, an der Decke der Sargkammer Ramses' VI.

88 In der Sargkammer Ramses' IX. ist die Vorstellung von einer nächtlichen Fahrt der Sonne durch den Leib eines Krokodils gestaltet, welches die Sonne (mit dem »Kopf des Re« als Widder) am Morgen wieder »auswirft«.

89 Die letzten Abschnitte des Buches von der Nacht, das mit der Neugeburt der Sonne aus der Himmelsgöttin endet. Direkt vor der Vulva assistiert das Urgötterpaar Huh/Hauhet bei der Geburt des Sonnenkindes, das zugleich als Skarabäus erscheint. Unten reichen sich Isis und Nephthys die Sonnenscheibe zu.

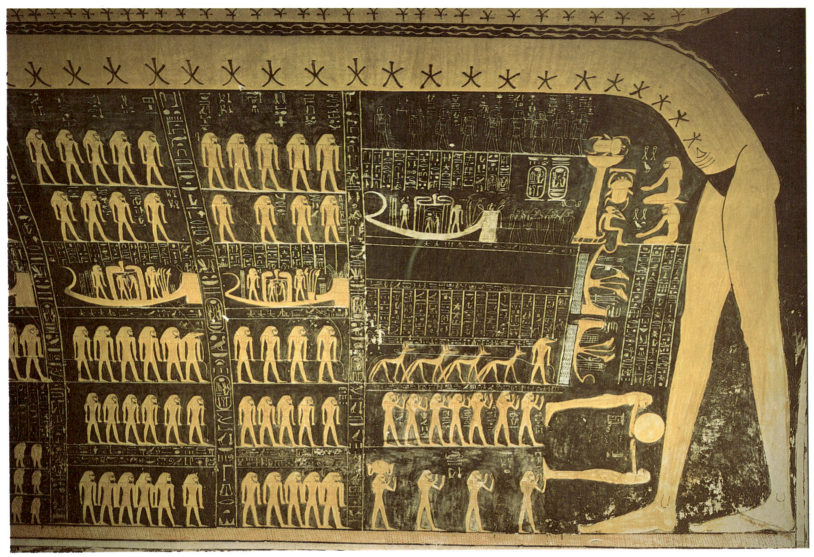

89

90 Ausschnitt aus dem Buch vom Tage an der Decke der oberen Pfeilerhalle Ramses' VI. Der Lauf der Sonne strebt auf den Mund der Himmelsgöttin Nut zu, die das Gestirn am Abend verschluckt. Darüber einige Abschnitte aus dem Buch von der Nacht.

91 Bei der Sonnengeburt im Buch vom Tage ist der Augenblick festgehalten, in dem die Scheibe mit dem Sonnenkind aus dem Leib der Himmelsgöttin hervortritt. In der Barke darunter steht der Gott Schu bereit, um die Sonne aus der Tiefe emporzuheben. Ganz unten reichen Isis und Nephthys, jede in einer Barke, einander die Sonne zu und halten sie damit in Bewegung.

90 91

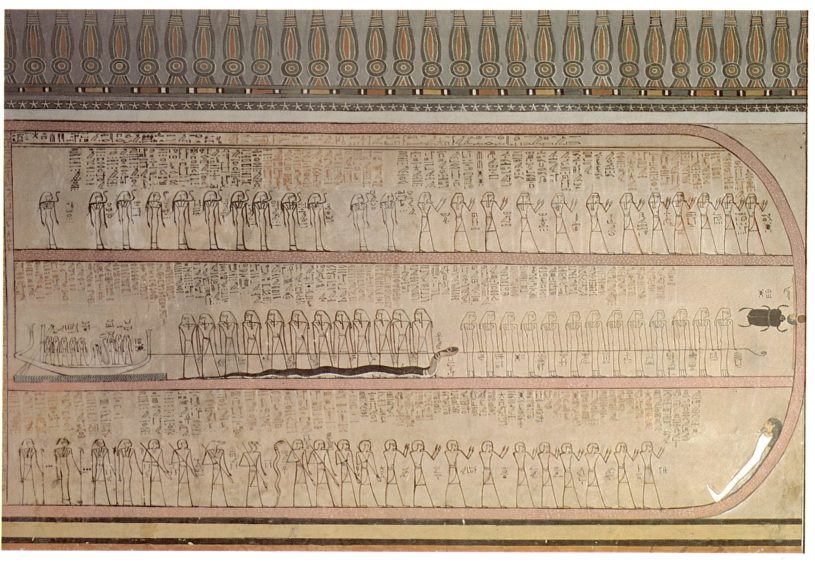

92

93

94

Kapitel 7 Die Nachtfahrt des Sonnengottes

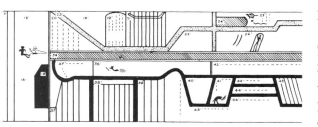

Schema des »Zweiwegebuches« von einem Sargboden der 12. Dynastie.

92 *Die 12. Stunde des Amduat in der Grabkammer Amenophis' II. Der Sonnengott in seiner Barke verjüngt sich, zusammen mit seinem Gefolge, im Leib einer riesigen Schlange und steigt dann als Skarabäus auf den Armen des Schu zum Himmel.*

93 *Schlußbild des Höhlenbuches im Grab Ramses' VI. (obere Pfeilerhalle). Die Sonnenscheibe durchbricht den Rand der Unterwelt, Sonnenkind und Skarabäus deuten auf die morgendliche Verjüngung.*

94 *Auferweckung des Osiris durch das Sonnenlicht, Sargkammer des Merenptah. Die Mumie des Gottes umgibt ein Halbkreis von Sternen und Sonnenscheiben, besonders dicht um sein Gesicht gedrängt.*

Im zweiten Korridor der ramessidischen Königsgräber, unmittelbar nach dem Text der »Sonnenlitanei« (Kapitel 6) und unter den Götterfiguren dieser Litanei, beginnen Teile eines anderen Buches, das in der Wissenschaft als *Amduat* bekannt ist, aber ursprünglich mit dem Titel »Die Schrift des Verborgenen Raumes« versehen war. Es wurde bereits im ältesten Grab des Tales, bei Thutmosis I., zur Dekoration der Hauptkammer benutzt; bei Thutmosis III. und dem Wesir Useramun sind die ersten vollständigen Exemplare auf die Wände der Sargkammer gemalt, in kursiven Formen der Schrift und der Figuren auf gelbem Grund, als hätte man einen alten, vergilbten Papyrus direkt auf die Grabwände übertragen. In den übrigen Königsgräbern vor Echnaton ist das Amduat neben den Götterszenen die einzige Dekoration, und noch bei Sethos I. umgeben die drei ersten Abschnitte dieses Buches den Sarkophag des Königs in der unteren Pfeilerhalle. Dazu tritt eine besondere Kurzfassung, die aus der Fülle dessen, »was es in der Unterwelt gibt« (das heißt *Amduat*), die wichtigsten Stichworte und Namen übersichtlich zusammenstellt und die zugehörigen Abbildungen fortläßt.

Der Ägypter muß diese »Schrift des Verborgenen Raumes« besonders geschätzt haben, wenn er sie über Jahrhunderte hinweg als wichtigste oder sogar einzige Dekoration des Königsgrabes verwendet. Sie ist bald zum Vorbild für weitere illustrierte Bücher geworden, die nach den gleichen Prinzipien aufgebaut sind, und damit zum Anstoß für die Entstehung einer ganzen Literaturgattung, die der Ägypter mit der kollektiven Bezeichnung *Amduat* versah oder in der ausführlichen Form als »Bücher von dem, was es in der Unterwelt *(Dat)* gibt«. Dieser Sinngehalt ist auch in die moderne Bezeichnung »Unterweltsbücher« hineingenommen, nachdem man diese Schriften eine Weile lang »Jenseitsführer« genannt hat.

Beschreibungen einzelner Bereiche und Gegebenheiten des Jenseits waren in Ägypten immer schon in die Totentexte eingefügt. Das sogenannte »Zweiwegebuch«, auf den Boden von Särgen der 12. Dynastie gemalt, versieht den Toten mit der Beschreibung und kartographischen Darstellung von Jenseitswegen, die er benutzen oder meiden soll. Ganz neu aber war der Versuch, den »Verborgenen Raum« des Jenseits vollständig, in allen seinen Aspekten, seinen Verheißungen und seinen Schrecknissen, zu beschreiben und zugleich im Bild anschaulich zu machen. Einen solchen Anspruch erhebt zum erstenmal das Amduat, und schon der äußerliche Aufbau des Buches deutet auf dieses Ziel, denn seine zwölf Abschnitte entsprechen den zwölf Stunden der Nacht, umfassen also den gesamten nächtlichen Lauf der Sonne durch die Bereiche unterhalb des Horizontes.

Hier also ist Antwort zu finden auf die alte Menschheitsfrage, wohin die Sonne am Abend dahingeht und weshalb sie, sichtlich frisch und verjüngt, jeden Morgen wieder da ist. Diese Tiefe, in die sie hinabsinkt, zur Anschauung zu bringen, dazu in eine systematische Form, die Stunde für Stunde den Lauf der Sonne und die elementaren Eigenschaften und Vorgänge in einer Welt jenseits aller Schöpfungsgrenzen beschreibt, brauchte eine ungeheure Kraft der Gestaltung. Das gelang erst dem Neuen Reich, das auch die chaotische Datenfülle der Geschichte zu großen, übersichtlichen Linien ordnete, dazu noch auf vielen anderen Gebieten eine gültige Ordnung schuf; in den *Onomastika* dieser Zeit liegen uns ganze Weltinventare vor, die den Schüler in Form von systematisch aufgebauten Listen über alles informieren, was es in der Welt gibt. Es war, wie man sie nicht ohne Berechtigung genannt hat, eine »Listenwissenschaft«, und etwas davon lebt auch im Amduat mit seinen langen Aufzählungen von Gottheiten und ihrer Funktion, welche die Lektüre streckenweise etwas eintönig machen. Auch in einem zweiten Unterweltsbuch der 18. Dynastie, das später als Spruch 168 in das

Totenbuch übernommen wurde und die Götter der zwölf »Grüfte« der Unterwelt mit ihren Funktionen beschreiben will, steht diese Art der Auflistung im Vordergrund.

Das *Pfortenbuch* dagegen, wohl kurz vor Echnaton entstanden, aber erst nach dem Scheitern seiner Revolution zum erstenmal im Grab des Haremhab aufgezeichnet, gliedert die Fülle der jenseitigen Wesen zu überschaubaren, klar gestalteten Gruppen und geht so im Bestreben, Ordnung auch in die abgründige Tiefe der Welt zu bringen, noch einen Schritt weiter. Durch trennende, kurze Notizen über die materielle Versorgung der Toten (Kapitel 8) werden die einzelnen Szenen der Bildkomposition deutlich voneinander abgegrenzt, und es ist sicher kein Zufall, daß sich dabei die Zahl von genau hundert Szenen ergibt. Immer noch ist es, wie im Amduat, eine Wissenschaft vom Jenseits, aber verbunden mit hoher dichterischer Fähigkeit der Gestaltung, die sich neben beschreibenden Texten ganz besonders der Wirkung und Aussagekraft symbolischer Bilder bedient.

Ein letztes Mal wird im Pfortenbuch die Zwölfteilung des nächtlichen Sonnenlaufes verwendet, welche die jüngeren Unterweltsbücher dann aufgeben. Das Amduat hat dem Benutzer in seinem Titel versprochen, daß er »den Lauf der Stunden« kennenlernt, und hatte entsprechend jede Stunde durch senkrechte Schriftzeilen deutlich von der folgenden abgesetzt. Die Zäsur wird im jüngeren Pfortenbuch durch zinnenbewehrte Tore kenntlich gemacht, jedes von einem schlangengestaltigen Wächter betreut, welcher die Riegel nur für das Sonnenschiff öffnet, sie aber vor allen feindlichen Mächten fest verschlossen hält.

Wie die Stunden zeitlich, so gliedern die Tore räumlich den nächtlichen Sonnenlauf, und auch hier finden wir den systematischen Ausbau älterer Jenseitsvorstellungen. Dort, wo Himmel, Erde und Unterwelt zusammenstoßen, am Eingang zur Tiefe, befindet sich nach alter Vorstellung ein gewaltiges Horizonttor, durch das die Sonne jeden Morgen die Welt betritt. In den Pyramidentexten heißt es »Tor des Urgewässers«, denn der Gang in die Tiefe läßt sich als Zurücktauchen in den Urozean Nun sehen, aus dem die Schöpfungswelt einst hervorgegangen ist; aus ihm wird die Sonne jeden Morgen von starken Armen emporgehoben, wie es das Schlußbild des Pfortenbuches besonders deutlich und eindrucksvoll zeigt (Kapitel 6). So rauscht das Urgewässer, das die ganze Welt umgürtet, auch um die Pfosten dieses Himmelstores, welches der Tote öffnen muß, um das Reich der Abgeschiedenen zu betreten.

Im Totenbuch beschäftigen sich die beiden Sprüche 144 (ausführlichere Fassung 147) und 145 mit den Jenseitstoren, die hier in wechselnder Zahl zum Reich des Osiris führen, wohin der Verstorbene als Horus zu seinem Vater vordringen möchte, alle Hindernisse überwindend. Nach dem einen Spruch sind es sieben, nach dem anderen dreimal mehr, nämlich 21 Tore, und die Zwölfzahl im Pfortenbuch wie im Buch von der Nacht ist nur ein weiterer Versuch der Systematisierung. Nicht die Zahl ist entscheidend, sondern die Gliederung des Weges, die ständig erneuerte Abschreckung der Unberufenen und Aufnahme der Berufenen. Jedes Tor ist eine Gefahr, eine Herausforderung und ein Hindernis am Wege. In den Gräbern der Königinnen Nefertari und Tausret (Kapitel 3) sind wir bereits den dämonischen, mit Messern bewaffneten Torwächtern begegnet, deren grimmiges Aussehen auch die Texte beschreiben und ihre Namen andeuten. »Der Brüllende«, »der Nilpferdgesichtige mit rasender Wut«, »der das Verfaulte aus seinem Hintern frißt« und, in deutlicher Anspielung auf die Feuerglut der bewachenden Schlangen:

»Mit heißen Flammen, die nicht löscht, was sie verbrennt,
mit wirksamer Glut, geschwind im Töten, ohne zu fragen,
an der niemand vorbeizugehen wünscht, aus Furcht vor ihrer Pein.«

Ähnlich gefährliche Namen tragen auch die Wächter im Pfortenbuch, etwa: »Mit scharfer Glut«, »die Unnahbare«, »Blutschlürfer« oder »der mit seinem Auge Feuer sprüht«, und in der »Sonnenlitanei« (Kapitel 6) sind die Türhüter des Jenseits insgesamt bedrohliche Wesen, »welche die Seelen einschlürfen und die Schatten der

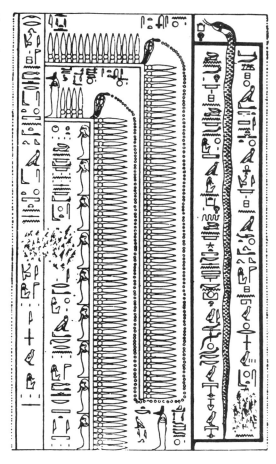

Eines der schlangenbewachten und mit Zinnen aus Dolchen geschützten Tore des Pfortenbuches im Grab Sethos' I.

Der Tote öffnet das Jenseitstor, das sich zwischen Himmel und Horizont erstreckt. Totenbuch des Neferrenpet.

Todgeweihten verschlingen«. So überrascht es nicht, daß der sichere, unbeschädigte Durchgang durch die wohlbewachten Tore des Jenseits ein besonders wichtiges Anliegen dieser Texte bildet.

Wer das erste Tor durchschritten hat, gelangt zunächst in ein Zwischenreich, für das im Amduat sogar genaue Maße angegeben sind – 120 ägyptische Meilen, das sind über 1200 Kilometer, braucht die Fahrt durch den Bereich der ersten Nachtstunde, der auch im Pfortenbuch durch einen besonderen Aufbau von den übrigen Stunden abgehoben wird. Dann erst folgt das eigentliche Tor der Unterwelt, das den sprechenden Namen »Allesverschlinger« trägt oder »welches die Unterweltlichen verhüllt« heißt. Hier, im Gebiet der zweiten Nachtstunde, erreicht der Sonnengott in seiner Barke endlich die Unterweltlichen, die Bewohner der *Dat* (oder *Duat*), wie der Ägypter diese Hemisphäre unter dem Horizont nennt. Zwischen den Gebirgen und Gewässern des Totenreiches glänzt ihm ein getreues Spiegelbild des irdischen Niles entgegen, umsäumt von fruchtbaren grünen Gefilden, in denen die seligen Toten ihren Lebensbedarf finden, und eingefaßt von der roten Unendlichkeit der Wüstenberge.

Aber die Vertrautheit dieser klar geordneten Welt ist nur einer ihrer Aspekte und gilt nur dort, wohin das schöpferische Licht der Sonne dringt. Ringsum herrscht das Unvertraute, und die üppigen Gefilde der Seligen grenzen an undurchdringliche, pfadlose Finsternis, an die heillosen Wohnstätten der Verdammten. Der Unterweltsstrom ist identisch mit dem Nun, dem Urozean vor aller Schöpfung, und der Hinabstieg des Sonnengottes ist ein Hinabstieg in die chaotische und fruchtbare Welt vor der Schöpfung, aus der er beim »Ersten Mal« hervorkam, so wie sein morgendlicher Aufgang eine genaue Wiederholung dieses »Ersten Males« der Schöpfung ist (Kapitel 6). »Ich trete ein in die Welt, aus der ich hervorgegangen bin, ich lasse mich nieder auf der Stätte meiner ersten Geburt«, ruft er im Höhlenbuch bei seinem Eintritt in das Totenreich aus.

Als bleibender Rest der Welt vor der Schöpfung ist die Unterwelt das ganz Andere, allen Unbekannte und Geheimnisvolle. Der Tote begibt sich, wie es auf dem Sarg der

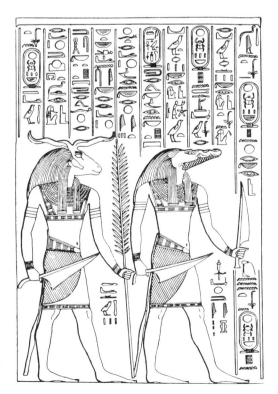 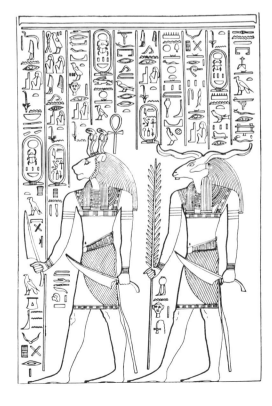

Gefährliche Torwächter, mit Messern bewehrt, von einem der Schreine Tutanchamuns.

121

»Gottesgemahlin« Anchnesneferibrê im 6. Jahrhundert v. Chr. heißt, »zu einem anderen Haus – ›Westen‹ ist sein Name – und keiner auf Erden kennt es«, und schon im Anfang der Ramessidenzeit ist es die *Dat*, »die jedes Geheimnis verhüllt, die betreten und nicht (wieder) verlassen wird«. »Verborgen« und »geheimnisvoll« sind in den Unterweltsbüchern ständig wiederkehrende Kennzeichen jenseitiger Dinge; schon die Bestattung des Leichnams wird als »Verbergen« in der Erde gedeutet, die Jenseitsbewohner hausen in »geheimnisvollen Grüften«, und der Sonnengott ist im 31. Anruf der »Sonnenlitanei« derjenige, »der in das Geheimnisvolle versinkt«. Dazu kommt, daß die Wörter für »Westen«, also für die westliche Wüste als Totenreich, und für »das Verborgene« im Ägyptischen gleich lauten *(imenet)* und auch in der Schreibung nicht immer getrennt werden.

Keine andere Eigenschaft dieser verborgenen und unbekannten Tiefen wird so oft betont wie ihre Finsternis, die sie wieder mit der Welt vor der Schöpfung verbindet und seit den Sargtexten deshalb gern als Urfinsternis *keku-semau* erscheint. Die Sargtexte sprechen auch schon von der »schmerzhaften Finsternis der Westbewohner«, ihr Herrscher Osiris wird zum »Gebieter der Finsternis«. Die Nachtsonne trägt zwar Licht in die düstere Tiefe hinab, aber im Gegensatz zur hellen Tagessonne gilt sie als »dunkelgesichtig«, der Sonnengott trägt in diesem Aspekt einen schwarz verhüllten Kopf. Es ist ein gedämpftes Licht, das nur einen Ausschnitt der Unterwelt erleuchtet und nichts daran ändert, daß sie für Osiris und für die Lebenden auf Erden als »ganz tief, ganz finster, ganz endlos« gilt (Totenbuch, Spruch 175), oder in den Totenklagen als »Reich der Endlosigkeit und der Finsternis, in dem kein Licht ist«, in dem die Verstorbenen »alle Tage im Dunkel daliegen«. Mit diesen und vielen ähnlichen Formulierungen wird nicht die Vertrautheit, sondern die bedrohliche Andersartigkeit des Totenreiches hervorgehoben, in dem die lichte, vertraute Tageswelt buchstäblich auf den Kopf gestellt ist.

Denn das Jenseits ist auch Kontrast, ist ein Spiegelbild voller Verzerrungen zum Diesseits. Dort ist alles gewaltiger, dort mißt man mit »Gottesellen«, die irdische »Königsellen« weit übertreffen, dort wächst das Korn um ein Vielfaches höher als hier auf Erden und wird von »Verklärten« geerntet, die wahre Riesen sind – sieben Ellen (3,66 m) oder gar neun Ellen (4,70 m) groß. Auch die Maße, die das Amduat für Entfernungen im Jenseits gibt, relativieren jedes irdische Maß, schon die Länge des Zwischenreiches vor der eigentlichen Unterwelt übertrifft die gesamte Ausdehnung Ägyptens von Nord nach Süd, und für die Länge des zweiten Nachtstundenbereiches wird eine fast dreimal größere Zahl genannt, 309 ägyptische Meilen, was mehr als 3200 Kilometern entspricht und nur noch durch die Ausdehnung des »Opfergefildes« in den Sargtexten übertroffen wird – tausend Meilen an Länge und Breite; tausend Meilen lang ist in den Sargtexten noch das »Gewässer des Weißen Nilpferds«, es entspricht der Länge des Himmels, und »über seine Breite läßt sich nichts sagen«.

Der Ägypter ahnte bereits, daß die Sonne »Millionen von Meilen« auf ihrer täglichen Fahrt durch Himmel und Unterwelt zurücklegt. Auch die Zeit hat in jenen Bereichen andere Dimensionen, einer Nachtstunde im Totenreich entspricht eine ganze Lebenszeit auf Erden (Kapitel 8). Zur Relativierung der Maße tritt die folgenschwere Erscheinung, daß die festgelegten Richtungen von Raum und Zeit im Jenseits aufgehoben sind, keine Geltung mehr besitzen. Die Sonne muß ja verkehrt herum fahren, um zu ihrem Aufgangsort im Osten zurück zu gelangen, und entsprechend durchlaufen alle Wesen die riesige Schlange der Wiedergeburt (Kapitel 6) in verkehrter Richtung, vom Schwanz zum Maul, um sich von »Greisen« in »kleine Kinder« zurückzuverwandeln. Von der Aufhebung der Himmelsrichtungen spricht eine Himmelsbeschreibung der 19. Dynastie, das »Nutbuch«:

»Die fernen Gegenden dieses Himmels sind in der Urfinsternis,
ihre Grenzen sind unbekannt gegen Süden, Norden, Westen und Osten.
Diese (Richtungen) verbleiben im Urgewässer als ›Müde‹.

Dort gibt es kein Leuchten des *Ba* (des Sonnengottes),
unbekannt ist sein Reich für Götter und Verklärte gegen Süden, Norden, Westen und Osten,
nicht gibt es irgendein Licht dort.«

Mit diesen »müden«, ermatteten und aufgehobenen Himmelsrichtungen möchte man die vier »Ermatteten« verbinden, die in der zweiten Stunde des Pfortenbuches mit erschlafften Gliedern vor dem Gott Atum daliegen und in ganz verschiedene Richtungen schauen.

Das Jenseits ist »Verkehrte Welt«, in der Oben und Unten, Rechts und Links, Vorher und Nachher vertauscht sind, in der es keine geraden Wege und keinen normalen Ablauf der Zeit gibt. Seit den ältesten Totentexten fürchtet man, dort »auf dem Kopf« gehen und den eigenen Kot essen zu müssen, da sich auch der Verdauungsprozeß umkehrt und sogar der Himmel als »Gegenhimmel« Nenet auf den Kopf gestellt ist, so daß seine Bewohner zu Gegenfüßlern werden.

Als sich im Mittleren Reich das himmlische Jenseits mehr und mehr in die Unterwelt verlagert (Kapitel 2), spiegeln seit Sesostris II. auch die Gänge der Pyramidenanlagen die gekrümmten, vielfach gewundenen Jenseitswege, wie sie etwa gleichzeitig im Zweiwegebuch kartographisch erfaßt sind. Das Amduat zeigt vor allem in der vierten und fünften Nachtstunde diese im Zickzack verlaufenden Pfade des Sokarlandes und gibt der ganzen Unterwelt einen ovalen, gekrümmten Abschluß, den wir auch in vielen Szenen des Sonnenlaufes wiederfinden. Sicher liegt hier der Grund, weshalb die Königsgräber vor Echnaton keine gerade, sondern mehrfach geknickte Achsen zeigen, und weshalb die Sargkammer von Thutmosis I. bis Thutmosis III. nicht rechteckig, sondern als Oval angelegt wird. So nimmt selbst die Architektur der Grabanlagen auf die Krümmung des Jenseitsraumes Rücksicht, und daneben begegnen in Texten wie in Darstellungen immer wieder auch »krumme« oder »gewundene« Wasserflächen in der Landschaft des Totenreiches.

Die Aufhebung und Umkehr aller irdischen Maßstäbe wirkt sich noch in vielen anderen Eigenheiten aus. So ist sogar die normale Richtung der Schrift nicht mehr verbindlich, die Textzeilen der Unterweltsbücher sind sehr oft entgegen der gewöhnlichen Abfolge zu lesen, was zu zahlreichen Abschreibefehlern geführt hat. Und die Bedeutung der Uschebtifiguren (Kapitel 12), die an Stelle des Toten untergeordnete Arbeiten übernehmen sollen, deutet darauf hin, daß man auch mit einer Umkehr der sozialen Ordnung im Jenseits rechnete.

Die klare und verbindliche Ordnung der Schöpfungswelt wird hier fortgesetzt in Frage gestellt. Aber nur in dieser grundlosen, verwirrend andersartigen Tiefe scheint eine Erneuerung der Schöpfung möglich, die ja der Sinn dieser nächtlichen »Höllenfahrt« des Sonnengottes ist. Daher kann es auch nicht überraschen, daß fast alles, was wir aus älterer Zeit über ägyptische Schöpfungsvorstellungen erfahren, aus Totentexten stammt; denn wir kennen bisher keinen eigentlichen Schöpfungsmythos aus Ägypten, sondern müssen uns mit kurzen Andeutungen begnügen, zu denen als willkommene Ergänzung die ausführlicher berichtete Wiederholung der Schöpfung beim morgendlichen Sonnenaufgang (Kapitel 6) tritt.

In der goldenen Barke des Sonnengottes begleiten ihn die drei Schöpferkräfte Hu, Sia und Heka – Ausspruch, Erkennen, Zauber –, mit deren Hilfe er einst die Welt ins Leben gerufen hat und die er jetzt zur Wiederholung seines Schöpfungswerkes braucht. Vor der Barke zieht am Anfang des Amduat die Göttin Maat in doppelter Gestalt dahin, um anzudeuten, daß auch diese Verkörperung der richtigen und gültigen Ordnung der Welt mit ihrem Schöpfer zu den Toten hinabsteigt. Schöpfungsatem umweht die nächtliche Fahrt, denn wohin auch immer das belebende Licht und das zaubermächtige Schöpferwort des Gottes gelangen, erwachen die Wesen aus ihrem Todesschlaf zu neuem Leben. Verborgene Dinge werden plötzlich sichtbar, Türen springen auf, starre Schlangenköpfe beginnen sich zu bewegen und Feuer aus ihrem Maul zu speien, überall herrscht Bewegung, der lähmende Bann der Finsternis ist gebrochen.

Jubel schallt dem Gott entgegen, wo er sich zeigt, nur bei den Verdammten (Kapitel 9) herrscht Klage über die Erneuerung ihrer Qual. Stellvertretend für alle Jenseitswesen jauchzen im Amduat Paviane dem Sonnengott zu, musizieren und tanzen vor seinem Angesicht; auch in den Szenen des Sonnenlaufes weisen die preisenden Affen oft auf den Jubel der ganzen Schöpfung hin. »Aufgetan sind dir die Türflügel der Großen Stadt«, singen sie und stoßen zugleich die mächtigen Flügel des Unterweltstores auf, damit das Sonnenschiff einfahren kann in die »Große Stadt« oder »Stadt der Ewigkeit«, das Reich der Toten mit dem Millionenheer seiner Bewohner. Nur einen Augenblick währt die Durchfahrt, dann wendet sich der Gott zurück zu den Wächtern, damit das Tor wieder fest verschlossen wird. Irgendwo in der Finsternis, in die sein Schiff hineingleitet, ahnt er das Schlangenhaupt seines ewigen Widersachers Apophis, der ihm auch hier den Weg vertreten möchte (Kapitel 10). Aber das Titelbild der »Sonnenlitanei«, dicht hinter dem Eingang der ramessidischen Königsgräber (Kapitel 6), stellt deutlich vor Augen, daß die Mächte des Dunkels, daß alle feindlichen Wesen vor dem triumphierenden Licht die Flucht ergreifen müssen; Schlange, Krokodil und die Antilope als Wüstentier streben dort vor der Sonnenscheibe nach allen Richtungen fort, und unaufhaltsam zieht das Gestirn seine Bahn schräg in die Tiefe.

Der allgemeine Jubel schlägt in Klage um, wenn die leuchtende Barke einen Bereich der Unterwelt durchfahren hat und ihn durch das nächste wohlbewachte Torgebäude wieder verläßt. Die lastende Finsternis senkt sich neu herab, Türen fallen zu und Klage erschallt, bevor alle Wesen dieses Kreises wieder in den Todesschlaf zurückfallen. Nach Jubel, Zwiesprache mit dem Sonnengott und Klage über seinen Fortzug herrscht das Schweigen, das mit zur Kennzeichnung des Totenreiches und seiner Götterneunheit »mit großem Schweigen im Westland« gehört. Totenstille, die Stille des Anfangs, die der Schrei des Urvogels, des »großen Gackerers«, einst zerrissen hat.

Wo dieses Schweigen von Tönen unterbrochen wird, sind auch sie, wie Raum und Zeit des Jenseits, verzerrt und verkehrt, für menschliche Ohren sinnloses Geräusch. In der achten Stunde des Amduat fährt der Sonnengott an versperrten Höhlen vorüber, in denen die Abgeschiedenen im Todesschlaf liegen. Auf sein Wort hin springen die Türen auf, sein Licht vertreibt die Finsternis und erleuchtet die Höhlen, die Toten werden sichtbar, richten sich auf und antworten jubelnd auf die Verheißungen, die er ihnen zuruft. Aber was sie zurückrufen, klingt nicht wie Menschenlaut, sondern wie das Summen von Bienen, wie schrille Totenklage oder Stiergebrüll, wie Rauschen des Windes, wie Katergeschrei oder der Ruf des Falken, wie Volksgemurmel oder wie Aufklatschen im Wasser; und nur im Ohr des Sonnengottes formen sich die Naturlaute, wieder entzerrt, zu vernehmbarer Sprache.

Das Titelbild der »Sonnenlitanei« mit den tiergestaltigen Mächten, die vor dem Sonnengott die Flucht ergreifen.

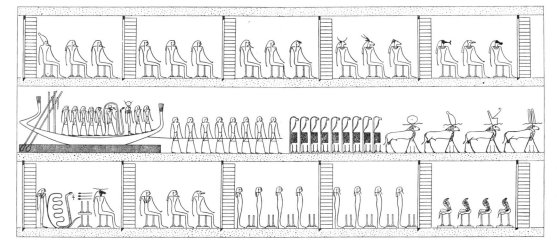

Schema der 8. Stunde des Amduat mit ihren Höhlen, aus denen verfremdete Laute dringen. Außer den Ziehenden vor der Sonnenbarke und den Göttern in ihr sind alle Wesen dieser Stunde mit dem Zeichen »Stoff« verbunden, Hinweise auf ihre Versorgung mit Kleidern.

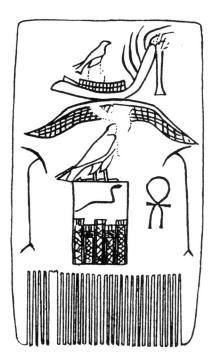

Der Elfenbeinkamm des Königs »Schlange« (Djet) aus der 1. Dynastie, der bereits den Himmelsfalken in einem Boot über den Himmel fahrend zeigt.

Das Fahrzeug, das den Gott durch die unermeßlichen Räume dahinträgt, ist sein Schiff, denn wie im vertrauten Niltal mit seinem Strom und seinen Kanälen verlaufen die Wege für den Ägypter auch im Jenseits meist zu Wasser. Selbst am Himmel brauchen alle Gestirne Barken für ihre Fahrt, und schon eine archaische Ritzung auf einem Kamm des frühen 3. Jahrtausends v. Chr. zeigt den Himmelsfalken in einem Boot dahinfahrend. Das Sonnenschiff heißt »Barke der Millionen«, denn in ihm begleitet nicht nur eine zahlreiche Göttergesellschaft den Sonnengott, auch alle seligen Toten möchten »in die Sonnenbarke einsteigen«, wie es im Titel mehrerer Totenbuchsprüche formuliert ist (Spruch 102, ähnlich 100 und 136), um so in der stetigen Nähe des Gestirns zu bleiben und an den Opferspeisen noch unmittelbarer teilzuhaben, die Re in seiner Barke mitführt. Neben der direkten Gleichsetzung mit dem Gott (Kapitel 6) ist hier dem Toten eine weitere Möglichkeit gegeben, in den Lauf der Sonne einzutreten und gleichsam automatisch ihre morgendliche Neugeburt mitzuvollziehen.

Der Wesir Useramun hat sich in seiner Grabkammer sogar am Steuerruder des Sonnenschiffes darstellen lassen, ersetzt dort also den göttlichen Steuermann Horus. Sonst aber wird die Mitfahrt des Verstorbenen nur selten im Bild gestaltet, während die Texte häufig darauf anspielen. Konkret glaubt der Ägypter, daß die Seelen *(Bas)* aller seligen Toten die Sonne ständig auf ihrer Fahrt begleiten, mit ihr hinab in die Unterwelt kommen, sich dort mit ihren einstigen Körpern zu neuem Leben vereinen (Kapitel 8) und mit dem Sonnengott wieder weiterziehen. Dieser steht inmitten der Barke widderköpfig in einem Schrein, den die vielfach gewundene Mehenschlange schützend umringelt.

Im Pfortenbuch ist Sia der Sprecher des Gottes, der vorne in der Barke seine Weisungen erteilt und die verschlossenen Tore von einer Stunde zur anderen öffnet. In jedem Stundenbereich ziehen vier Menschen als Vertreter aller seligen Verstorbenen am Zugseil der Barke und schleppen sie über Strecken dahin, mit denen die Ruderer allein nicht fertig werden. In den Himmelsbüchern sind es Schakale, die vor die Barke gespannt sind, und im Buch von der Erde wird das Sonnenschiff einmal sogar von menschenköpfigen Uräusschlangen gezogen. Häufig ist das Motiv, daß die Göttin der jeweiligen Nachtstunde mithilft am Seil oder daß die zwölf Stundengöttinnen der Nachtsphäre miteinander den Sonnengott durch die Unterwelt ziehen, die Sonne in das Schlepptau der Zeit nehmen. Sonst aber sind es die Ruderer, welche um die Fortbewegung des Sonnenschiffes besorgt sind und mit ihrem Arbeitsgesang die Ruder im Takt ins Wasser tauchen. Sie werden niemals in der Barke selbst dargestellt, sondern vor ihr dahinziehend. Alt ist eine schöne Vorstellung, wonach das ganze Heer der Sterne, die »Unermüdlichen« und die »Unvergänglichen«, den Sonnengott rudern.

Eine besondere Jenseitslandschaft durchfährt das Sonnenschiff in der vierten und fünften Stunde des Amduat. Das Reich des Totengottes Sokar ist reine Wüste, von unzähligen, zum Teil geflügelten Schlangen bewacht. Um ohne Wasserfahrbahn voranzukommen, muß sich die Barke selber in eine Schlange verwandeln und so über den heißen Sand dahingleiten. Bug und Heck enden sichtbar in Schlangenköpfe, und der Text beschreibt, wie sie leuchtend Feuer sprühen und damit einen Weg in die undurchdringliche, alles verhüllende Finsternis »stechen«. Der Ruf des Sonnengottes durch das Dunkel entzündet noch weitere lebendige Fackeln, andere begleiten ihn auf seiner Fahrt, aber die Wesen dieses Bereiches bleiben selbst für ihn unsichtbar, nur ihre Stimme dringt bis zu ihm. In der fünften Stunde wird er über »die geheime Höhle des Sokar« hinweggezogen, den »unnahbaren Ort des Sokarlandes«; es ist ein riesiges, vom Erdgott Aker als Doppelsphinx bewachtes Oval, aus dem gefährlicher Donner tönt, Rest einer chaotischen Urwelt, welcher der Sonnengott fernbleibt. Die Wege durch dieses Gebiet, auf denen »Götter, selige Tote und Verdammte nicht wandeln können«, sind mit Feuer aus dem Mund der Isis gefüllt, und ganz in der Tiefe ist noch der ominöse »Feuersee« mit seinem roten Wasser angedeutet, einer der schlimmen Straforte für die im Totengericht Verurteilten (Kapitel 9).

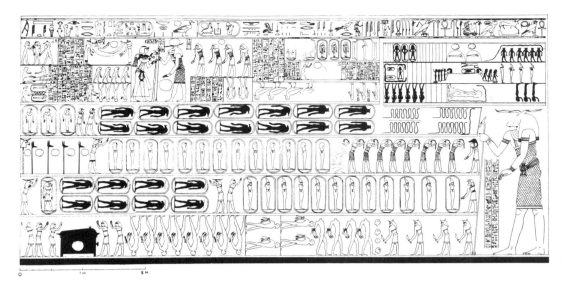

Ausschnitt aus dem Höhlenbuch im zweiten Korridor des Grabes von Ramses IX.

In den beiden älteren Unterweltsbüchern Amduat und Pfortenbuch steht die Sonnenbarke mit ihrer Besatzung und den ziehenden Wesen im Mittelpunkt jeder Nachtstunde. Dagegen benutzen das Höhlenbuch und die anderen jüngeren Traktate dieses Bild nur ganz vereinzelt und deuten die Anwesenheit Res in der Unterwelt durch den widderköpfigen Gott oder durch eine Sonnenscheibe an, die nur in denjenigen Szenen fortgelassen wird, in denen Verdammte erscheinen, die somit sichtbar das Sonnenlicht entbehren. Auch die Einteilung nach den zwölf Stunden der Nacht ist in diesen jüngeren Kompositionen aufgegeben; das Höhlenbuch zum Beispiel ist in zwei Hälften zu je drei Abschnitten abgefaßt, und die Anordnung der Register wird mehrfach von besonderen Bildern unterbrochen. Seine moderne Bezeichnung verdankt das Höhlenbuch der Gliederung des Totenreiches in »Höhlen« oder Grüfte, von denen der Text spricht, und bildlich fallen die zahllosen Ovale auf – Sarkophage, in denen Gottheiten und selige Verstorbene das belebende Licht und das Schöpferwort des Sonnengottes erwarten.

In diesen ramessidischen Unterweltsbüchern treten die Götter der Erdtiefe – Aker, Geb und Tatenen – ganz besonders hervor. Aker liegt als Doppelsphinx und Wächter über Ein- und Ausgang der Unterwelt im dritten Abschnitt des Höhlenbuches schützend über dem Leichnam des Osiris; im Buch von der Erde trägt er die Sonnenbarke auf seinem Rücken – eine neue Art, die nächtliche Fahrt der Sonne durch das Erdinnere anzudeuten. Wie ein Gegengewicht zu der Furcht, in diese Tiefe zu versinken, recken sich im Buch von der Erde, dessen Szenen die Wände der Sargkammer Ramses' VI. schmücken, unzählige Arme nach oben, um die Sonnenscheibe wieder schwerelos in die Höhe steigen zu lassen.

Parallel zu der Vorstellung von einer nächtlichen Fahrt in der Erde steht seit alter Zeit eine ganz andere Auffassung, wonach die Sonne am Abend von der Himmelsgöttin Nut verschluckt wird, in der Nacht durch ihren Leib hindurchzieht und morgens aus ihrer Scheide neugeboren hervorkommt. Hier durchläuft der Gott das himmlische Jenseits, das bereits in den dekorierten Pyramidenräumen des späten Alten Reiches als gestirnte Decke angedeutet ist. In den königlichen Felsgräbern der 18. Dynastie, bis zu Haremhab, werden die Decken von Schacht und Vorraum als blauer oder schwarzer Himmel mit gelben Sternen bemalt; dies bleibt ein königliches Privileg, in den Beamtengräbern sind nur ornamental verzierte Decken zugelassen. Sethos I. gestaltet dann die gewölbte »astronomische« Decke seiner Sargkammer noch deutlicher als Himmel, mit den Bildern der wichtigsten Sternbilder, vor allem der Dekane (Kapitel 8) und der niemals untergehenden Zirkumpolarsterne des Nordhimmels.

Seit Sethos I. haben alle vollendeten königlichen Grabkammern der 19. Dynastie, auch die der Königin Tausret (Kapitel 3), eine solche »astronomische« Decke und behalten auch die Wölbung bei. In der 20. Dynastie ersetzt man die Darstellung der Sternbilder durch die Himmelsbücher, die analog zu den Unterweltsbüchern die nächtliche Sonnenfahrt im Leib der Himmelsgöttin systematisch abhandeln und dabei vielfach, in neuer Gestaltung, die gleichen Motive verwenden wie die älteren Jenseitsbücher. Jetzt wird das Leibesinnere durch Stundenabschnitte und sogar durch Tore gegliedert.

An der Decke von Korridoren in diesen späten Gräbern, bis zu Ramses IX., behält man trotzdem die Listen von Aufgängen und Kulminationen der Dekansternbilder bei, als monumentale »Sternuhren«, die jedoch schon um Jahrhunderte nachgehen; denn ihr Ziel ist nicht die wirkliche Zeitbestimmung während der dunklen Tageshälfte, sondern der Hinweis auf die sichtbare Analogie zum Schicksal der Toten, die wie Gestirne schwinden und wiederkehren und deren Seelen *(Bas)* sich nach einer verbreiteten Vorstellung in den Sternen verkörpern.

Das bereits erwähnte Nutbuch, im Scheingrab Sethos' I. in Abydos zum erstenmal überliefert, verbindet noch die Himmelsbeschreibung mit einer Dekantabelle. Das Buch von der Nacht dagegen ist nur noch Darstellung der nächtlichen Himmelsreise und übernimmt aus den frühen Unterweltsbüchern die Einteilung in zwölf Nachtstunden, ebenso das Buch vom Tage, das die Tagesfahrt der Sonne abhandelt. An der Decke der Grabkammer von Ramses VI. bildet der doppelte, langgestreckte Leib der Himmelsgöttin, vom Urgewässer auch in der Höhe umspült, den Rahmen für eine Aufzeichnung dieser beiden Bücher, die zusammen den gesamten Sonnenlauf beschreiben und eine Kosmographie der himmlischen Regionen geben; hier begegnen noch einmal die aus den Unterweltsbüchern bekannten Jenseitsbilder der Sonnenfahrt, des Wiederauflebens der Seligen und der Bestrafung der Verdammten.

Die Tiefe der Welt ist in allen Richtungen zu finden – sei es an den Ufern des Urgewässers, im Inneren des Himmels oder im Abgrund der Erde. Was aber bewegt den Sonnengott, täglich am Ende seiner Fahrt diesen »Weltinnenraum« aufzusuchen, gleichzeitig in die Erde und in den Ozean hinabzusteigen und im Leib der Göttin zu

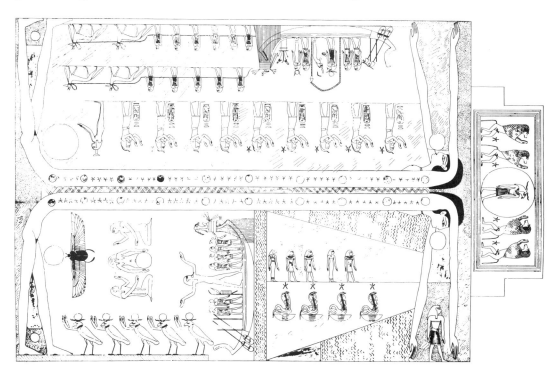

Verkürzte Wiedergabe von Himmelsbüchern an der Decke der Sargkammer Ramses' IX.

verschwinden? Im Amduat wird als Grund der Reise genannt, »um meinen Leichnam zu schauen, um mein Bild zu überprüfen, das in der Unterwelt *(Dat)* ist«, und im Höhlenbuch ruft der eintretende Gott den Bewohnern des Jenseits zu:

Das Gesicht der Sonne, Grab Ramses' VI.

»Leitet mich zu den Wegen des Westens,
damit ich die Leichname (wieder)belebe, die in ihm sind,
damit ich die Seelen auf ihnen Platz nehmen lasse, so daß sie atmen,
damit ich ihre Finsternis erleuchte...«

Nach einer weiteren Stelle im Pfortenbuch hat Re als Schöpfergott »die Unterwelt für seinen Leib geschaffen«.

So ist der Zweck dieser »Höllenfahrt« die Vereinigung Res mit seinem Leib in der Erde und nach diesem Vorbild auch die Vereinigung aller seligen Verstorbenen mit ihren *Bas*. Re muß, wie alle anderen Wesen, zutiefst zu Grunde gehen, um sich neu zu regenerieren. Im Amduat gelangt er erst nach den gefährlich-unzugänglichen Regionen der vierten und fünften Nachtstunde zum »Wasserloch der Unterweltlichen« und, im allertiefsten Punkt seines nächtlichen Laufes, zu seinem »Leichnam«. Dieser ist gleich mehrfach dargestellt – einmal in gewöhnlicher Menschengestalt, nicht als Mumie, sondern als »Fleisch« und von der mehrköpfigen Schlange »Vielgesicht« umringelt, einem Vorläufer des Uroboros (Kapitel 10); genau darüber, immer noch in der sechsten Stunde, ist jeder Teil des Leibes einzeln bestattet, aufgeteilt in Kopf, Flügel und Hinterteil des Sonnenkäfers, jeder der drei Teile von einer feuerspeienden Schlange (»die auf ihrem Bauch ist«) bewacht. Auch hier wächst neue Ganzheit aus der Zergliederung des Leibes (Kapitel 8). Ein drittes Mal, schon in der siebenten Stunde und jenseits der gefährlichen »Sandbank« des Apophis (Kapitel 10), umschließen vier kastenförmige Gräber die vier »Bilder« oder wichtigsten Aspekte des Sonnengottes, zu denen neben Atum, Re und Chepri auch Osiris gehört.

Analog spricht das Pfortenbuch vom »Leichnam dieses Gottes« in der sechsten Nachtstunde, am tiefsten Punkt der Bahn (38. Szene). Er ist das »große Mysterium«, unsichtbar getragen von Göttern »mit verborgenem Arm«, die ihm zurufen, daß sein Ba dem Himmel, sein Leib der Erde gehöre, und daß er atme, sobald er »seinen Leib einnimmt«. Dieser Augenblick der Vereinigung von Ba und Körper bringt das Wiederaufleben, die Regeneration des Gottes, das neuerliche »Anzünden« des verjüngten Lebens. Noch wächst es in der Tiefe und im Verborgenen, aufwärts strebt der Lauf der Sonne nun dem morgendlichen Aufgang entgegen, dem Moment der Neugeburt, bei der sie, aus dem Horizonttor tretend, für alle Lebenden wieder sichtbar wird. In jeder Nachtstunde des Weges verweilt der Sonnengott für die Dauer einer »Lebenszeit«, die im Jenseits eine bloße Stunde ist (Kapitel 8), trifft seine Anordnungen für Selige wie für Bestrafte. Seine Anwesenheit weckt die Abgeschiedenen aus dem Todesschlaf, aus der Vereinigung von Seelen und Körpern entspringt überall neues Leben.

Die lebenweckende Gegenwart der Sonne im Reich der Toten wird besonders machtvoll in der vorletzten Stunde des Pfortenbuches (73. Szene) vorgeführt. Götter mit Sternen in Händen ziehen dort das »Gesicht« des Sonnengottes, von einer Schlange behütet, in seiner Barke dahin, und im begleitenden Text heißt es: »Dies ist das Gesicht des Re, welches dahinfährt in der Erde. Die, welche in der Unterwelt sind, preisen es« (mit ihren Sternen, dem Zeichen für »preisen«). Indem sich das Gesicht, mit »geöffneten« Augen, frontal dem Betrachter und ebenso den Verstorbenen zukehrt, kann es nach ägyptischer Auffassung seine volle Wirkung entfalten. Glanz und Stimme, die von ihm ausgehen, vollbringen zusammen das Wunder, Leben aus dem Tod zu wecken. Die »Sonnenlitanei« deutet das Licht des Gestirns als überquellenden Samen, der auch im Totenreich neues Leben zeugt. Wer Nacht für Nacht das Gesicht der Sonne erblickt und an solcher Wirkung Anteil hat, der kann für alle Zeit nicht vergehen, für den bedeutet der Hinabstieg Res zu den Toten ein immer neues Wunder der Verjüngung.

95

95 *Die 2. Nachtstunde des Amduat, Grab Amenophis' II. Die Sonnenbarke im Mittelregister wird von einer Prozession weiterer Barken begleitet. Unten rechts Korngötter mit Ähren im Haar.*

96 *Die 4. Nachtstunde bei Thutmosis III., gekennzeichnet durch den im Zickzack verlaufenden Sandweg, durch Pforten versperrt, der den Wasserweg vorübergehend unterbricht. Die Sonnenbarke verwandelt sich daher in eine Schlange, um besser voranzukommen.*

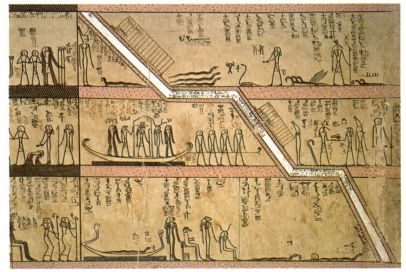

96

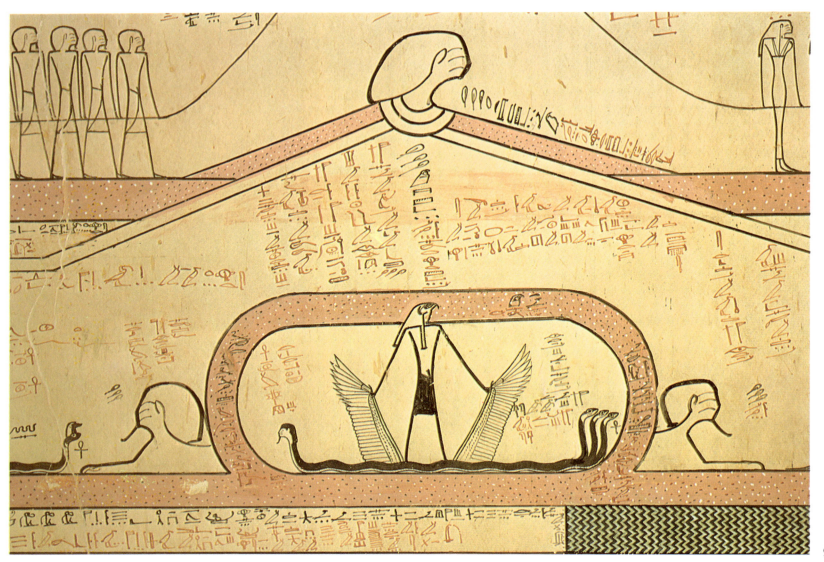
97

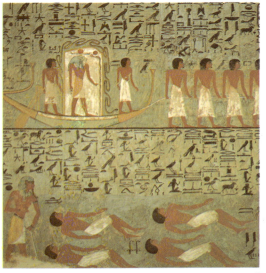
98

99

100

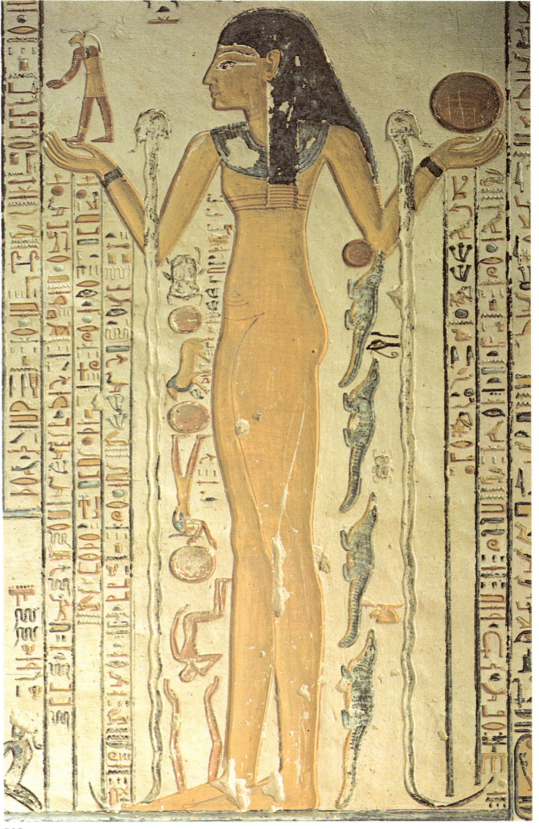

97 Ausschnitt aus der 5. Stunde des Amduat im Grab Thutmosis' III. Der Sonnengott wird »über die geheime Höhle des Sokar«, die mit dem Kopf der Isis (oben) »versiegelt« ist, hinweggezogen. In diese gefährliche Höhle, in welcher der falkenköpfige Sokar eine geflügelte, mehrköpfige Schlange festhält, ist ein Rest des urzeitlichen Chaos gebannt, bewacht vom Erdgott Aker als Doppelsphinx.

98 Die 2. Stunde des Pfortenbuches im Grab des Haremhab. Oben die Sonnenbarke mit den Ziehenden, darunter der Gott Atum mit den »Ermatteten«, in denen man wohl die vier Himmelsrichtungen, die im Jenseits aufgehoben sind, erblicken darf.

99 Die drei Göttergräber in der 6. Stunde des Amduat, in denen Kopf, Flügel und Hinterteil des Sonnenskarabäus bestattet sind, jedes von einer feuerspeienden Schlange bewacht. Darunter, von einer fünfköpfigen Schlange umringelt, der Sonnenleichnam in anderer Gestalt, als »Fleisch des Chepri«. Grab Sethos' I.

100 Eines der schlangenbewachten Tore des Jenseits in der Sargkammer Sethos' I. Der Türflügel ist rot, mit der Farbe des Holzes, bemalt. Hinter den beiden Mauern, die mit spitzen Dolchen gespickt sind, eine »Neun-

101

131

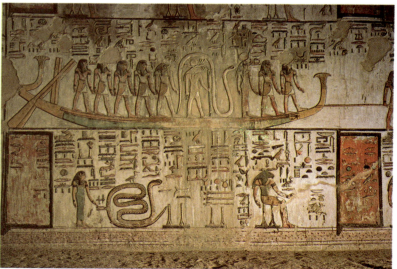

heit« von mumiengestaltigen Göttern, die im Pfortenbuch zu fast jedem Tor gehört.

101 *Die Nutszene aus dem Höhlenbuch im Grab Ramses' VI. Der Sonnengott fährt »auf den Händen« der Göttin dahin, als Scheibe und als widderköpfiger Gott; zwischen ihrem Leib und den beiden menschenköpfigen Schlangen symbolische Bilder des Sonnenlaufes, die vier Krokodile (als »Feind des Re« bezeichnet) sind jeweils mit einer Erscheinungsform der Sonne verbunden. Die Beischriften werden zum Teil in verschlüsselter Form (Kryptographie) gegeben.*

102 *Aus der 4. Stunde des Pfortenbuches, mittleres und unteres Register im Grab Ramses' I. Oben die in ihren dunklen Schreinen liegenden Mumien des »Osirisgefolges«, die vom Sonnengott noch nicht aus dem Todesschlaf auferweckt sind. Unten die endlos gewundene Schlange, welche die Zeit verkörpert und die einzelnen Stunden zuerst »gebiert«, dann wieder »vernichtet«. Die Göttinnen, die »auf ihrem See« (teils mit Wellenlinien, teils schwarz für die Finsternis ausgemalt) stehen, verkörpern die zwölf Stunden der Nacht, welche die Sonne von ihrem Untergang bis zu ihrem Aufgang durchfährt.*

103 *Mittelregister der 3. Stunde des Amduat in der Sargkammer Sethos' I. Die Barke der Göttin Pachet (Bug und Heck als Löwenköpfe) und die »Pavianbarke« (Bug und Heck als Affenköpfe) mit ihrer Götterbesatzung. In jeder Barke eine aufgerichtete Schlange, deren Name (links »Der mit seinem Auge Feuer schießt«, rechts »Der mit seinem Gesicht in Flammen setzt«) bereits jedes feindliche Wesen abschreckt.*

104 *Ausschnitt aus der 8. Stunde des Amduat im Grab Sethos' I. Im Mittelregister die Sonnenbarke mit dem Göttergefolge des widderköpfigen Sonnengottes, der schützend von der Mehen-Schlange umringelt ist. Darunter eine der zehn durch rotbemalte Türen verschlossenen »Höhlen«, aus denen die Rufe der Toten seltsam verfremdet klingen, hier »wie das Schreien eines Katers«; der widderköpfige Gott unten thront auf der Stoffhieroglyphe, die auf die Versorgung der Toten mit Kleidern deutet.*

105 *Aus dem Buch von der Erde in der Sargkammer Ramses' VI. Die nächtliche Sonnenfahrt durch die Tiefen der Erde ist durch den Doppellöwen Aker angedeutet. Die Son-*

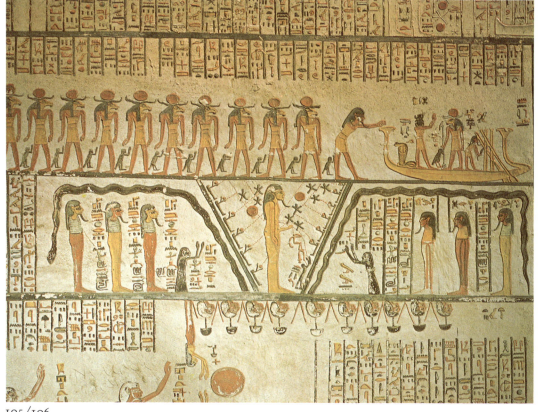

105/106

nenbarke wird rechts von Tatenen, dem Gott der Erdtiefe, in Empfang genommen und links von Nun, dem Gott des Urgewässers, wieder entlassen; dazwischen heben »die Arme des Nun« die Sonnenscheibe aus der Tiefe der Welt empor, und dieses Hochheben ist auch durch die Arme rechts darüber angedeutet, links davon das anbetende Gefolge des Sonnengottes.

106 Die Sonnenbarke mit dem widderköpfigen Gott, seinem vogelgestaltigen Ba und seiner Erscheinungsform als Skarabäuskäfer. Die voranziehenden Götter wenden den Widderkopf zur Barke zurück, die von den begleitenden Ba-Vögeln angebetet wird. Darunter »Der die Stunden verbirgt« als zeugender Gott, dessen Phallus durch gepunktete Linien mit den Stundengöttinnen verbunden ist, die aus ihm hervorgehen, mit denen er vielleicht auch immer neu die Sonne zeugt, die sie als kleine rote Scheibe halten; auch die Sterne deuten auf den Wechsel der Stunden, Kind und Feuerzeichen unter dem Phallus auf die verjüngte Sonne. »Die große Schlange« windet sich, zum Teil in der Erde verschwindend, um diese Szene aus dem Buch von der Erde. Sargkammer Ramses' VI.

107

107 Die linke Wand in der Sargkammer Ramses' VI., mit Szenen und Texten aus dem Buch von der Erde. Darüber erkennt man an der Decke den Kopf der doppelt gemalten Himmelsgöttin Nut; nach unten wird die Wand von einem Fries kniender, gefesselter und geköpfter »Feinde« abgeschlossen, die abwechselnd schwarz oder rot bemalt sind.

108 Die rechte Wand in der Sargkammer Ramses' VI. mit weiteren Teilen des Buches von der Erde (Details in Abb. 105/06).

108

Kapitel 8 **Leben aus dem Tod**

Anubis an der eingesargten Mumie beschäftigt, der ihr Ba-Vogel »Leben« und »Atemluft« zureicht; unter der löwenköpfigen Bahre Grabbeigaben. Die Szene ist in eine schematische Darstellung des Grabbaus hineingestellt, mit einer kleinen bekrönenden Pyramide.

Der Tote räuchert und libiert (Gießen einer Wasserspende) vor seinem Ka, *der auf eine Götterstandarte gestellt ist. Vignette zu Spruch 105 des Totenbuches.*

Der Schritt über die Schwelle des Todes führt den Ägypter zunächst ins Balsamierungshaus. Dort, unter der Aufsicht von speziell ausgebildeten Priestern und Handwerkern, wird sein Leib für die weite, gefahrvolle Reise ins Jenseits hergerichtet und in seinem äußeren Umriß bewahrt; denn auch den Körper möchte der Ägypter, im Sinne seiner ganzheitlichen Auffassung vom Menschen, fortleben lassen. Selbst die verderblichsten Teile, die Eingeweide, werden zwar aus der Leiche entfernt, aber in vier Krügen, den *Kanopen*, getrennt behandelt, eingewickelt und im Begräbnis mitgegeben. Schutzpatron all dieser Arbeiten ist der hundsköpfige Anubis, der in einer häufigen und beliebten Grabszene (seit Siptah auch im Tal der Könige belegt) letzte Hand an die aufgebahrte Mumie anlegt.

Was neben dem Körper das Wesen des Menschen ausmacht, trennt sich im Tode von ihm, aber soll sich in den Gefilden des Jenseits immer wieder mit ihm zu neuer, lebendiger Ganzheit vereinen. Dabei stellt der Ägypter nicht einfach eine »Seele« dem Körper gegenüber, sondern sieht die Person des Menschen als guter Psychologe weitaus vielschichtiger. Die Wesenheit, die er *Ka* nennt, ist mehr wirkende Kraft als ruhende »Seele«, eine Anhäufung von Energie, die durch materielle Zuwendung vermehrt wird – »für deinen Ka« ist der Segenswunsch, der jede Darbringung von Speise oder Trank begleitet, während alles Ungenießbare und Störende »ein Abscheu für den Ka« ist; er regelt das Befinden des Menschen, seine seelische Gestimmtheit, während die aktiven Handlungen vom Herzen gesteuert werden. Die Toten »gehen zu ihrem Ka« und vereinigen sich im Jenseits wieder mit ihm. Trotzdem spielt er in den Unterweltsbüchern und im Totenbuch keine besondere Rolle, vielleicht deshalb, weil die Fürsorge des Sonnengottes für das materielle Wohlergehen der seligen Toten die Funktionen des Ka weitgehend ersetzt.

Dagegen tritt in den Jenseitstexten der *Ba* des Menschen ganz besonders hervor. Er ist das ungebundene, frei bewegliche Element aller Wesen, ungehindert durch Räume und Zeiten schweifend. Während der Körper der Erde verhaftet bleibt, gehört der *Ba* zum Himmel und wird häufig in den Sternen gesehen, den »tausend Bas« der Himmelsgöttin. Seine bevorzugte Vogelgestalt (Jabirustorch, im Neuen Reich gern als menschenköpfiger Vogel) deutet Beweglichkeit und Freizügigkeit bildhaft an. Die Vereinigung von *Ba* und Körper, die auch der Sonnengott jede Nacht vollzieht, ist der entscheidende Vorgang, der dem Toten zu neuem Leben verhilft; Särge der Spätzeit tragen daher an zentraler Stelle eine Darstellung dieser Vereinigung, die aus Spruch 89 des Totenbuches übernommen ist und den schwebenden *Ba*-Vogel über der Mumie zeigt.

Eine andere bewegliche Wesenheit des Menschen ist sein Schatten – für den Ägypter mehr als nur der sichtbare Schatten, den der Körper wirft, aber doch nicht mit dem Seelenteil zu vergleichen, den man in der Tiefenpsychologie gern als »Schatten« bezeichnet. Wie der Ka ist er ein kraftspendendes Element, und vor allem der Schatten von Göttern vermag den Menschen Kraft zu verleihen oder nimmt in Bauwerken sichtbare Gestalt an. Seine rasche, geradezu unheimliche Beweglichkeit verbindet ihn dagegen mit dem *Ba*, beide gehen in der Unterwelt in den starren Körper ein und verhelfen ihm zu neuem Leben. Als Zeichen für den Schatten erscheint meist der Wedel aus Straußenfedern, der Schatten spendet, seltener der schwarz ausgefüllte Umriß des Körpers.

Unter den übrigen Teilen der menschlichen Person, die unabhängig von Leib und Seele ein Eigenleben führen, seien noch der Name und das Herz hervorgehoben. Von der Schöpfung her, die durch Namensnennung alles Sein ins Leben ruft, hat jedes Ding und jedes Wesen seinen Namen, ohne den es wieder ins Nichtsein versinkt – deshalb

135

der Versuch, durch Tilgung des Namens verfemte Götter oder Könige auszulöschen. Das sichtbare und hörbare Fortleben des Namens über den individuellen Tod hinaus ist ein deutliches Zeichen der Unvergänglichkeit, das den Verstorbenen in einem Sargtext voll Zuversicht ausrufen läßt: »Ich lebe das Leben, ich gehe nicht unter. Mein Name geht nicht unter in diesem Land ewiglich!«

Das Herz ist für den Ägypter das zentrale Steuerorgan, welches Wunsch und Wille des Menschen bestimmt und als »freier Wille« auch für sein Fehlverhalten verantwortlich ist, die Herzen der Menschen ersinnen immer wieder Böses gegen den Schöpfungsplan der Götter. Im Totengericht (Kapitel 9) muß sich der Verstorbene auf sein Herz verlassen können, denn wenn es sein Fehlverhalten offenbart, wird er der ewigen Pein überantwortet. Deshalb die beschwörenden Mahnungen in den Sprüchen 26 bis 30 des Totenbuches, die verhindern sollen, daß das Herz des Toten ihm im Jenseits »fortgenommen« wird oder sich ihm widersetzt:

>»Nicht soll dieses mein Herz Anklagen gegen mich verursachen
> . . .
> Höre auf mich, mein Herz,
> (denn) ich bin dein Herr!
> Da du in meinem Leibe bist, wirst du mir nicht Schaden tun.
> . . .
> Stehe nicht auf gegen mich als Zeuge,
> tritt mir nicht entgegen im Gerichtshof,
> mache keine Beugung wider mich vor dem Wägemeister!«

Ba *und Schatten des Toten neben dem Grab (Totenbuch des Neferubenef, Spruch 92).*

Siebzig Tage verbringt der Leichnam im Balsamierungshaus, eine nicht aus technischen Erfordernissen, sondern um der kosmischen »Stimmigkeit« willen gewählte Frist; sie entspricht nämlich ungefähr der Zeitdauer, in der jedes der Dekansgestirne (Kapitel 7) unsichtbar bleibt, bevor es wieder am Horizont auftaucht und beobachtet werden kann. Alle zehn Tage »stirbt« einer von den 36 Dekanen und »lebt« ein anderer wieder auf, das Verschwinden unter den Horizont wird als Eintritt in die Unterwelt gedeutet, wo er siebzig Tage im »Haus des Geb« verbringt. Das »Nutbuch« bezeichnet diese Frist als Zeit, in der sich die Gestirne »reinigen«, alle Schlacken abstreifen, regenerieren und auf neues Leben vorbereiten, wie man es auch vom Verstorbenen erhofft.

Erst nach diesen siebzig Tagen wird der Leib in feierlichem Begräbnis in seine Grabkammer überführt. Rinder ziehen den Sargschlitten über den Sand der Wüste, und bei den Königen übernehmen die höchsten Reichsbeamten diese Funktion, wie es uns eine Wandmalerei im Grab des Tutanchamun vor Augen führt; dort ziehen zwölf »Vertraute« und »Staatsräte« die eingesargte Königsmumie in ihrem Schrein (Kapitel 12). Als treuer »Sohn« vollzieht der Nachfolger das Begräbnisritual, zu dem vor allem die »Mundöffnung« (Kapitel 12) an der Mumie und an den Statuen des Toten, in denen er weiterlebt, gehört. Bei jedem Begräbnis erhebt zugleich der Chor der Klagefrauen, mit aufgelöstem Haar und heftigen Gebärden, seine schrille Totenklage.

Durch Mumienhülle, Amulette, Zaubersprüche und viele andere Vorkehrungen geschützt, kann der Verstorbene nun die weite, gefahrvolle Reise in das Totenland antreten, der Bahn der Sonne nach Westen folgend. Noch hat er das Gericht vor Osiris vor sich (Kapitel 9), bei dem seine ganze Existenz auf dem Spiele steht. Bleibt die Waage im Gleichgewicht, entspricht die Summe seiner Lebenstaten der Maat, dann wird er von Osiris, dem »König der Lebenden«, in die Gefilde der Seligen aufgenommen, wo sich das Leben immer wieder erneuert.

Schon beim Totengericht wird der Verstorbene nicht als Mumie abgebildet, sondern in einer Gestalt, die seinem irdischen Aussehen gleichkommt, und in dieser Erscheinung treffen wir ihn auch stets beim Leben und Wirken im Jenseits an; ebenso gibt es bei den Totenfiguren der *Uschebti* (Kapitel 12) Aufseher in der Tracht der

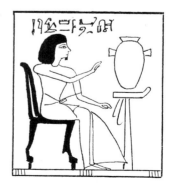

Der Verstorbene mit seinem Herz. Totenbuch des Nachtamun.

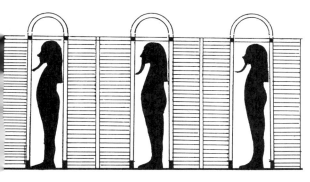

Mumien in ihren Schreinen, 9. Szene des Pfortenbuches (Ausschnitt).

Lebenden, und in der Ramessidenzeit geht man sogar bei Särgen gelegentlich von der Mumiengestalt ab. In den Jenseitsbüchern werden die Toten, was zunächst überrascht, nur selten als Mumien gezeigt, und dann ist entweder das Begräbnis gemeint oder das starre Daliegen vor der Erweckung durch den Sonnengott. Die Mumie ist nur als Schutzhülle geeignet, als Gehäuse für den Todesschlaf, und der Verstorbene möchte nicht in dieser beengenden Form weiterleben, der so viel Negatives anhaftet – alle Glieder sind von den Mumienbinden eingeschnürt, können sich nicht frei bewegen, alle Funktionen des Körpers sind erschwert, wichtige Sinnesorgane wie die Augen fehlen und müssen erst wieder »geöffnet« werden. In letzter Konsequenz vermeidet man unter Echnaton sogar, den aufgebahrten und beklagten Leichnam mumiengestaltig abzubilden.

In der 40. Szene des Pfortenbuches spricht der Sonnengott zu den Verstorbenen, die als Mumien auf einer schlangengestaltigen Bahre daliegen:

»Erheben soll sich für euch euer Fleisch,
zusammenfügen sollen sich für euch eure Knochen,
umfassen sollen sich für euch eure Glieder,
vereinigen soll sich für euch euer Fleisch!
Angenehmer Lufthauch an eure Nasen,
Lösung für eure Mumienbinden,
Enthüllung für eure Gesichtsmasken!
Licht sei euren Gottesaugen,
damit ihr mit ihnen das Leuchten seht!
Aufrichten sollt ihr euch aus eurer Mattigkeit,
damit ihr eure Äcker in Empfang nehmt . . .«

Dieses Aufrichten und Wiederaufleben des Körpers, vom Gotteswort in Gang gebracht, vollzieht sich in mehreren Phasen, bis zur völligen Befreiung von allem Hemmenden. Zuerst liegen die Mumienhüllen starr auf ihrer Totenbahre oder stehen aufrecht in verschlossenen Schreinen, deren Türen durch den Anruf des Sonnengottes aufgesprengt werden, so daß sein Licht »eintreten« und die Finsternis vertreiben kann. Jetzt kommt Bewegung in die todesmatten Körper, und im nächsten Stadium, das die Darstellungen zeigen, haben sich die immer noch eingehüllten Mumienleiber bereits umgedreht und beginnen den Kopf zu heben, so daß sie jetzt sphinxähnlich auf ihren Bahren liegen. In einer weiteren Phase sind sie halb aufgerichtet, als ob sie säßen, oder zeigen akrobatische Verrenkungen; vor allem in Deckenmalereien der Gräber von Ramses VI. und Ramses IX. sehen wir die verschiedensten Zwischenstadien dieses Vorganges, geradezu christliche Auferstehungsszenen vorwegnehmend.

Die Mumienbinden werden gelöst und entfernt, das Gesicht von der schützenden Maske befreit, die Gliedmaßen kommen hervor und bewegen sich, die Beine schreiten ungehindert aus, der Phallus richtet sich auf und zeigt die wiederkehrende Potenz. Alle Fähigkeiten und Funktionen erwachen neu, und aus der Mumienhülle steigt ein »verklärter« Jenseitsleib, der sich mit den anderen Elementen der menschlichen Person, vor allem mit dem *Ba* und dem Schatten, zu jubelnder Anbetung des Gottes vereint, der ihn aus dem Todesschlaf auferweckt hat.

Das Fleisch dieses neuen Leibes ist »fest«, Augen, Ohren und Herz sind ihm »zurückgegeben«, damit er alle Sinnesfunktionen wieder ausüben kann. Die Vereinigung mit dem *Ba* bringt Leben, Atemluft und Bewegung. Jetzt ist der Tote ein *Ach*, ein verklärter Geist mit ungeheuer gesteigerten körperlichen Möglichkeiten, dem die Räume des Alls offenstehen. Was immer dem Menschen an irdischen Mängeln und Unvollkommenheiten angehaftet hat, ist jetzt beseitigt. Was fehlt, ist ersetzt, und selbst ein abgetrennter Kopf wird wieder angefügt, was der Ägypter im Diesseits als Höhepunkt der Zauberkunst empfand.

Ein besonderes Problem stellte sich, wenn jemand im Nil ertrank und dazu noch

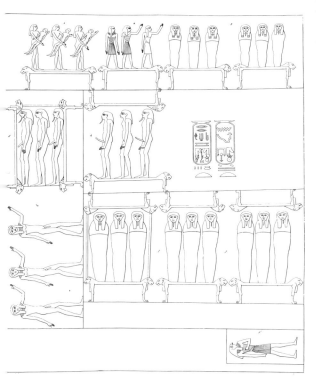

Verschiedene Stadien der Auferstehung. Deckenmalerei im Grab Ramses' IX.

137

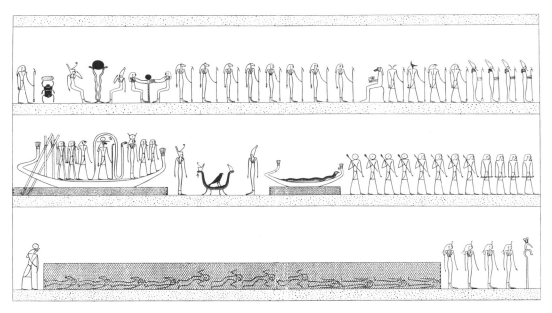

Schema der 10. Stunde des Amduat, mit der »Vergöttlichung durch Ertrinken« im unteren Register.

vom Krokodil geholt wurde. In diesen, sicher nicht seltenen, Fällen konnte der Körper nicht einbalsamiert werden, der Verstorbene besaß nicht die schützende Hülle der Mumiengestalt. Die Unterweltsbücher haben sich auch mit diesem Problem beschäftigt und zeigen an mehreren Stellen, wie die Ertrunkenen an den Ufern des Unterweltsstromes landen, da sie direkt aus dem Nil in das Urgewässer Nun und durch ihn in die Welttiefe gelangen. So hat man in der römischen Zeit Ägyptens Ertrunkene sogar als besonders selig gepriesen und verehrt, wobei noch die Analogie zu Osiris, der ins Wasser geworfen wurde, eine wichtige Rolle spielt.

Die ausführlichsten, einander ähnlichen Darstellungen der »Vergöttlichung durch Ertrinken« stehen in der zehnten Stunde des Amduat und in der neunten Stunde des Pfortenbuches. In einem großen Wasserrechteck, das als Urgewässer Nun bezeichnet ist, schwimmen mehrere Gruppen von nackten Ertrunkenen in ganz verschiedenen Stellungen – die einen auf dem Rücken, andere auf dem Bauch, wieder andere in seitlicher Lage. Horus, der im Amduat am Ufer steht, und im Pfortenbuch der vorbeiziehende Sonnengott verheißen ihnen, daß sie auch im Wasser atmen können und nicht verwesen: »Euer Leib ist nicht verfault, euer Fleisch ist nicht verwest.« Auch für ihre *Bas* wird gesorgt, und ihr Leib kann unversehrt am Ufer der Unterwelt landen, alle Wohltaten des Jenseits werden ihm nachträglich zuteil, ohne daß er rituell bestattet wurde.

Die Verwesung und Auflösung des Körpers, die hier verhindert werden soll, erscheint an anderen Stellen der ägyptischen Totentexte als etwas Positives und Erstrebenswertes; ebenso ist die oft genannte »Trägheit« oder »Mattigkeit« der Toten geradezu eine Vorbedingung ihrer Regeneration. Die Auflösung der Substanz ist notwendig, damit Neues entstehen kann, vollständiger Verfall geht der vollständigen Erneuerung voraus, aus dem Formlosen entsteht die verjüngte Gestalt des Toten. Das ist ein anderer Aspekt des Todes, nur scheinbar im Gegensatz zu dem aufwendigen Versuch, die Ganzheit des Körpers ungeschmälert und gegen jeden Verfall zu bewahren, und der Ägypter stellt, wie so oft, die Gegensätze ohne Scheu nebeneinander. Der Befund an erhaltenen Mumien zeigt, wie unsanft die Balsamierer mit dem Körper oft umgingen. Hier wirkt ein archaisches Empfinden nach, das mit absichtlicher Verstümmelung der Leichen, wie sie sich in frühen Gräbern findet, den Toten unfähig zu Bewegung und Wiederkehr machen, ihn im Grabe festhalten will. Später sind dann Aufteilung und Zerfall als Voraussetzung einer neuen Ganzwerdung empfunden wor-

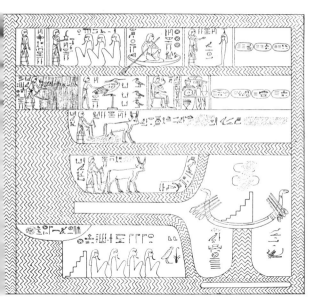

Pflügen und Ernten in den Gefilden des Jenseits. Totenbuch, Spruch 110.

Ägypter, Asiate, Nubier und Libyer aus dem Pfortenbuch.

den, wie es der Osirismythos exemplarisch zeigt (Kapitel 11); sogar der »Leichnam« des Sonnenkäfers ist im Amduat in drei getrennten Teilen bestattet (Kapitel 7).

Der vom Sonnengott auferweckte Tote mit seinem neuen Leib kann nun frei und ungehindert ausschreiten durch die vertraute Landschaft der Seligen, die ihn umgibt; hier gedeiht alles, was er für seinen Unterhalt braucht, und dazu weist ihm der Gott im Vorbeifahren alles Notwendige zu. Denn auch der »verklärte« Jenseitsleib und ebenso der *Ba* des Toten sind auf materielle Nahrung angewiesen. Seit den ältesten Grabreliefs steht vor den Abgeschiedenen ein Opfertisch mit gehäuften Gaben, ein »Tischleindeckdich« mit allen Köstlichkeiten, das niemals leer wird. Im Neuen Reich tritt das reizvolle Bild der Baumgöttin hinzu (Kapitel 5), die den Verstorbenen aus ihrem Geäst nicht nur kühlen Schatten, sondern auch Wasser und Nahrung spendet; selbst auf den *Ba* fließt dabei kühles Wasser herab, er trinkt an den Teichen des Jenseits, um dann wieder frei durch unermeßliche Räume zu schweifen.

Es entspricht der aktiven Haltung des Ägypters, daß er nicht nur passiv an den Opferspenden teilhaben und darauf warten möchte, daß ihm gebratene Tauben in den Mund fliegen. Er möchte selber mit Hand anlegen und sein Feld bestellen, sich unter die Bauern des *Wernes*-Gefildes einreihen und im »Binsengefilde« arbeiten, wo man im Totentempel Ramses' III. sogar Pharao bei der Arbeit im Feld erblickt. Allerdings, die weniger beliebten Fronarbeiten, vor allem die niemals endende Bewässerung, dazu das Düngen oder Säubern der Felder vom Treibsand, möchte der Tote nicht selber verrichten. Dazu läßt er sich im Alten Reich einzelne Figuren von Handwerkern und Dienern, später Holzmodelle von ganzen Wirtschaftsbetrieben mitgeben und seit dem Mittleren Reich die unzähligen Totenfiguren *(Uschebti),* die in kaum einem Begräbnis fehlen (Kapitel 12).

So beschränkt sich der Verstorbene darauf, zu pflügen, zu säen und zu ernten, wofür ihm eigene Äcker zugemessen werden. Im Pfortenbuch treffen wir Götter mit einem Meßstrick, »die Äcker verteilen an die Seligen« und denen der Sonnengott zuruft: »Seid genau für die Seienden, seid ungenau für die Nichtseienden!«, wobei mit den letzteren die Verdammten gemeint sind. Auf diesen Feldern des Jenseits wächst das »leuchtende« Korn, dessen Glanz mit der Sonne verglichen wird, zu ungeahnter Höhe und Üppigkeit, den gewaltigen Maßen und Dimensionen der Totenwelt entsprechend (Kapitel 7).

Wunsch und Hoffnung des verstorbenen Königs gelten der Herrschaft über das ganze Jenseits, wie sie Osiris ausübt. Im Totenbuch dagegen ist der Abgeschiedene manchmal schon zufrieden, überhaupt einen Platz im Gefilde der Seligen oder im Sonnenschiff zu erhalten, denn er muß sich ja mit vielen Millionen schon Verstorbener in den vorhandenen Raum teilen. Daß alle Völker, sogar die Feinde Ägyptens, im Jenseits vertreten sind, deutet das Pfortenbuch mit der bekannten 30. Szene der »vier Menschenrassen« an; dort stehen neben vier Ägyptern, dem »Vieh des Re«, je vier Asiaten, Nubier und Libyer in ihrer charakteristischen Tracht. Auch sie werden umsorgt und geschützt, erhalten einen Platz im Totenreich, und am Anfang des gleichen Buches wird betont, daß alle Wesen zum »verborgenen Platz« hinab müssen, neben Menschen und Göttern »alles Vieh und alles Gewürm«.

Die Szene mit den Menschenrassen gehört zu kosmopolitischen Anwandlungen, die eigentlich nur im Umkreis der Amarnazeit und der »Verbrüderung« mit den Hethitern unter Ramses II. möglich waren und bald einer neuen Fremdenfeindlichkeit weichen mußten; im übrigen bleibt der Ägypter im Totenreich unter seinesgleichen. Und es ist ägyptische Landschaft, die ihn hier wie dort umgibt: von der Wüste eingefaßtes, üppiges Fruchtland am Strom, durchzogen von Kanälen und Wasserläufen, die sich leicht als Hindernis dem Verstorbenen entgegenstellen. Die Wege im Diesseits wie im Jenseits verlaufen zu Wasser, und das einzige Fahrzeug, das der Tote benötigt, ist das Boot. Hier wurzelt die Bedeutung des Fährmannes, der schon in den ältesten Jenseitstexten hervortritt und den Abgeschiedenen, die auf sein Fahrzeug angewiesen sind, immer wieder durch peinliche Verhöre zu schaffen macht. Dieses »Fährmannsgespräch«, verbunden mit einem langen Katalog der Schiffsteile, ist als »Spruch vom Herbeiholen der Fähre« in das Totenbuch des Neuen Reiches aufgenommen worden (Spruch 99). Dort muß der Fährmann erst mühsam aufgeweckt werden, stellt immer neue Fragen, und sein Gehilfe hat den wenig einladenden Namen »Der zurückweist«. So ist der Tote gut beraten, sich in der »Schiffswerft der Götter« selber ein Boot zu zimmern (Spruch 136 A), und nach dem 98. Spruch schwingt er sich auf ein Brett im Nordhimmel, um mit dieser »Fähre« über den ganzen Himmel dahinzufliegen. Auf diese Weise unabhängig geworden, muß er dem Fährmann nicht mehr sein »Hole mich, laß mich nicht schifflos sein!« zurufen, hört aber auch nie dessen tröstliche Aufforderung »Komm, du Verklärter, mein Bruder, und fahre zu dem Ort, den du kennst!«

In den königlichen Unterweltsbüchern spielt das Fährboot keine Rolle, dort verläßt sich Pharao darauf, im engsten Gefolge des Re oder als Re selber im Sonnenschiff dahinzufahren, mit diesem Fahrzeug alle Hindernisse zu überwinden, alle Tore offen zu finden und an den bedrohlichen Wächtern vorbeizugleiten. Dazu muß er sie kennen, denn nur »wer sie kennt, geht an ihnen vorbei in Frieden« (Amduat). Das Totenbuch stellt auch dem gewöhnlichen Sterblichen Sprüche zur Verfügung, »um ihn hinabsteigen zu lassen zur Barke des Re mit denen, die in seinem Gefolge sind«, also mit der ganzen Götterbesatzung, wie es im Spruch 100 heißt, den man mit einem Bild dieser Barke illustrieren soll, um es auf die Brust des Verstorbenen zu legen, damit es unfehlbar wirkt und ihm das Aus- und Einsteigen ermöglicht.

Das Schiff der Sonne trägt nicht nur die seligen Toten dahin, sondern auch alles, was sie für sich an Opferspeisen brauchen. Brot und Bier sind die elementarsten Nahrungsmittel, im Diesseits vom König an die Staatsdiener als Besoldung gespendet, im Jenseits aus den Vorräten der Sonnenbarke oder durch eigener Hände Arbeit im Ackerland des »Binsengefildes« gewonnen. Im Pfortenbuch endet nahezu jede Szene mit dem gleichbleibenden Vermerk: »Ihre Opferspeisen sind Brot, ihr Bier ist Djeseret, ihre Erfrischung ist Wasser«, wobei es bei denen, »die Maat getan haben«, als besondere Auszeichnung heißt, »ihr Bier ist Wein« (43. Szene). Das Wasser, das hier stets genannt ist, fließt reichlich aus dem Urgewässer, das durch die Unterwelt strömt; im Amduat spritzen es die Ruderer der Sonnenbarke den Seligen zu, für die sogar das Wasser des »Feuersees« (Kapitel 9) kühle Erquickung ist.

»Grüne Pflanzen« ergänzen die Nahrung, während Fleisch und Geflügel zwar immer wieder auf den Opferaltären für Verstorbene gezeigt werden, aber in den Hinweisen auf die jenseitige Speisung keine Rolle spielen. Große Bedeutung hat dagegen die Versorgung mit Kleidern, die vor allem in der achten und neunten Stunde des Amduat im Mittelpunkt steht; die dort gezeigten Wesen thronen »auf ihren Kleidern«, dem Hieroglyphenzeichen für »Stoff«. Der »verklärte« Leib muß bekleidet werden, der Ägypter kennt keine »paradiesische« Nacktheit, sondern sieht darin eher ein Bild der völligen Hilflosigkeit, die man nur den »Feinden« wünscht; so legt auch Ischtar bei ihrem Hinabstieg in das Totenreich mit den Kleidern alle ihre göttliche Macht ab. Leuchtend weiße Leinenkleider gehören zum seligen Verstorbenen und heben ihn von der schwarzen Mumiengestalt ab, zeigen sichtbar sein Wiederaufleben in vertrauter Gestalt.

Aber die größte Wohltat für alle Toten ist das Licht der Sonne, das sie aus den Banden der Finsternis befreit. Immer wieder sprechen die Texte von der lösenden, der erlösenden Wirkung des Lichtes, bildlich gestaltet im Motiv der strahlenden Sonne über der starr daliegenden Mumie, die so aufgeweckt und mit Atemluft versehen wird. In jeder Nachtstunde geschieht das Wunder neu, daß die Lichtstrahlen überall, wohin sie gelangen, die Fesseln des Todes sprengen und das Leben aus seiner schützenden, aber auch beengenden Umhüllung hervortreten lassen. Türen springen auf, Licht dringt in die finsteren Grüfte, die Toten recken den Kopf aus ihren Särgen, Schlangen beginnen Feuer zu speien, geheimnisvolle Wesen und Dinge entsteigen ihrer Verborgenheit, und alle Unterwelt vereint sich in jubelnder Anbetung des Gottes, der sie aus den Banden der Finsternis und des Todes befreit hat.

Die schon abgelaufenen Stunden der Nachtfahrt, die von der Zeit als Schlange »geboren« und wieder »verschlungen« werden. Amduat, 11. Stunde.

Wenn er zum nächsten Stundenbereich weiterzieht, kehrt sich dieses »Dornröschen«-Motiv um, die Türen fallen zu, die Grüfte und Särge schließen sich, lastende Dunkelheit senkt sich herab, klagend und ungern kehren die Toten in ihre Mumienhülle zurück. Alle Wesen sinken erneut in den Todesschlaf, tief in der Erde bleibt ihr Leib vor den Lebenden auf Erden »verborgen«, und nur ihre *Bas* und ihre Schatten streben dem Lichte nach und ziehen mit dem Sonnengott weiter, erscheinen als Zugvögel oder als Sterne in der diesseitigen Welt. Für sie, die alle Wege offen finden, gilt der Jubelruf: »Geöffnet sind die Tore der Unterwelt, aufgetan sind die Erde und ihre Grüfte«, während die Körper noch einmal klagen, bevor sie in ihren Sarg zurücksinken:

»Sie jammern um Re und klagen um den Größten Gott,
nachdem er an ihnen vorbeigegangen ist.
Wenn er enteilt, umhüllt sie Finsternis,
und ihre Höhlen werden über ihnen verschlossen.«

So wird aus Leben immer wieder Tod und aus Tod neues Leben, in ewigem Wechsel. Die Auferweckung zu verjüngtem Dasein währt immer nur eine Nachtstunde lang, dann müssen Licht und Leben mit dem Sonnengott weiterziehen; aber diese jenseitige Stunde entspricht, in den ganz anderen Dimensionen des Totenreiches, einer vollen Lebenszeit hier auf Erden.

Das Problem der Zeit hat die Dichter der Unterweltsbücher zutiefst beschäftigt. Woher kommt und wohin vergeht geheimnisvoll Stunde um Stunde? In einer Darstellung des Amduat treten sie aus dem Maul einer Schlange, welche die gesamte Zeit verkörpert; ist eine Stunde abgelaufen, wird sie wieder »verschlungen« oder »fortgenommen«. An anderen Stellen sind die Stunden nicht als Sterne, sondern als Frauengestalten abgebildet, als Göttinnen, die den Sonnengott »geleiten« und »deren Vorderseite der Finsternis, deren Hinterseite dem Licht gehört« – jede Stunde hat eine dunkle und eine helle Seite. So ist es in der 20. Szene des Pfortenbuches formuliert, wo die

Träger der »Lebenszeit«-Schlange im Grab Sethos' I.

141

zwölf Göttinnen eine unendlich gewundene Schlange umrahmen, wiederum die Zeit, die aus der Tiefe ihres Leibes eine Stunde nach der anderen als kleine Schlange »gebiert« und von den bereitstehenden Göttinnen »verschlingen« läßt. Die Zeugung, die dieser »Geburt« der Stunden vorangeht, ist im Buch von der Erde einmal durch eine riesige Gottesgestalt mit erhobenem Phallus angedeutet, umgeben von Sternen, Sonnenscheiben und den zwölf Stundengöttinnen, die alle durch gepunktete Linien miteinander verbunden sind.

Auch die »Lebenszeit« für die Bewohner des Totenreiches wird ihnen im Pfortenbuch aus dem unerschöpflichen Vorrat eines gewaltigen Schlangenleibes, den zwölf Götter in Händen halten, zugemessen und »festgesetzt«. In zwei anderen Szenen des Buches erscheint das Kontinuum der Zeit als endloses Seil, aus dem Mund eines Gottes abgespult; jeder Windung des doppeltgedrehten Seiles entspricht eine Stunde des Jenseits und damit eine ganze diesseitige Lebenszeit. In immer wieder anderen Gestaltungen des Motivs wird so gezeigt, daß die unerschöpfliche Fülle der Zeit den seligen Toten auf »Millionen Jahre« hinaus, für die gesamte Dauer der Welt zur Verfügung steht, ihnen in einzelnen Stundenquanten fortgesetzt zugeteilt wird.

Es ist keine leere Zeit, sondern erfülltes und gesteigertes Dasein. Der Ägypter sieht das Jenseits nicht als blasses Schattenreich, sondern voller Leben, in stetiger Verwandlung und Umgestaltung, unbeschwert von allen Leiden und Nöten des Diesseits. Mehrfach wird betont, daß die seligen Toten »zufrieden« sind, daß sie den »Frieden des Herzens« erlangt haben, der wichtiger ist als Brot und Bier, der von Atum auch dem Unterweltsherrscher Osiris geschenkt worden ist (Totenbuch, Spruch 175).

Dieser Friede herrscht überall dort, wo uneingeschränkt die Maat gilt, die geregelte, eingespielte und wohlbegründete Ordnung des Seins. In der siebenten Stunde des Pfortenbuches werden die Seligen zum Tempel des Gottes gerufen, »der von der Maat lebt«, und sie tragen diese Maat, als Schriftzeichen der Straußenfeder, sichtbar auf ihrem Haupt. Ihnen, die sich bereits auf Erden in diese richtige Ordnung aller Dinge eingefügt und dementsprechend auch das Totengericht bestanden haben, wird nun »ein Sein bis an sein Ende unter der Maat« verliehen. Das gibt ihnen Gewißheit, bis an das Ende aller Zeit von dem lebendigen, bei der Schöpfung errichteten Grundgefüge der Welt getragen zu werden. Aber wehe den Toten, die keine Maat tragen, die sich schon im Diesseits außerhalb dieser Ordnung gestellt haben, die Spielregeln menschlichen Miteinanders verhöhnten! Für die gerät die Welt aus den Fugen, und die Tiefe verschlingt sie, ohne sie jemals wieder verjüngt zu entlassen.

109 *Das Schlußbild des Pfortenbuches im Grab Ramses' VI., obere Pfeilerhalle. Aus der Tiefe des Urgewässers hebt der Gott Nun (Kopf und Oberkörper zerstört) auf seinen Armen die Sonnenbarke zum Himmel. Die Himmelsgöttin Nut streckt von oben herab ihre Arme zur (zerstörten) Sonnenscheibe, und ganz oben deutet die in sich zurückgekrümmte Gestalt des »Osiris, der die Unterwelt umschließt« auf die nächtliche Sphäre des Sonnenlaufes, die zum Aufgang aus dem Urgewässer zurückführt.*

110 *Anfang der 3. Stunde des Pfortenbuches in der Sargkammer Sethos' I., deren Wände einen gelben Hintergrund haben. Im oberen Register Mumien in verschlossenen Schreinen, deren Türen auf den Ruf des Sonnengottes hin aufspringen. In der Barke des Mittelregisters wird der widderköpfige Gott von der schützenden Mehen-Schlange umringelt und von den beiden personifizierten Schöpferkräften Sia (»Einsicht«) und Heka (»Zauber«) begleitet. Unten die Überwindung des schlangengestaltigen Sonnenfeindes Apophis durch den Gott Atum.*

111 *Götter mit dem Meßstrick aus der 5. Stunde des Pfortenbuches. Sie sollen für die seligen Toten fruchtbare Äcker abmessen, damit diese selber säen und ernten können. Obere Pfeilerhalle im Grab Sethos' I., die wie die Korridore des Grabes weißen Hintergrund hat.*

112 *Eine von den Mumien der »Gefolgsleute des Osiris, die in Todesmattigkeit schlafen« auf einer schlangengestaltigen Bahre, von der sie sich beim Vorbeizug des Sonnengottes zu neuem Leben aufrichtet. Aus der 6. Stunde des Pfortenbuches im Grab Sethos' I., obere Pfeilerhalle.*

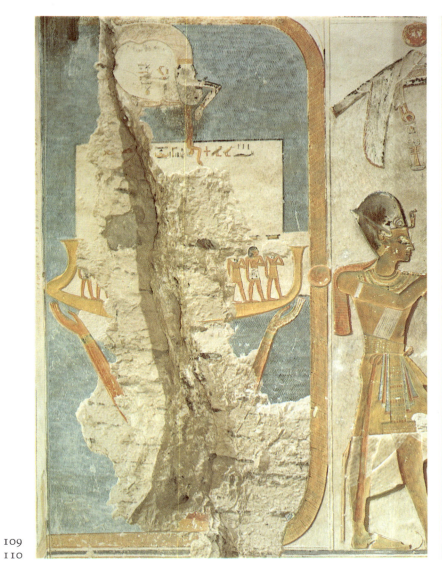
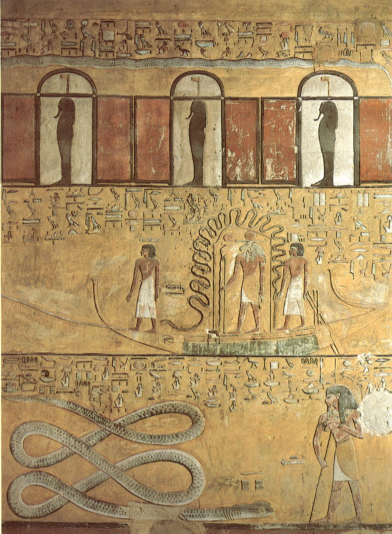

109
110

111
112

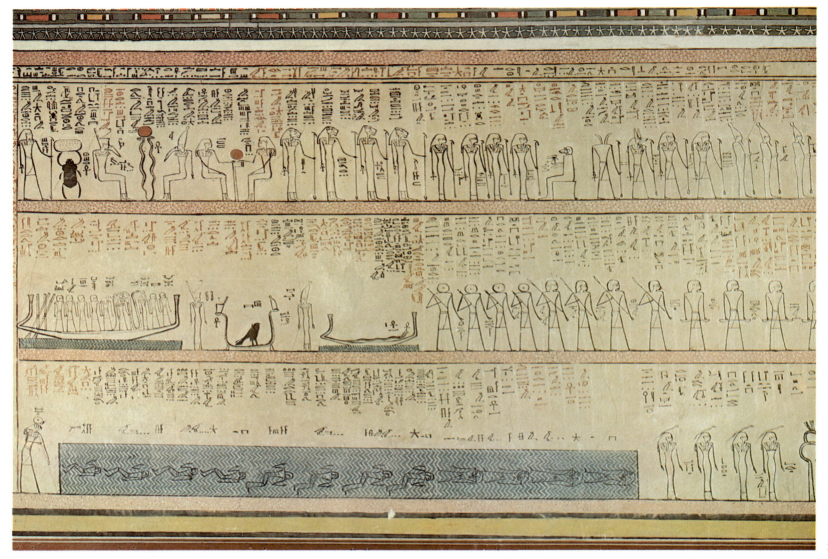

113 Die 10. Stunde des Amduat im Grab Amenophis' II., die im unteren Register die »Vergöttlichung durch Ertrinken« zeigt. In einem großen Wasserrechteck (dem Urgewässer Nun) schwimmen Ertrunkene in verschiedenen Stellungen; sie werden auf Befehl des Gottes Horus (links) an Land gebracht, wo ihnen trotz fehlender Einbalsamierung ein seliges Fortleben zuteil wird. Im Mittelregister die bewaffneten Begleiter des Sonnengottes, die ihn gegen seine Feinde schützen.

114 Ertrunkene im Grab der Tausret (Pfortenbuch, Detail).

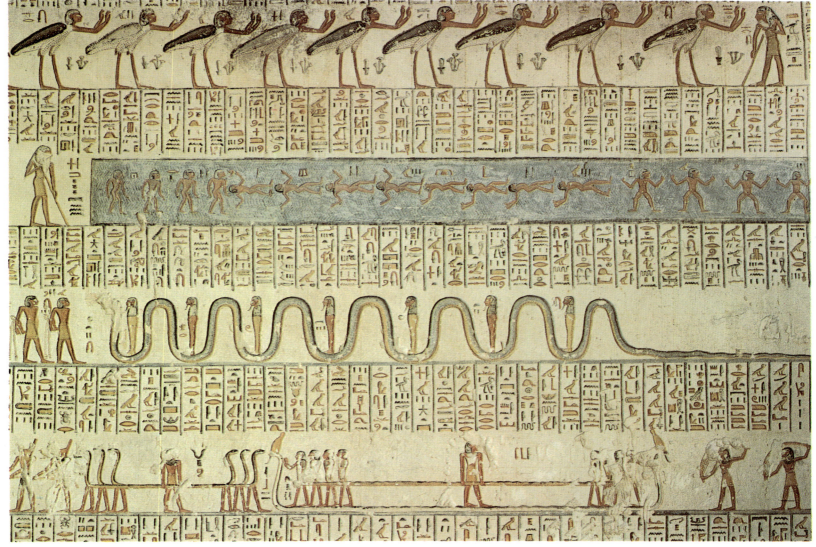

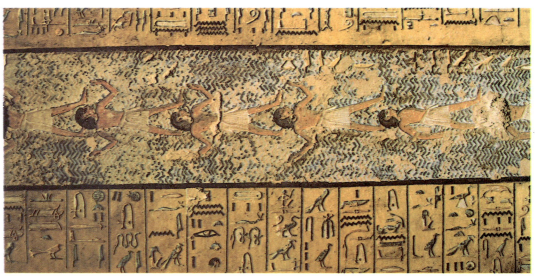

115 Das Pfortenbuch bildet die »Vergöttlichung durch Ertrinken« im Mittelregister der 9. Stunde ab, der Vorgang ist sonst der gleiche wie im Amduat. Darüber die vogelgestaltigen »Seelen, die in der Flammeninsel sind« in Anbetung des Sonnengottes, unten die Schlange »Großer Feuriger«, die ihren Gluthauch gegen die gefesselten Sünder spie. Grab Ramses' VI.

116 Detail der entsprechenden Darstellung im Grab der Tausret.

117 Selige Verstorbene, die sich von ihren Bahren zu neuem Leben erheben. Grab Ramses' IX., Decke des dritten Korridors.

118 Sternbilder und Dekanlisten (Ausschnitt) von der Decke des zweiten Korridors im Grab Ramses' IX.

117

118

119

119 Sternbilder von der Decke der Sargkammer Sethos' I.

120 Die vier Menschenrassen in der 5. Stunde des Pfortenbuches nach der Kopie von Minutoli aus dem Grab Sethos' I. Dargestellt sind (von rechts nach links) Ägypter, Asiaten (mit langen Bärten und bunten Schurzen), dunkelhäutige Nubier und hellhäutige Libyer (tätowiert, mit Seitenlocke und mit Federn im Haar). Auch diese Fremdvölker, seit langem Feinde Ägyptens, erscheinen hier friedlich neben den Ägyptern im Jenseits und werden göttlichem Schutz unterstellt.

121 Das Ende der Fremdvölkerszene (die Libyer) in der oberen Pfeilerhalle Sethos' I. im heutigen Zustand. Der Vergleich mit den alten Kopien zeigt, wie sehr diese Wand seit Belzoni, Minutoli und Lepsius gelitten hat.

123
124
125

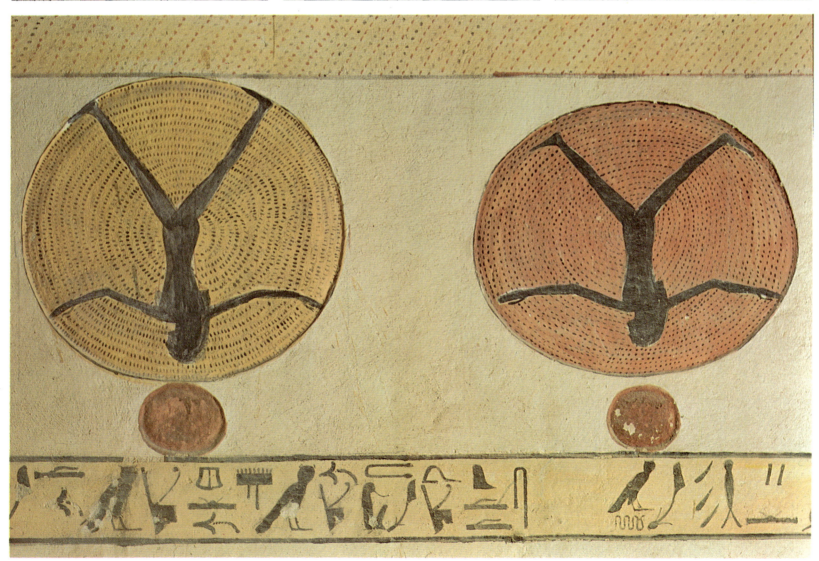

126

Kapitel 9 **Zum Nichtsein verdammt**

Der Titel des Unterweltsbuches Amduat spricht von »Gedeihenden und Vernichteten«, über die Kenntnis vermittelt wird, und meint damit die beiden Kategorien jenseitiger Wesen, die durch das Totengericht voneinander getrennt werden. Bereits das Alte Reich kennt ein Gericht jenseits des Todes, vor dem sogar Gans und Rind als Kläger auftreten können, das aber nur auf Anklage hin tätig wird, um die Gerechtigkeit wiederherzustellen. Erst im Übergang vom Alten zum Mittleren Reich setzt sich der Gedanke eines allgemeinen, automatischen Gerichts über alle Toten durch. In der »Lehre für Merikarê« aus der Ersten Zwischenzeit findet sich um 2060 v. Chr. die bekannte Anspielung:

»Die Richter, die den Schuldigen richten –
du weißt, daß sie nicht milde sind
an jenem Tag, an dem sie über die Unglücklichen Gericht halten,
in der Stunde, da sie ihre Pflicht tun ...«

Doch erst im Totenbuch, in den Sprüchen 30 und 125, gewinnt die Idee des Jenseitsgerichts ihre bleibende Gestaltung. Dabei stammt die älteste datierbare Verwendung des Bildmotivs wieder aus dem Tal der Könige, vom Totenpapyrus des Maiherperi, der wohl Amenophis II. diente (Kapitel 3). Als Illustration zu Spruch 30 erblickt man dort vor dem thronenden Osiris die große Standwaage, in deren Schalen eine Figur des Verstorbenen gegen sein Herz abgewogen wird; der Text des Spruches beschwört das Herz, sich dem Toten »nicht zu widersetzen im Totenreich«, vor Gericht nicht als

Das Totengericht vor Osiris, den Isis, Nephthys und die »Horuskinder« (auf dem Lotos) umgeben; über der Waage seine göttlichen Beisitzer. In den Waagschalen das Herz des Toten und das Federsymbol der Maat. Mehrere Varianten aus Totenbüchern.

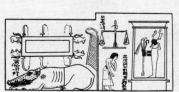

122 *Aufgehäufte Opferspeisen für den Toten im Grab des Sennefer.*

123–125 *Asiaten, Nubier und Libyer aus der Fremdvölkerszene des Pfortenbuches im Grab Ramses' III.*

126 *Ausschnitt aus einem sonst unbekannten Unterweltsbuch im Grab Ramses' IX. Die kreisenden Figuren in den gelben und roten Scheiben deuten wohl auf die wirbelnde Bewegung des Lichtes. Darunter eine verschlüsselte (kryptographische) Beischrift.*

Zeuge und Ankläger gegen ihn aufzutreten, sondern im Einklang mit ihm zu bleiben, wie es das Bild der Waage zeigt. Seitdem gehört die Wägeszene zur Standardillustration der Totenbücher, in Details immer wieder abgewandelt und vor allem um die drohende Gestalt des »Totenfressers« erweitert, aber in den wesentlichen Bildmotiven gleichbleibend. Anubis, der bei der Zubereitung der Mumie am besten Einblick in ihr Inneres erhält, spielt den Wägemeister, der ibisköpfige Thot hält die Ergebnisse schriftlich fest, der Geburtsziegel verheißt dem Toten Verjüngung und Wiedergeburt, wenn er die Prüfung besteht, und das Mischwesen (»Totenfresser« als personifizierter Höllenrachen) droht ihn zu verschlingen, wenn die Waage aus dem Gleichgewicht gerät.

Beschwörend bringt der Verstorbene vor dem Totenrichter und den Beisitzern seine »Negative Konfession« vor:

»Ich bin zu dir gekommen, ich habe dir das Recht gebracht
und habe dir das Unrecht vertrieben.
Ich habe kein Unrecht gegen Menschen begangen,
und ich habe keine Tiere mißhandelt.
Ich habe nichts ›Krummes‹ an Stelle von Recht getan

. . .

Ich habe keinen Gott beleidigt.
Ich habe kein Waisenkind an seinem Eigentum geschädigt.
Ich habe nicht getan, was die Götter verabscheuen.
Ich habe keinen Diener bei seinem Vorgesetzten verleumdet.
Ich habe nicht Schmerz zugefügt und (niemand) hungern lassen,
ich habe keine Tränen verursacht.
Ich habe nicht getötet,
und ich habe (auch) nicht zu töten befohlen;
niemandem habe ich ein Leid angetan . . .«

und so geht es weiter, zuletzt in einer langen Litanei, in der jeder der 42 Beisitzer des Totenrichters Osiris mit Namen und Herkunft angerufen wird. Bei jeder konkreten Ableugnung von Unrecht fällt etwas an peinlichem Erdenrest dahin, wird das Recht, die Maat, klar herausdestilliert und läutert sich der Tote zu der Reinheit, ohne die es kein seliges Dasein im Jenseits gibt. Viermal ertönt mit Nachdruck der Ruf »ich bin rein« – das braucht es, um »den Verstorbenen von allen bösen Handlungen zu befreien, die er begangen hat«, wie es der Titel dieses Spruches 125 verspricht. Hier ist die Macht des Wortes, hier ist Magie mit im Spiele, aber nicht als Ersatz für Ethik und richtiges Handeln, sondern als zusätzliche Kraft, die dem Menschen gegen Bedrohungen gegeben ist, und beim Totengericht geht es ja um die furchtbarste Drohung, die sich denken läßt, steht das Fortleben im Jenseits auf dem Spiel, droht ewige Strafe und endgültige Vernichtung. Dagegen bieten der Verstorbene und seine Angehörigen alle Mittel auf, die überhaupt anwendbar sind, auch den Zauber als stärkste Waffe (Kapitel 10).

In den Unterweltsbüchern der Königsgräber begegnen weitere Gerichtsszenen, die bereits das Ergebnis des Richterspruches festhalten. In der siebenten Nachtstunde des Amduat, direkt über der »Bezauberung« des Apophis (Kapitel 10), vollzieht ein katerköpfiger Dämon, »Der mit gewalttätigem Gesicht«, die Bestrafung der schon Verurteilten, die gefesselt und geköpft vor dem Totenrichter Osiris knien. Es liegt nahe, in diesem strafenden Dämon eine Erscheinungsform des Sonnengottes Re zu sehen, der nach einem alten Mythos als »Großer Kater« den Apophis oder seine anderen Gegner vernichtet. Die Verurteilten sind allerdings »Feinde des Osiris«, die gegen ihn Böses getan haben, und so hat das Totengericht immer wieder enge Berührungspunkte mit dem Göttergericht in Heliopolis, das Osiris gegen den Versuch des Seth und seiner »Bande« verteidigt, die rechtmäßige Erbfolge zu durchbrechen und Horus als den Erben

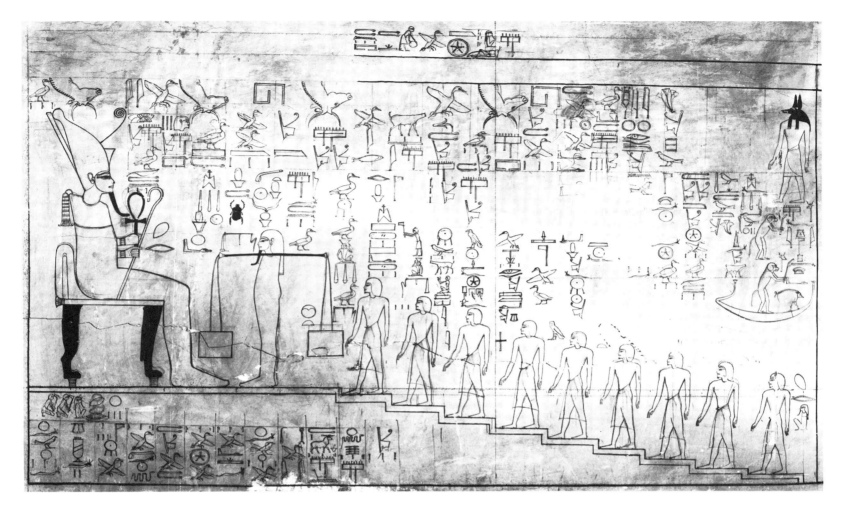

Die Gerichtshalle mit dem thronenden Osiris im Pfortenbuch. Sargkammer des Haremhab.

des Osiris auszuschalten. Auch dort geht es darum, Recht über den Tod hinaus verbindlich festzulegen und dem gewaltsam getöteten Osiris noch im Jenseits Genugtuung zu verschaffen. Dort führt Osiris selber, an Stelle des Geb oder des Sonnengottes, den Vorsitz im Gericht, und die niemals präzise umschriebene Schuld der vor ihm Verurteilten fällt mit den Missetaten des Seth zusammen.

Besonders deutlich ist dieser Aspekt in der Gerichtsszene des Pfortenbuches, die im Grab des Haremhab ganz zentral auf der Rückwand der Sargkammer angebracht ist, direkt über dem Sarkophag des Königs und dazu noch durch ungewöhnliche, gegenüber der »normalen« Hieroglyphenschrift kunstvoll verschlüsselte Beischriften hervorgehoben. Nach einer von ihnen ist der Zweck dieser Szene der »Schutz des Osiris«, indem man ihn sichtbar über alle seine »Feinde« triumphieren läßt – über Seth, der in Gestalt eines Schweines fortgetrieben wird, und über die verurteilten Toten, die unter den Füßen des Osiris liegen, während die Seligen auf den Stufen seiner Thronempore aufgereiht sind. Für ihn ungewöhnlich, trägt der Gott hier die »Doppelkrone« des Königs, eine Kombination der beiden Kronen von Ober- und Unterägypten, und hält Szepter und Lebenszeichen in der Hand. So wird er betont als König des Totenreiches vorgestellt, als Herrscher der Seligen wie der Verdammten, der »Seienden und Nichtseienden«, und der irdische König hofft, nach seinem Tod in diese Rolle einzutreten, als Osiris Gericht über alle seine Feinde zu halten. In dieser Zuversicht wurde gerade der Spruch 125 als erster Spruch des Totenbuches bereits unter Merenptah in die Wanddekoration des Königsgrabes übernommen. Dabei läßt sich die Vorstellung, daß auch der König vor dem Jenseitsgericht Rechenschaft ablegen muß, bis in die Erste Zwischenzeit zurückverfolgen.

Mit den Feinden »unter den Sohlen« des Osiris und mit dem Untier neben der Waage ist das Los derer, die im Totengericht keine Rechtfertigung erlangen, nur angedeutet. In vielen Szenen der Unterweltsbücher ist dieses Schicksal jedoch ausführlich beschrieben und mit unermüdlicher Phantasie bis in alle Details ausgemalt. Immer wieder gelangt der Sonnengott auf seiner nächtlichen Fahrt in die Nähe von Straforten der ewigen Pein, die durch sein Wort fortwährend erneuert wird. Meist berührt er diese schlimmen Orte nicht direkt, sondern fährt weit über ihnen dahin, und nicht einmal seine Strahlen dringen bis in diese Abgrundtiefen. Deshalb ist die Bestrafung in den einzelnen Nachtstunden gewöhnlich im untersten der drei Bildstreifen (Register) dargestellt, und die Sonnenferne wird in den jüngeren Unterweltsbüchern noch dadurch angedeutet, daß man überall dort, wo Verdammte abgebildet sind, die Sonnenscheibe als Zeichen der Anwesenheit Res fortläßt. Die Verurteilten können den Gott auch nicht hören; in bodenlose Finsternis hinabgestoßen, vergeht ihnen Hören und Sehen.

So bleiben den »Feinden« alle Wohltaten verwehrt, die der Sonnengott den Seligen spendet (Kapitel 8). Der Gegensatz ist in einer weiteren Gerichtsszene im »Buch von der Nacht« in knappen Formeln ausgesprochen; zu den Verdammten wird dort gesagt: »Ihr sollt euren Gott nicht sehen«, zu den Seligen: »Re ist in euren Augen, Atemluft in euren Nasen.« Das zum Leben weckende Licht dringt nicht bis zu den Bestraften vor, Wasser und Nahrung werden ihnen verweigert, die Atemluft »abgeschnitten«; auf den Kopf gestellt, leben sie vom »Abscheu ihrer Herzen«, dem eigenen Kot. Sie erhalten keine frischen Kleider und werden öfter gefesselt und nackt, in völliger Wehrlosigkeit, dargestellt. Dabei lassen entsprechende Szenen der 20. Dynastie sogar ihre Geschlechtsteile fort, damit sie keine Nachkommen und Erben zeugen, ihr Name und jede Erinnerung an sie sollen ausgelöscht sein. Selbst die Bestattung wird aufgehoben, nach Texten der Unterweltsbücher werden ihnen die Mumienbinden abgerissen, die Körperhüllen vernichtet – erste Ansätze zum biblischen Motiv vom reichen Mann und armen Lazarus, das in der späten, demotisch geschriebenen Setnaerzählung ausführlich abgehandelt ist. Dort wird dem Reichen seine üppige Grabausstattung im Jenseits wieder abgenommen und dem seligen Armen gegeben, den man vorher, nur in eine Matte eingehüllt, ohne Trauergeleit zum Friedhof getragen hatte.

Aber die Dichter der Unterweltsbücher begnügen sich nicht mit solchen negativen Umschreibungen für das Schicksal und die Entbehrungen der Verdammten, sie gehen ausführlich auf die verschiedenen Arten der Peinigung ein und entfalten vor unseren staunenden Augen einen ganzen Katalog von Höllenstrafen, den wir derart reichhaltig nur aus dem späten Mittelalter kennen. Sehr drastisch werden bereits die quälenden Dämonen beschrieben, die als Folterknechte und Henker ihr Werk verrichten. Im zentralen Spruch 17 des Totenbuches, der schon in den Sargtexten einen Vorläufer hat, erfleht der Tote Rettung

>»vor jenem Gott,
der das Gesicht eines Hundes hat
und menschliche Augenbrauen,
der von Schlachtopfern lebt,
der Leichen verschlingt und Herzen ausreißt,
der Wunden zufügt, ohne gesehen zu werden . . .
der die Seelen raubt und das Verweste verschlingt,
der von Fäulnis lebt,
der Genosse der Finsternis, der im Dunkel ist,
vor dem sich die Todesmatten fürchten! . . .
Nicht sollen ihre Messer in mich eindringen,
nicht soll ich in ihre Richtstätte eintreten,

nicht soll ich ihren Schlachtblöcken zum Opfer fallen,
nicht soll ich in ihren Fallen hausen,
keine Opfer sollen mir bereitet werden von dem, was die Götter verabscheuen.«

Ähnlich schreckliche Wesen, »die Köpfe abschlagen und Hälse abtrennen, die Herzen ergreifen und aus der Brust reißen, die ein Blutbad anrichten« (Totenbuch 71), bevölkern die Straforte, und nach einem fiktiven Brief des Osiris an andere Götter ist sein Reich »voll von Boten mit wilden Gesichtern, die nicht Gott noch Göttin fürchten«. Das Amduat schildert in der dritten Nachtstunde brüllende Dämonen, »die den Widersacher zermalmen« und dabei »die Stimme erschallen lassen«; doch der, welcher sie kennt, »kann nicht durch ihr Gebrüll zugrunde gehen, kann nicht in ihre Gruben stürzen«. Zum so oft betonten Schweigen des Totenreiches bietet das Gebrüll wütender Dämonen und das Klagegeschrei der Gepeinigten einen wirksamen Kontrast.

Von den schlimmen Torwächtern mit ihren gefährlichen Namen, welche die ägyptischen Jenseitstexte bevölkern, war schon die Rede (Kapitel 7). In der »Sonnenlitanei« fürchtet auch der tote Pharao »Dämonen mit scharfen Messern, die Blutbeschmierten, welche Herzen herausreißen und zu ihren Öfen fortschleppen« und ruft beschwörend aus »nicht sollen sie ihr Werk gegen mich verrichten«. Der Verstorbene setzt alles daran, sich vor diesen schlimmen Gesellen zu hüten, die an einer anderen Stelle der Sonnenlitanei als »Boten« des Sonnengottes gelten,

»welche Seelen und Körper packen,
die Eilenden und Hastenden, die in der Schlachtstätte sind –
sie sollen mich nicht packen, sie sollen mich nicht greifen,
nicht sollen ihre Schritte eilen gegen mich,
nicht sollen sie mich ihren Schlachtbänken übergeben,
nicht sollen ihre Stricke um mich gewunden sein,
nicht sollen sie mich auf ihre Opferständer werfen.
Nicht bin ich versunken in das Reich der Vernichteten,
nicht bin ich bestraft worden im Westen!«

Aber keine Rettung gibt es für jene, die sich als »Feinde des Osiris« und damit als Feinde der Schöpfungsordnung erwiesen haben, die im Totengericht nicht von ihren

Strafende mit Messern im Grab Ramses' VI. (Höhlenbuch), die den gefesselten »Feinden« bereits den Kopf »vor die Füße« gelegt haben.

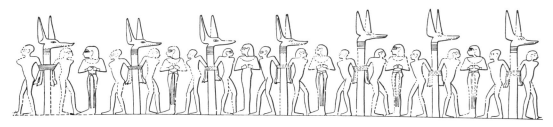

Die »Pfähle des Geb« im Pfortenbuch. Grab Ramses' VI.

Sünden »getrennt« wurden. Dabei spielt es keine Rolle, worin ihre konkrete Schuld bestanden hat; ob Mörder, Lügner, Diebe usw. – sie gelten insgesamt als »Feinde« und werden alle gleich bestraft. Dafür steht ein ganzes Arsenal von Peinigungen bereit, vom Fesseln der Arme bis zur völligen Vernichtung.

Das Fesseln stellt die Sünder auf eine Stufe mit dem Schlachtvieh, das zum Opfer geführt wird, und mit den kriegsgefangenen Feinden, die allerdings in geschichtlicher Zeit nicht mehr zum Richtblock bestimmt sind. Die auf dem Rücken verschnürten Arme gehören ganz allgemein und seit ältester Zeit zum Bild des »Feindes«. »Ihr seid gefesselt, ihr seid fest mit Stricken gebunden! Ich habe befohlen, daß ihr gefesselt seid, und eure Arme werden nicht geöffnet werden«, ruft der Gott Atum in der zweiten Stunde des Pfortenbuches den Übeltätern zu, die sich gegen den Sonnengott vergangen haben und nun »zu Schlimmem berufen sind«, gefesselt und gebückt ihre Bestrafung erwarten. In der neunten Stunde des gleichen Buches sind die »Feinde des Osiris« zu je vieren auf drei ganz verschiedene Arten gefesselt, und Horus ruft ihnen zu: »Eure Arme sind an euren Köpfen, ihr Umstürzler! Ihr seid von hinten gefesselt, Bösewichter, damit ihr geköpft werdet und aufhört zu sein!« Auch im Höhlenbuch sind ihre Arme »verdreht« oder »verknotet«, und im Totenbuch (Spruch 17) schleift sie der Gott Schesemu gefesselt zur »Schlachtbank«.

In einigen Szenen der Unterweltsbücher sind die Verdammten sogar an einen Marterpfahl gebunden, und mit einem »Bestraften« am Pfahl illustriert auch die »Sonnenlitanei« im 8. Anruf die Funktion des Sonnengottes, seine Feinde zu vernichten. In der siebenten Stunde der Nacht gelangt der Gott im Pfortenbuch zu sieben »Pfählen des Geb«, die jeweils von einem Schakalkopf bekrönt sind; an sie sind, »nachdem sie gerichtet wurden im Westen«, die »Feinde« verschiedener Götter gefesselt, um ihre Bestrafung zu erwarten. Dämonen mit angsterregenden Namen (»Packender, Pressender, Gewalttätiger, Fürchterlicher, Genauer, Quetschender«) bewachen sie, »damit sie nicht entkommen unter euren Händen, damit sie nicht entschlüpfen unter euren Fingern«, wie Atum befiehlt.

Daß sie gefesselt und eingesperrt werden, hat auch den Sinn, die Verdammten in der Tiefe der Erde festzuhalten, damit sie kein Unheil mehr stiften. Der Sonnengott fesselt die Feinde des Königs, »damit sie nicht aus der Erde herausgehen«, und in dieser Funktion als »Herr der Fesseln gegen seine Feinde« besitzt er eine eigene Erschei-

Umgedrehte und geköpfte Verdammte in der Sargkammer Ramses' VI.

Verdammte mit einer Fackel als Kopf. Sargkammer Ramses' VI.

nungsform, die zweimal im Amduat und ein weiteres Mal in der »Sonnenlitanei« gezeigt wird; aus dem Hals dieser sonderbaren Gestalt ragen statt des Kopfes zwei schwarz bemalte Fortsätze, die durch den Namen als Stricke zum Fesseln seiner »Feinde« erklärt sind.

Aber wie das Schlachtvieh gebunden wird, damit man ihm den Kopf vor die Füße legt, so ist auch die Fesselung der Bösewichter nur der Auftakt zu ihrer blutigen Bestrafung. Bereits in den Anrufen an die Gefesselten, die vorhin erwähnt wurden, war diese Absicht klar ausgesprochen; das Ergebnis sehen wir in den Gräbern von Ramses VI. und Ramses IX., wo Sargkammer und Korridore mit ganzen Friesen von gebundenen und bereits geköpften »Feinden« verziert sind, abwechselnd rot (blutig) und schwarz (nichtseiend) bemalt. Entsprechende Darstellungen geben schon die älteren Unterweltsbücher, so das Amduat in der siebenten Nachtstunde vor dem thronenden Totenrichter Osiris. Im Höhlenbuch ist den Sündern in mehreren Szenen der Kopf buchstäblich »vor die Füße« gelegt, an anderer Stelle werden die Geköpften umgekehrt von strafenden Dämonen gepackt. Sogar das Motiv vom Herausreißen der Herzen, von dem verschiedene Texte sprechen, wird im Höhlenbuch in brutaler Deutlichkeit abgebildet. Im gleichen Traktat findet sich die kühne Formulierung, daß »die Finsternis der Vernichteten aus Blut besteht«, sie schwimmen in Finsternis und in ihrem eigenen Blut, das nach einer später belegten Vorstellung aus ihnen »herausgekeltert« wird und sich mit dem roten, brennenden Wasser des »Feuersees« vereint.

Zur Hölle, die den Verdammten hier bereitet wird, gehört auch in Ägypten das »nicht verlöschende« Feuer als ewige Strafe. Zunge und Augen der dämonischen Peiniger sprühen Feuer, ebenso die Schlachtmesser, die sie in Händen halten. Vor allem speien die unzähligen Schlangen, die das Jenseits bevölkern, ihren giftigen »Gluthauch« gegen die Sünder. Das wird exemplarisch in der neunten Nachtstunde des Pfortenbuches vorgeführt, wo vor den verschiedenartig Gefesselten, von denen wir bereits gesprochen haben, die »Großer Feuriger« genannte Riesenschlange rot gemaltes Feuer aus ihrem Maul gegen die wehrlosen Übeltäter schleudert. Nach einer Strafrede an diese wendet sich der Gott Horus direkt an die Schlange und fordert sie auf: »Öffne dein Maul und klappe deine beiden Kiefer auf, damit du Feuer speist in die Feinde meines Vaters (Osiris)! Mögest du ihre Körper in Flammen setzen und ihre Seelen kochen durch jenen Gluthauch deines Maules und durch die Feuerglut, die in deinem Leib ist!« Darauf folgt noch der kurze Vermerk: »Dann kommt die Flamme hervor, die in dieser Schlange ist, dann werden diese Feinde in Flammen gesetzt.« Im Höhlenbuch setzt der Sonnengott drei riesige Schlangen in der »Vernichtungsstätte« zur »Bewachung der Rebellen« ein und überträgt ihnen auch noch das »Halsabschneiden« und »Kopfabhacken« der Bösewichter.

Die so Gestraften tragen in einigen Szenen brennende Fackeln statt des Kopfes, um die fortwährende Feuerpein anzudeuten. In einem Land, das solchen Wert darauf legte, die körperliche Ganzheit über den Tod hinaus zu erhalten, bedeutet Verbrennen die völlige Auslöschung der Existenz und wird als schlimmste Strafe, wenn auch selten, bereits im Diesseits gegen Übeltäter verhängt. Dementsprechend legen die Grabräuber

Feuer an die ausgeplünderten Mumien der Toten (Kapitel 4), um sie an der Verfolgung des Grabfrevels zu hindern.

Das Amduat zeigt im unteren Register der elften Nachtstunde die Bestrafung in feuergefüllten »Gruben«, die als hügelartige Gebilde dargestellt sind und neben den Körpern auch die vogelgestaltigen Seelen *(Bas)*, die Schatten und separat die Köpfe der Verurteilten enthalten, dazu in der letzten Grube noch die »auf den Kopf Gestellten«. Jeder Grube ist eine strafende Göttin zugeteilt, die aus ihrem Mund Feuer speit und dazu ein Messer in Händen hält. Unterstützt werden sie von der hochaufgerichteten, feuerspeienden Schlange »Welche Millionen verbrennt«, und wieder hält Horus die Strafpredigt:

»Eure Körper sollen gestraft werden mit dem strafenden Messer,
eure Seelen sollen vernichtet, eure Schatten zertreten
und eure Köpfe abgeschnitten sein!
Ihr seid nicht entstanden, ihr geht auf dem Kopf,
ihr erhebt euch nicht, denn ihr seid in eure Gruben gefallen,
ihr seid nicht entkommen, ihr seid nicht entflohen!
Das Feuer der (Schlange) ›Die Millionen verbrennt‹ ist gegen euch,
die Glut der (Göttin) ›Die über ihren Kesseln ist‹ ist gegen euch,
...
das Messer der (Göttin) ›Die über ihren Messern ist‹ ist in euch,
sie verstümmelt euch, sie metzelt euch nieder!«

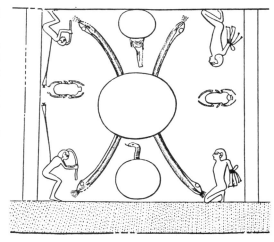

Vier feuerspeiende Schlangen, aus der Sonne hervorschießend, verbrennen die gefesselten und von Pfeilen durchbohrten Sünder. Grab Ramses' VI.

Und er schließt mit der Drohung: »Nicht seht ihr die Lebenden auf Erden, ewiglich!« – sie bleiben mitsamt ihren Seelen in der finsteren, peinvollen Tiefe gefangen. Im Pfortenbuch (22. Szene) wacht der »Oberste der Vernichtenden« mit seinen Gehilfen über vier mit roten Flammen gefüllte »Fallen«, jede mit einer Öffnung versehen, von einem Henkersknecht bedient und an die Feueröfen der frühchristlichen Höllenbeschreibungen gemahnend. Noch einmal werden die Peiniger von Horus angefeuert, der ihnen zuruft: »Möget ihr die Feinde meines Vaters packen und sie zu euren Fallen fortschleifen, wegen dieses Schmerzlichen, das sie getan haben (gegen Osiris).«

Im Zentrum der Feuerstrafen aber steht der »Feuersee«, dessen Wasser Feuer ist und entsprechend mit roten Wellenlinien gemalt wird, manchmal auch mit geköpften Sündern, die in ihm schwimmen. Schon das Zweiwegebuch der Sargtexte kennt ihn und sagt, daß »niemand in die Flamme, von der er umgeben ist, eindringen kann«. In der fünften Stunde des Amduat wird er, von den Göttern des Totenreiches »betrauert«, in der äußersten Tiefe abgebildet, noch unter dem unheimlichen Oval des Gottes Sokar, über das der Sonnengott hinwegzieht (Kapitel 7). Mehrfach beschäftigt sich dann das Pfortenbuch mit diesem Motiv. Das eine Mal wird der See dort als kreisrundes »Feuerloch« gezeigt, dessen »unnahbares Wasser« dem Osiris Kühlung und Erfrischung bringt, seinen »Feinden« aber als verzehrende Flamme entgegenschlägt. Solche Ambivalenz wird dem See auch in der 10. Szene des Buches zugeschrieben, wo er »voll mit Gerste« ist, die den Seligen als Nahrung dient; für die Verdammten aber ist sein Wasser feurige Glut, und »die Vögel fliegen davon, wenn sie sein Wasser sehen und den Gestank riechen von dem, was in ihm ist«.

Die Bestraften sind in diesen Gestank hinabgestoßen, während die Seligen göttlicher Wohlgeruch umgibt. Das Totenbuch bildet den roten Feuersee, von Pavianen und Kobraschlangen (Uräen) bewacht, direkt hinter dem Spruch vom Totengericht ab und weist so darauf hin, was den Verurteilten droht. Da es immer wieder Schlangen sind, aus deren Maul das Feuer dieser Hölle hervorgeht, darf man in dem »Schlangensee« des Pfortenbuches (17. Szene), den drohende Uräen rings umgeben, eine weitere Abwandlung des Feuerseemotivs sehen.

Das Amduat nennt einen der Strafdämonen neben den Feuergruben der elften Nachtstunde »Der über seinen Kesseln ist«, und in der »Sonnenlitanei« ist »Der vom

Kessel mit (von oben nach unten) Schatten, Seelen und »Fleisch« der Verdammten. Höhlenbuch im Grab Ramses' VI.

Kessel« sogar eine Erscheinungsform des Sonnengottes, »der die Flammen seinen Kesseln zuweist und die Köpfe der Vernichteten abschneidet«, also neben dem »Fesselnden« eine weitere strafende Gestalt des Gottes. Die Figur, die zu diesem 65. Anruf gehört, trägt den Kessel als Attribut auf dem Kopf, während die jüngeren Unterweltsbücher sich nicht mit solchen Andeutungen begnügen, sondern die Kessel in voller Aktion zeigen. Dort werden Köpfe, Herzen, Leichname, Seelen und Schatten der Bestraften kopfüber in die siedenden Höllenkessel geworfen, Schlangen und andere strafende Wesen fachen unter ihnen die Glut an, speien Feuer in sie hinein, und geheimnisvolle Arme heben sie aus der ganz tiefen, unsichtbaren »Stätte der Vernichtung« in die sichtbare Unterwelt empor. Allein der fünfte Abschnitt des Höhlenbuches zeigt drei dieser emporgehobenen Kessel, alle ganz schematisch im Querschnitt. Dazu kommen entsprechende Texte, in denen der Sonnengott die Henkersknechte in ihre Pflicht einweist:

»O Uräusgestaltiger, der über seiner Flamme ist,
der Feuer speit in seinen Kessel,
welcher die Köpfe der Osirisfeinde ... enthält!
Wirf deine Fackel in deinen Kessel, koche die Feinde des Gebieters der Unterwelt!
O ihr beiden Kobraschlangen, die ›Flammende‹ und die ›Verbrennende‹ –
speit eure Flammen, entfacht euer Feuer
unter jenem Kessel, in dem die Osirisfeinde sind!«

Eine spätere Grabmalerei, die bereits in die römische Zeit Ägyptens gehört, verbindet die Waage des Totengerichtes mit dem Bild des »verschlingenden« Untiers und des siedenden Kessels, die als doppelte Drohung auf die Verurteilten warten. Von hier war es auch zeitlich kein großer Schritt mehr bis zu den Höllenkesseln des Mittelalters, in denen das alte Motiv der Unterweltsbücher weiterlebt.

Letztes Ziel all dieser ägyptischen Höllenstrafen ist nicht die ewige Pein um ihrer selbst willen, ist auch nicht die Läuterung im Feuer, sondern die restlose Vertilgung alles Feindlichen, wie sie das verzehrende Feuer sichtbar vor Augen stellt. Deshalb ist die »Stätte der Vernichtung«, aus der im Höhlenbuch die Feuerkessel hochgehoben werden, der immer wieder erwähnte, bevorzugte Strafort, aus dem es »kein Entkommen« gibt. Dort ist alles in sein Gegenteil verkehrt, was den seligen Toten zuteil wird.

Totengericht, »Totenfresser« und Kessel mit Bestraftem. Grabmalerei römischer Zeit aus Achmim in Mittelägypten.

Statt der Wiedervereinigung von Leib und Seele droht den Verurteilten die völlige Auflösung der Person und Vertilgung des Leibes im Feuer, statt göttlichem Wohlgeruch höllischer Gestank, statt Emporheben aus der Tiefe ans Licht der Sturz in die Finsternis und das »Verschlingen« durch den Abgrund der Welt. Statt Wiederaufleben und Erneuerung des Daseins droht Vernichtung der Existenz, statt Sein Nichtsein, der endgültige »zweite Tod«, den die ägyptischen Jenseitstexte so fürchten.

»Ich habe euch der Vernichtung überwiesen und euch zum Nichtsein verdammt«, ruft Re im Höhlenbuch seinen »Feinden« in der »Stätte der Vernichtung« zu, denen bereits der Kopf abgeschlagen und das Herz herausgerissen ist. Aber wie Apophis (Kapitel 10), der manchmal als eine Art von Oberteufel an diesem Strafort erscheint, auch nach seiner Zerstückelung und Vernichtung immer wieder neu auftritt, wiederholt sich die Bestrafung der Verdammten Nacht für Nacht, bei jeder Unterweltsfahrt des Sonnengottes. Ihr Nichtsein, zu dem sie verurteilt sind, ist kein Nichts, sondern Verneinung des seligen Fortlebens im Totenreich. Es ist die absolute, durch keine Wohltat gemilderte Gottesferne der Verworfenen, die der Geborgenheit im täglichen Anblick der Sonne gegenübersteht.

Das Höhlenbuch umschreibt diesen Zustand im vierten Abschnitt durch die Aussage, daß sich das »Horusauge« den Verdammten nicht nähert. Hier ist in treffender Kürze vieles gesagt, denn das Horusauge steht für alle positiven Werte, auf die der Ägypter im Jenseits hofft. Es ist die Sonne als »Auge« des Himmelsgottes, aber es steht auch für die Opferspeisen, die Göttern und Toten dargereicht werden, und als verletztes, dann wieder geheiltes Auge ist es ein Bild der erstrebten Erneuerung und Regeneration. Bleibt es den Verworfenen fern, dann fehlt ihnen alles, was ein Leben ausmacht. Für sie, denen der Schöpfergott nicht sein gnädiges, sondern sein strafendes Antlitz zukehrt, bedeutet das Jenseits ewige Hölle.

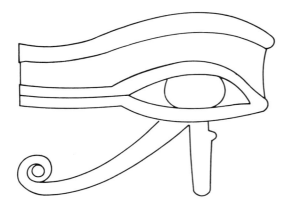

Das Horusauge (Udjatauge).

127 *Die Gerichtshalle des Pfortenbuches im Grab Ramses' VI. Vor dem thronenden Osiris die Waage, auf den Stufen der Estrade die »Gerechtfertigten«, darüber in der Barke das Schwein als Verkörperung des »Feindes«, der Seth und Apophis zugleich ist. Die Beischriften zu dieser Szene sind alle verschlüsselt (kryptographisch), und seit den griechischen und römischen Touristen haben Besucher ihre Kritzeleien (Graffiti) dazugesetzt.*

128 *Die »Pfähle des Geb« in der 7. Stunde des Pfortenbuches, an welche verurteilte Tote gefesselt sind, die von ihren Peinigern bewacht werden. Grab Ramses' III.*

129 *Osirisszene im 5. Abschnitt des Höhlenbuches, als Gegenstück zu der Nutszene in Abb. 101. Der Gott ist mit zeugungsfähigem Glied und mit seinem vogelgestaltigen Ba (auf dem Haupt) wiedervereinigt dargestellt. Rechts unten halten Arme einen Kessel (im Querschnitt gezeigt), in den vier geköpfte und gefesselte Verdammte geworfen sind, zwei feuerspeiende Uräusschlangen sorgen für die Glut unter dem Kessel. Grab Ramses' VI.*

132

133

130/131

130 Der »Feuersee« in der 3. Stunde des Pfortenbuches, rot ausgemalt mit Wellenlinien. Für die Seligen in ihren weißen »Umhüllungen« ist dieser See kühlende Erfrischung. Er schenkt ihnen die Kornähren (wie kleine Bäume stilisiert), die an ihm wachsen; für die Verdammten dagegen ist er feurige Glut und ein Strafort. Sargkammer im Grab Sethos' I.

131 Zwei von den mit Feuer ausgefüllten »Fallen« für die verurteilten Toten, »gehütet« von gebückt vor ihnen stehenden Henkersknechten. 4. Stunde des Pfortenbuches im Grab Sethos' I.

132 Ramses VI. betet vor zwei Darstellungen des »Feuersees« im Totenbuch (Spruch 126), der jeweils von vier Pavianen bewacht wird (zwischen ihnen auf allen vier Seiten die Hieroglyphe für »Feuer«).

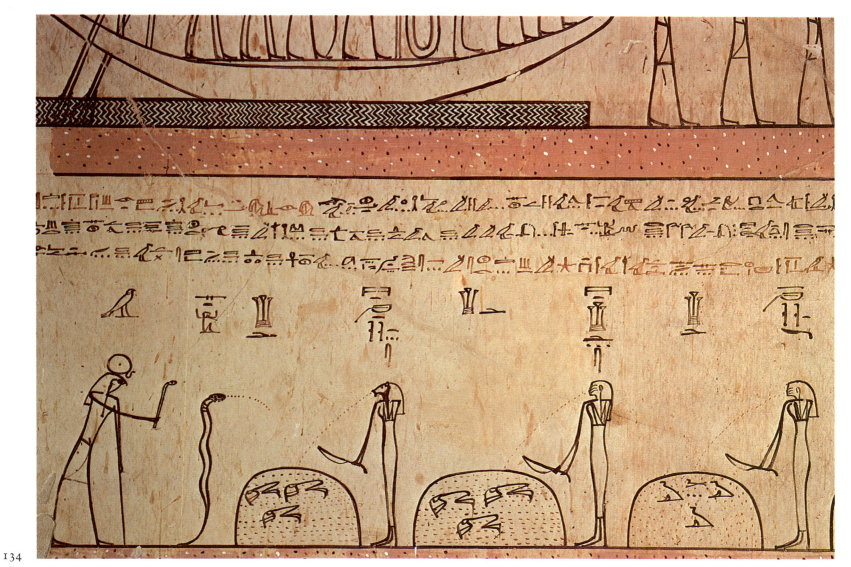

133 Strafende Göttinnen mit Messern haben den gefesselten Bestraften vor ihnen den Kopf vor die Füße gelegt. 6. Abschnitt des Höhlenbuches im Grab Ramses' VI.

134 Die mit Feuer gefüllten Gruben in der 11. Stunde des Amduat in der Sargkammer Thutmosis' III. Die Szene beginnt links mit dem Gott Horus (Falkenkopf und Sonnenscheibe); es folgt die Schlange »Der Millionen verbrennt« und bei jeder Grube eine feuerspeiende, strafende Gottheit mit Messer. In der dritten Grube befinden sich die Seelen (Bas) der Verurteilten.

135/136 Gefesselte und dazu (rechts) bereits geköpfte »Feinde« im Grab Ramses' IX., abwechselnd rot (blutig) und blau (für schwarz = nichtseiend) bemalt. Sie sind unbekleidet, aber ohne Genitalien dargestellt.

135

136

137 Ausschnitt aus dem Buch von der Erde in der Sargkammer Ramses' VI. Im untersten Register zweimal die Darstellung von Kesseln, in denen sich Köpfe und Fleischbrocken der »Feinde« befinden. Ein feuerspeiender Kopf facht unter jedem Kessel die Flammen an. Dazwischen wird das Herz des Osiris (?) von zwei Göttinnen bewacht.

138 Umgestürzte und gefesselte »Feinde« mit herausgerissenem Herzen im Grab Ramses' VI., 2. Abschnitt des Höhlenbuches. Bei den nackten Gestalten sind wieder keine Genitalien angegeben.

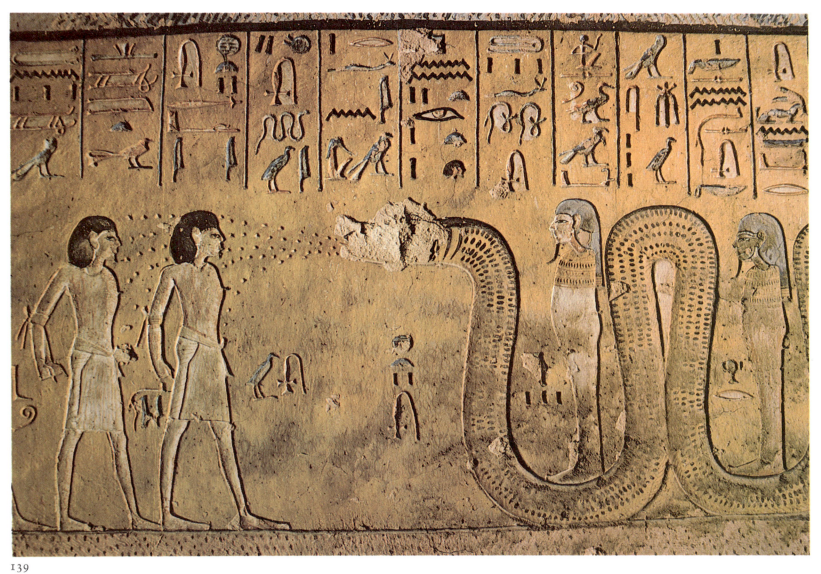

139 Die Schlange »Großer Feuriger« speit ihr Feuer gegen gefesselte Sünder. Aus der 9. Stunde des Pfortenbuches im Grab der Tausret.

140

141

140 In der Mitte strafende Göttinnen, die Verdammte fesseln und verbrennen (Hieroglyphe »Feuer« auf dem Kopf der Knienden). Darunter umringt die Apophisschlange, durch ein Messer und zwei sie festhaltende Götter unschädlich gemacht, eine rot bemalte Gestalt des Osiris zwischen dem »Leichnam des Tatenen« (links, mit hohen Federn) und dem »Leichnam des Geb« (rechts); die Füße dieser drei Götter sind tiefer in der Erde verborgen.

141 Umgestürzte, geköpfte und blutrote »Feinde« werden von schwarz bemalten Henkersknechten gepackt (einer von ihnen heißt direkt »Der Kopfabschneider«). Darunter ein Sarg mit dem »Leichnam der Vernichtenden«, vielleicht eine Personifikation der »Vernichtungsstätte«, umgeben von anbetenden Gottheiten in Schreinen.

Kapitel 10 **Triumph durch Zauber**

Atum mit Apophis. Pfortenbuch, 13. Szene.

In der siebenten Stunde des Amduat geht es um die dramatische Begegnung des Sonnengottes mit seinem ewigen Widersacher *Apophis*. Alle Gefahren, die den Sonnenlauf fortgesetzt bedrohen, sind in die Schlangengestalt dieses Gegners eingegangen, die ungegliedert, »ohne Hände und Füße«, und nach manchen Quellen auch ohne Sinnesorgane ist. So steht er für alles Chaotische, Ungeformte, was aus unauslotbaren Tiefen in die begrenzte Schöpfungswelt hineinragt und sie immer wieder in Frage stellt. Sein Handeln ist darauf gerichtet, das Schiff der Sonne stranden zu lassen und mit dem Lauf der Sonne den Weltlauf zum Stillstand zu bringen, Raum und Zeit aufzuheben, das Sein zu vernichten.

Es ist bezeichnend, daß Name und Vorstellung dieses schlangengestaltigen Feindes der Schöpfung im Alten Reich noch nicht bezeugt sind; in dieser ersten großen Blütezeit der ägyptischen Geschichte war die gerade errichtete Seinsordnung noch nicht in Frage gestellt, die ewige und unausweichliche Bedrohung nicht voll bewußt geworden. Aber es ist denkbar, daß sich zunächst in volkstümlichen Überlegungen der Gedanke eines der Sonne feindlichen Erdwesens geformt hat, denn die älteste Erwähnung des Apophis finden wir vor 2100 v. Chr. im Grab eines lokalen Machthabers im oberägyptischen Mo'alla, abseits der offiziellen Theologie; in dieser ist zunächst die Schildkröte, in dunklen Wassertiefen hausend, zum Feind der Sonne geworden.

Sicher ist es kein Zufall der Überlieferung, wenn die Gestalt des Apophis erst nach dem Zusammenbruch des Alten Reiches hervortritt, der die scheinbar so fest gegründete Weltordnung der Pyramidenzeit in ein heilloses Durcheinander, in allgemeine Not verwandelt hatte. Das mußte den Gedanken wecken oder fördern, daß der Schöpfergott Re einen Widersacher habe, der ihn und sein Werk unablässig bedroht. Die intensive geistige Auseinandersetzung mit dem Zerfall der Ordnung und mit der schmerzlich empfundenen Unvollkommenheit der Welt führt im Ägypten der Ersten Zwischenzeit (um 2134–2040 v. Chr.) zu einem ersten großen Aufblühen der Literatur. In der Sprache der Dichter werden alle Nöte der Zeit zu stilisierter Klage, die zugleich versucht, Ursachen des unbegreiflichen Geschehens zu ergründen. Die Welt ist »wie eine Töpferscheibe« in wirbelnde Bewegung geraten, nichts steht mehr fest, »das Gute ist überall zu Boden geworfen« und »der Gärtner der Gemeinheit bewässert sein Feld mit Unrecht«, ohne gehindert zu werden. Da die Zerstörung der Ordnung weder einem äußeren Feind noch einem gewaltsamen Umsturz anzulasten ist, entfallen alle bequemen Sündenbockerklärungen. Versagt haben offensichtlich bisher tragende Institutionen, Königtum und Beamtenschaft, in die Irre gegangen ist der freie Wille, ägyptisch das »Herz« der Menschen, zu jeglicher Bosheit fähig. Aber zugleich spürt der Ägypter jener Zeit, daß hinter allem »menschlichen Versagen« noch mehr steht, daß Spannung, Unvollkommenheit, Zerstörung des Geschaffenen von Anfang an zum Wesen der Schöpfungswelt gehören, daß den Kräften der Bewahrung und Heilung andere Mächte widerstreben. So ist die Gestalt des Apophis Teil seiner Antwort auf die Herausforderungen der Ersten Zwischenzeit.

Die älteste Erwähnung spricht bereits von der »Sandbank des Apophis« und damit vom wichtigsten Motiv seines Kampfes mit dem Sonnengott. In seinen riesigen Schlangenleib schlürft er das Wasser der Sonnenfahrbahn und läßt den Unterweltsstrom versanden, damit das Sonnenschiff auf den Untiefen festläuft und nicht mehr weiter kann. Gelänge ihm diese Absicht, dann wäre der Lauf der Sonne zum Stillstand gekommen, die Welt am Ende. Das darf nicht geschehen, und Apophis hat letztlich auch keinen Erfolg. Aber er zwingt den Sonnengott, sich ihm und seiner Drohung zu stellen, auch wenn Re versucht, »den Weg von Apophis abzulenken« und einen Durchlaß durch die hindernden Sandbänke zu finden. Während wir in ägyptischen

Texten keine klare Aussage darüber besitzen, ob die urzeitliche Schöpfung im Kampf gegen ein Chaos-Ungeheuer vollbracht wurde, muß der ägyptische Schöpfergott jeden Tag aufs neue dieser abgründigen Bedrohung seines Werkes begegnen und sich mit der totalen Verneinung der Schöpfung auseinandersetzen.

In den Sargtexten des Mittleren Reiches finden wir einen Spruch (414) »Den Apophis vom Sonnenschiff abzuwehren« und viele konkrete Hinweise auf die Überwindung des »Räubers«, der mit dem Udjatauge (hier als die leuchtende Sonnenscheibe gesehen) das Symbol der immer wieder geheilten und erneuerten Weltordnung rauben will. Feuer fällt vom Himmel herab in seine »Höhle«, er wird gefesselt, bezaubert und zerstückelt – alles Motive, die auch im Totenbuch des Neuen Reiches wiederkehren.

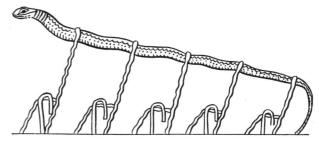

Apophis in Banden. Pfortenbuch, 89. Szene.

Dort werden für den Verstorbenen mehrere Sprüche bereitgestellt, um diese Gefahr fernzuhalten, denn Apophis bedroht sehr direkt auch den Toten, wenn er ihm durch seine Aktionen Wasser und Sonnenlicht fortnehmen will. Am ausführlichsten ist der Spruch 108, der vom Berg des Sonnenaufganges im Osten spricht und dann fortfährt:

> »Auf dem Gipfel jenes Berges ist eine Schlange,
> dreißig Ellen in ihrer Länge ...
> ›Die voller Feuersglut ist‹ heißt sie.
> Dann aber, zur Zeit des Abends,
> wird sie ihre Augen gegen Re wenden –
> dann tritt ein Stillstand der Barke ein
> und große Verwirrung unter der Rudermannschaft.«

Die Verwirrung ist begreiflich, denn die Schlange hat »eine Elle und drei Handbreit«, also fast 75 cm vom Wasserstand eingeschlürft, an Rudern ist nicht mehr zu denken. In dieser bedrohlichen Situation wirft sich der mächtige Gott Seth dem Gegner entgegen, spricht einen Zauberspruch und stößt »seinen Speer von Erz« in dessen Schlangenleib, so daß er ihn zwingt, »alles wieder auszuspeien, was er verschluckt hatte«, und die Sonnenbarke ihre Fahrt fortsetzen kann. Andere Quellen berichten, daß zwei Fische den Apophis »melden« und, der Barke voranschwimmend, doch noch eine Fahrrinne für sie finden.

Aber die weitaus wichtigste Quelle für den Mythos der Begegnung zwischen Re und Apophis sind die Texte und Darstellungen im Tal der Könige, also die Unterweltsbücher des Neuen Reiches. Dort erfahren wir eine Fülle von Details, dort werden immer wieder neue, abwertende Namen auf den Sonnenfeind gehäuft: Schreckgesicht (oder Rauhgesicht), Böse Schlange, Übelwesen, Hinterhältiger, Empörer, Feind ... Und er steht nicht allein, sondern hat eine Bande von Helfern, die »Kinder der Schwäche«, die mit ihm zusammen die Sonnenbarke angreifen.

Dieser Kampf wiederholt sich mehrfach im Laufe einer Sonnenfahrt, im Himmel, in den Horizontbergen und in der Unterwelt; der Gegner scheint geradezu allgegenwärtig zu sein und taucht immer wieder aus der finsteren Welttiefe empor, um die leuchtende Scheibe, das »Auge« der Sonne, zu bedrohen. Sein Reich bilden die beiden Hauptelemente der Welt vor der Schöpfung, Finsternis und Wasserabgrund; eine Deckenmalerei aus dem »Buch vom Tage« im Grab Ramses' VI. zeigt ihn schwimmend im Urgewässer, über das die Barke des Sonnengottes dahingleitet, aber nach Beischriften in anderen Büchern liegt er auf der Sandbank, die er in der Flut als Hindernis für die Sonnenfahrt geschaffen hat. Das Pfortenbuch berichtet an fünf verschiedenen Stellen in Bild und Wort über das dramatische Geschehen, während Amduat und Höhlenbuch es nur einmal ausführlich gestalten.

Auch wenn wir nirgends in den Unterweltsbüchern eine fortlaufende Erzählung des ganzen Geschehens besitzen, lassen sich die Hauptmotive und ihre Abfolge doch gut rekonstruieren. Apophis versperrt mit seinem gewaltigen Schlangenleib die Fahrbahn des Sonnenschiffes, und der lähmende Blick seines Auges (denn in dieser Version ist er nicht blind gedacht) bringt die Fahrt zum Stillstand. Das folgende Geschehen spielt

Die »Zaubernetze« im Pfortenbuch, Grab Ramses' VI.

sich in dichter Finsternis ab, der Sonnengott hat sein leuchtendes Auge »verborgen«, um es nicht dem Widersacher preiszugeben; nach späteren Fassungen hat Apophis das Sonnenauge zunächst tatsächlich verschluckt und muß es bei seiner Überwindung wieder hergeben. In der Finsternis, in der hier und dort feuerspeiende Schlangen aufleuchten, hört man zunächst nur das Gebrüll des Apophis, seine »Donnerstimme« schallt durch die ganze Unterwelt, um den Gott und sein Gefolge einzuschüchtern.

Aber bevor das gestrandete Schiff zur Beute des Sonnenfeindes wird, tritt die zauberkundige Göttin Isis an den Bug der Barke, streckt ihre Hand aus und schleudert dem Ungeheuer die mächtigste Waffe entgegen, über die Götter und Menschen verfügen – den Zauber. Nur mit seiner Hilfe kann die furchtbarste Bedrohung der Schöpfung abgewandt werden, so wie durch ihn die Welt am Anfang geschaffen wurde. Damals konnten das gesprochene Wort des Schöpfers und die vorangehende Vorstellung von dem, was er schaffen wollte, nur durch die wirkende Energie des Zaubers Gestalt annehmen. Seitdem dient er den Göttern dazu, außergewöhnliche Situationen zu meistern, in denen normale Hilfsmittel versagen. Von den Göttern gelangt der Zauber in die Hand der Menschen, und diese gebrauchen ihn nicht nur als schützende Waffe, sondern auch zu höchst eigensüchtigen und aggressiven Zwecken, etwa im Liebes- oder Schadenzauber gegen andere. Zauber ist in ägyptischer Sicht wirkende Energie, die sich in sehr verschiedener Absicht, zum Guten wie zum Bösen, verwenden läßt. Er wird als eine eigene Gottheit (*Heka* oder *Hike*) dargestellt, begleitet den Sonnengott auf seiner Fahrt und steht ihm so als Schöpferkraft stets zur Verfügung.

Eine kühne Darstellung des Zaubers, mit dem Apophis unschädlich gemacht wird, gibt die zehnte Nachtstunde aus dem Pfortenbuch (66. Szene). Insgesamt dreizehn Gottheiten, einige von ihnen affengestaltig, »bezaubern« dort den Feind »durch das, was in ihrer Hand ist«. Zwischen den ausgestreckten Händen hat jeder ein Netz gespannt – als sichtbares Kraftfeld, in welchem sich die Zauberenergie befindet. Wie in einem Netz wird Apophis von dieser Kraft gefangen und gefesselt, der »leuchtende« Zauber fällt auf sein Schlangenhaupt. Er vernichtet oder tötet ihn nicht, sondern lähmt ihn; Kraft und Besinnung sind ihm geraubt, »so daß er sich nicht findet«, völlig die Orientierung verloren hat, wie jemand, den der Zauber der Liebe angerührt hat.

Nun ist der Feind »zu Fall gebracht«, und die Helfer des Sonnengottes werfen Stricke um seinen Leib; in der elften Stunde des Pfortenbuches ist es die skorpionsgestaltige Selkis, »die seine Fesseln wirft, wenn die Barke dieses großen Gottes gestrandet ist«, damit Re weiterfahren kann. Mit festem Griff packt eine aus der Tiefe der Erde aufragende, einem »verborgenen« Gott gehörende Faust den »strafenden Strick«, und auch der Erdgott Geb und die »Horuskinder« legen mit Hand an. Triumphierend wird dem Sonnengott gemeldet: »Apophis ist in seinen Banden«, er ist durch Zauber und Fesselung wehrlos gemacht.

Re als »Großer Kater« zerstückelt den Apophis beim Ischedbaum. Totenbuch, Spruch 17.

Die Gefahr ist gebannt, aber immer noch liegt das Sonnenschiff in der ausgetrockneten Fahrbahn fest, noch bedarf es der erlösenden Tat, die meist dem Gott Seth zugeschrieben wird. Im Pfortenbuch erscheinen gleich neben den Göttern mit den Zaubernetzen drei Bewaffnete, die ihre Speere in den Leib des Untiers stoßen und es zwingen, alles wieder auszuspeien, was es »verschlungen« hatte. Aufrauschend strömt das Wasser in die Fahrbahn zurück, das gestrandete Sonnenschiff mit seiner Göttermannschaft und allen seligen Toten kann seine Fahrt fortsetzen. Hinter ihm bleibt der wehrlose Feind zurück, dessen gefesselter Schlangenleib nun auch noch durch Messer zerstückelt wird. Der Kopf wird ihm abgeschnitten und jede Windung des Schlangenleibes durchtrennt, dazu verzehrt ihn die Flamme des Horusauges, die Feuerglut der Unterwelt schlägt über ihm zusammen und verbrennt ihn zu Asche, gibt ihn der völligen Vernichtung preis.

So könnte es scheinen, als sei der Triumph der Ordnungsmächte endgültig. Aber der Kampf erneuert sich fortwährend, immer wieder ist Apophis neu gegenwärtig, und die Bedrohung der Schöpfung ist nur für Augenblicke überwunden. In den Tempeln der Spätzeit wird Tag für Tag ein Ritualbuch gegen den Sonnenfeind und seine Helfer

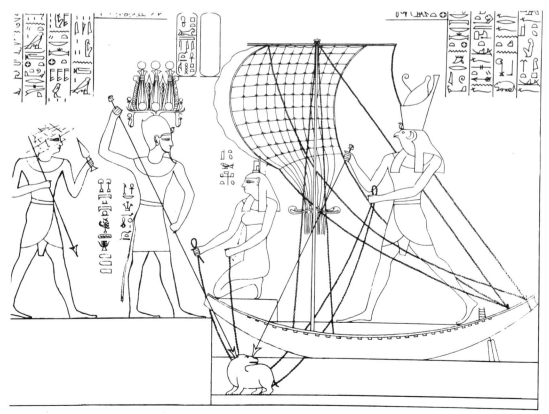

Horus, begleitet von Isis, harpuniert Seth als Nilpferd. Horustempel von Edfu.

Das Sonnenkind im umschließenden Uroboros, getragen von Himmelskuh und Horizontlöwen. Papyrus der Her-Uben.

verlesen, um den Weltlauf vor Stillstand und Katastrophe zu bewahren und mit dem Erzfeind zugleich alles zu treffen, was der Schöpfung feindlich entgegensteht; zum Ritual gehört auch eine Nachbildung der Schlangengestalt aus Wachs, die man bildhaft an Stelle des Apophis zerstückelt und verbrennt.

Ganz ähnliche Vernichtungsrituale werden in den Tempeln gegen Seth, den Mörder von Osiris, vollzogen. Hier ist Horus, der nachgeborene Sohn und Erbe des Ermordeten, Überwinder des Feindes und Urbild des Drachentöters; in Darstellungen des Tempels von Edfu harpuniert er den Gegner als Nilpferd, in dessen machtvoller und doch plumper Gestalt etwas von den Wesenszügen des Seth eingefangen ist. Nach dem ursprünglichen Sinn des Mythos aber überwindet Seth selber das Untier, den schlangengestaltigen Apophis; so stellt er seine gewaltigen Kräfte, die ihn den Sturmgöttern Vorderasiens an die Seite stellen, in den Dienst der Schöpfung, die er durch seinen Brudermord zugleich verunsichert und in Frage gestellt hat.

Etwas von dieser Doppelwertigkeit des Seth besitzt selbst Apophis. Er ist nicht einfach das Prinzip des Bösen, denn der Ägypter hat allezeit gefühlt, daß sich die komplizierten, so sehr miteinander verflochtenen Strukturen der Welt nicht auf einen schlichten Dualismus Gut/Böse zurechtstutzen lassen. Das Chaos oder unförmige Nichts, dem Apophis entsteigt und in das er immer wieder zurückgetrieben wird, bedroht die geordnete Schöpfung; aber es enthält auch alle Elemente, welche die Schöpfung zu ihrer fortgesetzten Erneuerung und Regeneration benötigt.

Aus der tödlichen Bedrohung des Sonnengottes durch die Schlange wird so unversehens eine Geborgenheit im Schlangenleib, wie sie schon die Schlange der Wiedergeburt im Amduat verkörpert (Kapitel 6). Diese Paradoxie wird wenig später in einem genial einfachen Bild zur Anschauung gebracht – das Sonnenkind im *Uroboros*, dem »Schwanzbeißer«, der schon ägyptisch »Schwanz im Maul« heißt. Der in sich zurückgekrümmte Leib der riesigen, weltumringenden Schlange umschließt – bedrohend und schützend zugleich – den Schöpfergott, der sich in ihr verjüngt hat und wieder zum Kind geworden ist. Im letzten Abschnitt des Höhlenbuches wird die Schlange, welche den Sonnenkäfer (also wieder die verjüngte Gestalt des Gottes) »umschließt«, einfach »die große Schlange« genannt; sie wird »bezaubert« und zerschnitten, ist demnach deutlich der Apophis, aber das »Umschließen« des Sonnengottes deutet auf die damals schon geläufige Vorstellung vom Uroboros, der sich um die Sonne ringelt. Schlange der Wiedergeburt, Weltumringler, »Schwanz im Maul«, Apophis und »die große Schlange« erweisen sich letztlich als verschiedene Namen und verschiedene Gestaltungen des gleichen riesigen Schlangenuntiers, das Tag für Tag alle Wesen verschlingt, sie aber verjüngt und erneuert wieder aus sich entläßt. Das Wunder, daß die Schöpfungswelt sich fortwährend regeneriert, verdankt sie dieser vieldeutigen Schlange und damit auch dem gefährlichen Apophis. Mit seinem gewohnten Sinn für feine Nuancen deutet der ägyptische Künstler diesen positiven Wesenswandel des Apophis an, wenn er in den jüngeren Unterweltsbüchern die Fesseln und Messer fortläßt, mit denen sogar in der Schrift die Schlangenhieroglyphe im Namen des Apophis unschädlich gemacht wird.

Die Herausforderung durch den Widersacher verstärkt die ohnehin kritischen Punkte der Sonnenfahrt. Die ausführlichste Schilderung im Amduat setzt die Begegnung in unmittelbare Nähe des Sonnenleichnams, mit dem sich der Sonnengott im tiefsten Punkt seiner Bahn jede Nacht vereinigt (Kapitel 7). In der sechsten Nachtstunde ist dieser Körper der Sonne von einer vielköpfigen Schlange »Vielgesicht« umringelt, die ihn »hütet« und deutlich ein Vorläufer des Uroboros ist; in der siebenten Stunde erblickt man gleich hinter der Sandbank des Apophis vier Göttergräber, welche die »Bilder« der Hauptgestalten des Sonnengottes (Atum, Chepri, Re und Osiris) enthalten und durch aufragende Messer gegen die bedrohliche Nähe des Untiers geschützt sind. Zwischen ihnen und der dahineilenden Barke des Gottes liegt trennend und hindernd der gewaltige Schlangenleib, der Sonnengott muß dieses furchtbare Hindernis überwinden, damit die Vereinigung von *Ba* und Körper, wie sie alle Toten

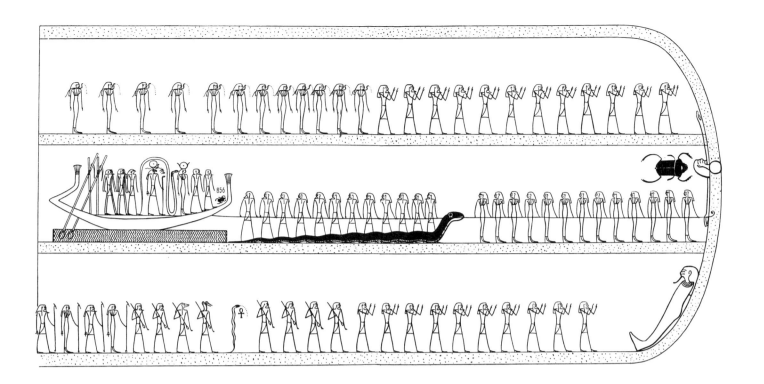

ersehen, Wirklichkeit wird. Der Augenblick des Wiederauflebens ist zugleich der Augenblick höchster Gefahr.

Noch einmal steigt die Bedrohung empor, bevor der Sonnengott mit seinem morgendlichen Aufgang die urzeitliche Schöpfung wiederholt und den Lauf der irdischen Welt neu in Gang setzt. Hier, in der letzten Nachtstunde des Amduat, sind zwölf Göttinnen dargestellt, aus deren Schultern beim Erscheinen des Sonnengottes Uräusschlangen hervorkommen, um mit ihrem Flammenhauch den Apophis noch einmal abzuwehren »beim östlichen Tor des Horizontes«, durch das der Gott die Tiefen der Unterwelt verläßt und zum Morgenhimmel emporsteigt. Wenn die Sonne die »geheime Sandbank des Himmels« passiert hat und so der Gefahr entkommen ist, kehren die Göttinnen in die Unterwelt zurück und nehmen ihre Plätze wieder ein. Die Toten freuen sich am Anblick ihrer lebendigen Fackeln, der feurigen Uräusschlangen auf ihrer Schulter, die bis zur Wiederkehr der Sonne die einzige Lichtquelle in der unheimlichen Finsternis des Totenreiches sind.

Mit dem Sonnengott fühlen sich alle Verstorbenen von Apophis bedroht und helfen deshalb mit, die Gefahr zu bannen. Im Amduat wirkt die gesamte Rudermannschaft des Sonnenschiffes bei der Abwehr mit, und das Totenbuch bietet mehrere wirksame Sprüche zur Überwindung des Apophis an. Dort ist er jedoch nur eine von vielen Gefahren, denen der Tote ausgesetzt ist, und eine ganze Reihe weiterer Zaubersprüche soll zum Beispiel gegen die unzähligen Schlangen schützen, welche die jenseitige Wüste bevölkern, oder gegen gefährliche Krokodile. Spruch 32 ist ein »Spruch, um die vier Krokodile zu vertreiben, die herankommen, um den Zauber eines Mannes von ihm fortzunehmen im Totenreich«; aus allen vier Himmelsrichtungen stürzen sich die Krokodile, »welche die Toten fressen und von Zaubern leben«, auf den Verstorbenen, der sie mit beschwörender Geste bannt und ihnen viermal sein »Zurück, du Krokodil ..., dein Abscheu ist in meinem Leib« entgegenschleudert. Aber auch scheinbar harmlosere Wesen müssen gebannt werden, Insekten oder verführerische Frauen, die sirenengleich den Toten betören wollen. Zu alledem bedarf es wiederum der Zauberenergie und des richtigen Spruches, der sich bereits »Millionen Mal bewährt« hat.

Göttinnen mit »lebendigen Fackeln« in der 12. Stunde des Amduat (links oben).

Die Überwindung des feindlichen Krokodils im Totenbuch (Spruch 31, Papyrus des Cha).

Im Diesseits wie im Jenseits sind die Menschen dazu aufgerufen, den Göttern bei der Verteidigung der Schöpfung, bei der Überwindung feindlicher Mächte Hilfe zu leisten. Daß sie vor allem den Sonnengott unterstützen, ist sogar eine der Voraussetzungen für ein seliges Fortleben im Jenseits. Aber daneben läßt sich gerade in den Königsgräbern die Vorstellung belegen, daß dem Sonnengott auch Gefahr aus seiner eigenen Schöpfung droht.

In einem Seitenraum rechts von der unteren Pfeilerhalle findet sich zuerst bei Sethos I., dann nochmals bei Ramses II. und Ramses III., ein langer Text mit dem Mythos von der »Vernichtung des Menschengeschlechts«, einem der wenigen fortlaufend erzählten Mythen, die aus pharaonischer Zeit überliefert sind. Man kann den Text als ägyptische Fassung des Sintflutmythos ansprechen, aber die Vernichtung der rebellischen Menschen erfolgt hier nicht durch Wasser (das für den Ägypter auch in der schlimmsten Nilüberschwemmung noch ein Segen war), sondern durch Feuer. Unter dem Eindruck der realen »Empörung« Echnatons gegen die bisherigen Götter konnte die Vorstellung einer urzeitlichen Empörung und Bestrafung der Menschen besondere Aktualität beanspruchen, und die Fortsetzung des Textes steht bereits auf dem äußersten der vier vergoldeten Schreine Tutanchamuns, so daß man die Entstehung dieses ganzen »Buches von der Himmelskuh« in den Umkreis der Amarnazeit setzen möchte.

Der Anfang des Textes schildert, wie die Menschen gegen die Königsherrschaft des altgewordenen Sonnengottes Pläne schmieden. Das setzt die im Neuen Reich gut bezeugte Vorstellung voraus, daß am Anfang der Welt die Götter zuerst selber über alle Wesen regiert haben, bevor die Herrschaft auf halbgöttliche und endlich auf menschliche Könige überging. Im systematisch aufgebauten »Turiner Königspapyrus« aus der Zeit Ramses' II. standen wahrscheinlich schon, wie in späteren Quellen, Ptah und Re am Anfang dieser Götterdynastie, der erhaltene Teil beginnt mit Geb und Osiris.

Der Sonnengott erfährt von den Anschlägen und beruft eine Götterversammlung, bei der er sich vor allem auf den Rat des Urgottes Nun verläßt. Hilfe kann nur vom »Auge« des Gottes kommen, dem feurigen Gestirn, das hier die Gestalt der Göttin Hathor annimmt und sich rächend gegen die Menschen wendet, die nach einem anderen Mythos einst aus dem »Auge« des Schöpfergottes, aus seinen Tränen entstanden sind.

Nach dem Ende der Götterversammlung heißt es in lapidarer Kürze, die Bestrafung der Aufrührer übergehend:

»Dann kam diese Göttin zurück,
nachdem sie die Menschen in der Wüste getötet hatte.«

Es sind aber nicht alle Menschen getötet worden, sondern wie bei der Sintflut bleibt ein Rest übrig, und Re beschließt, die Überlebenden vor dem Blutrausch der Göttin zu retten. Diesmal ist nicht Zauber, sondern listige Täuschung das Mittel. Eilig in 7000 Krügen gebrautes Bier erhält durch Ocker eine blutrote Färbung und wird auf die Felder ausgegossen. Die Göttin spiegelt ihr Gesicht darin, trinkt es als Blut und berauscht sich an der Flüssigkeit, »so daß sie die Menschen nicht erkennen kann« und von ihnen abläßt. Doch weder Bestrafung noch Milde haben das Problem gelöst, daß die Menschen sich immer wieder gegen gesetzte Ordnungen empören. Der Sonnengott hat die Grenzen seiner Macht gespürt, fühlt sich »müde« und möchte eine weitere Machtprobe dieser Art vermeiden. So resigniert er, verzichtet auf irdische Herrschaft und läßt sich auf dem Rücken der Himmelskuh zum Himmel emportragen, wo er seitdem unangefochten herrscht. Staunend erblicken die Menschen ihn auf einmal in der Höhe, und nach dem langen Tag seiner steten Anwesenheit auf Erden wird es zum erstenmal wieder finster, der Wechsel von Tag und Nacht beginnt. Die Menschen haben die Orientierung verloren und wenden sich gegeneinander, so daß nach der gemeinsamen

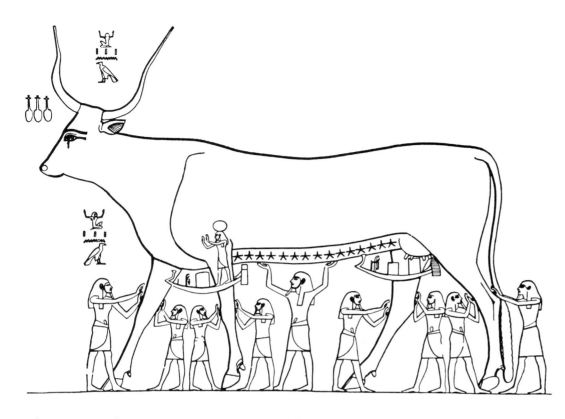

Das Bild der Himmelskuh vom äußeren Schrein Tutanchamuns.

Aktion gegen den Sonnengott nun Streit und Krieg unter den Menschen herrschen, als unvermeidbare Folge jeder Revolution.

Der weitere Text schildert noch die Verfügungen, die der Sonnengott für sein neues Herrschaftsgebiet trifft, und erklärt damit den jetzigen Weltzustand. Zur Erläuterung wird ein großes Bild der Himmelskuh beigefügt, das diesen Raum der Königsgräber beherrscht, und der Text gibt genaueste Anweisungen, wie die Darstellung auszuführen ist; sie zeigt außer der Kuh, die für den Ägypter ein uraltes Bild des Himmels ist, noch die Gestirne, die an ihrem Leib in Barken dahinfahren, und die Götter, die den Himmel wegen seiner großen Höhe stützen müssen. Im weiteren Verlauf des Textes werden auch die übrigen Teile der Welt neu eingerichtet, wobei Geb und Osiris das von Schlangen bevölkerte Reich der Tiefe anvertraut wird.

Der Rückzug des Sonnengottes aus dem einstigen irdischen Herrschaftsbereich wiederholt sich beim Tod des ägyptischen Königs – auch er muß sein Reich auf Erden verlassen, steigt zum Himmel empor und vereinigt sich mit der Sonnenscheibe. Dies ist wohl der entscheidende Grund, weshalb man den erklärenden Mythos in die Dekoration des Königsgrabes aufgenommen hat, zugleich als Vorläufer der ramessidischen Himmelsbücher, in denen Tages- und Nachtfahrt der Sonne mit dem langgestreckten Leib der Himmelsgöttin Nut verbunden werden.

Aber beide, der Sonnengott und der verstorbene König, verweilen nicht ständig in der schwankenden Höhe auf dem Rücken der Himmelskuh, sondern müssen allnächtlich in die dunkle Tiefe hinab, über die Osiris herrscht. Die Spannung zwischen Re in der Höhe und Osiris in der Tiefe der Welt muß der König in eigener Person austragen, ist er doch auf Erden »Sohn« beider und tritt mit seinem Tod noch direkter in die Rolle und das Wesen des Re wie des Osiris ein. Nachdem wir über Re als Sonne in Kapitel 6 gesprochen haben, soll jetzt vom Herrscher der düsteren Tiefe des Totenreiches die Rede sein.

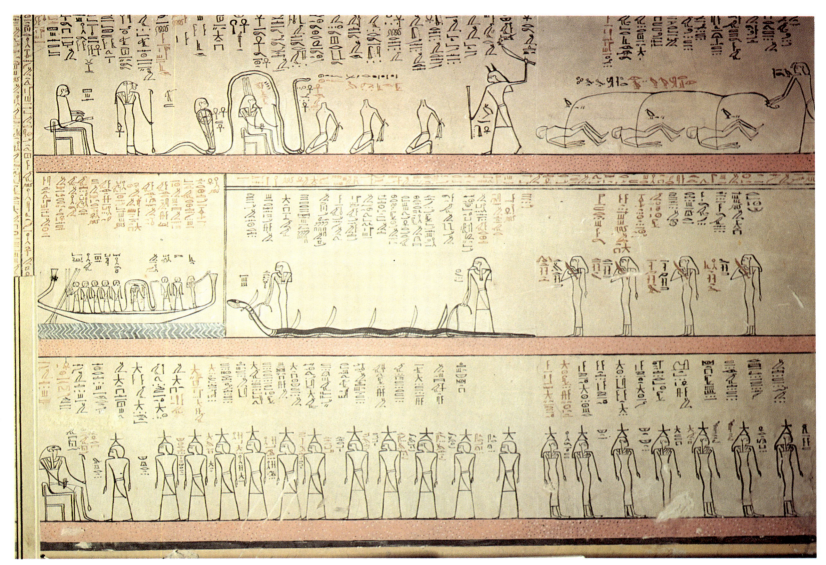

142

142/143 *Die 7. Stunde des Amduat im Grab Amenophis' II. (oben) und ein Ausschnitt daraus bei Thutmosis III. (unten). Das obere Register zeigt die Bestrafung der »Feinde« durch einen Gott mit Katzenohren vor dem thronenden Osiris, den die Mehenschlange umringelt. In der Sonnenbarke darunter steht vorn am Bug die Göttin Isis, ihre Hand beschwörend gegen die riesige Apophisschlange ausgestreckt, die der Sonne in den Weg tritt; sie ist bereits durch Messer und Stricke unschädlich gemacht.*

143

144

145

144 Apophis als Wasserschlange vor der Sonnenbarke. Buch vom Tage im Grab Ramses' VI., Decke des vierten Korridors.

145 In der 6. Stunde des Pfortenbuches wird Apophis als »Verschlinger« gepackt, der die Köpfe derer, die er verschlungen hat, auf Befehl des Sonnengottes wieder von sich geben muß; nach der Beischrift »verschlingen« die Köpfe dann ihrerseits den Schlangenleib. Grab Sethos' I., obere Pfeilerhalle.

146

146 In der 11. Stunde des Pfortenbuches packt die Faust eines unsichtbaren Wesens das Seil, an das Apophis und seine Gehilfen angekettet sind. Geb und die »Horussöhne« spannen das Seil. Grab Ramses' VI.

147 10. Stunde des Pfortenbuches im Grab Ramses' VI.: Apophis als vielfach gewundene Schlange, von einem Krokodil unterstützt (?), wird von Bewaffneten und Göttern mit Zaubernetzen bekämpft. Direkt vor Apophis, halb liegend und an einem Seil ziehend, »der Alte«.

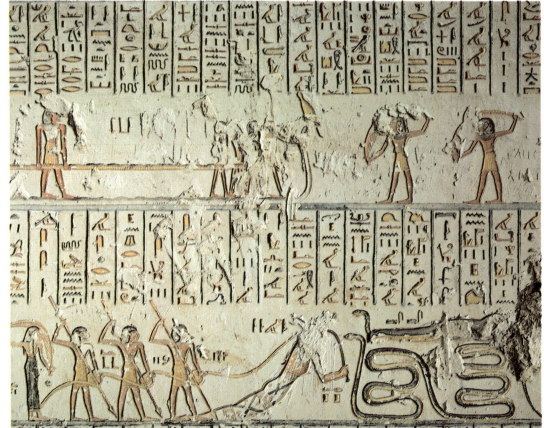

147

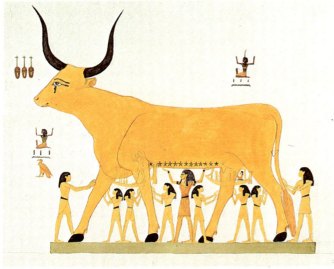

148 Die Himmelskuh Sethos' I. im jetzigen Zustand.
149 Die Himmelskuh im Grab Sethos' I. Sie wird von Schu und anderen Göttern gestützt, an ihrem Leib fahren die Gestirne entlang. Aquarell von R. Hay nach 1824.

Kapitel 11 Osiris und sein Reich

Horus und Seth in einem einzigen Wesen vereint, im Gott »mit den zwei Gesichtern« des Amduat.

Für den Ägypter sind auch die Götter dem Todesgeschick unterworfen, und in besonders grausamer und drastischer Art verkörpert der Mythos um Osiris dieses unausweichliche Schicksal, das alle Wesen gemeinsam zu tragen haben. Der Gott wird von seinem Bruder Seth nicht nur ermordet, sondern zerstückelt und in den Nil geworfen, der völligen Auflösung preisgegeben. Das Todesgeschehen in seiner schlimmsten Art überwältigt ihn, noch dazu vorzeitig, bevor er einen Erben gezeugt und für die Fortdauer seiner Herrschaft gesorgt hat, die nun Seth an sich reißt. Von rituellem Begräbnis, von Einbalsamierung kann keine Rede sein – Trost für jene Verstorbenen, die solche Hilfen entbehren müssen. Ihnen allen sagt der Mythos, daß Leben aus dem Tod selbst dort entsteht, wo die Voraussetzungen scheinbar hoffnungslos sind.

Treue über den Tod hinaus bewirkt das Wunder. Isis sammelt, von eifrigen Helfern unterstützt, die verstreuten Körperteile ihres Bruders und Gemahls, ergänzt das fehlende Glied und sorgt postum für Nachwuchs, indem sie vom starren Leichnam des Osiris den Horus empfängt. Damit ist der Plan des Seth gescheitert, es existiert ein Erbe, und die durch Recht und Herkommen geheiligte Erbfolge vom Vater auf den Sohn kann auch durch gewaltsamen Eingriff nicht außer Kraft gesetzt werden. Auch wenn sich Horus als Erbe noch vielfach bewähren muß, triumphiert am Ende seine Geschicklichkeit, durch List und Zaubermacht der Isis unterstützt, über die plumpe Kraft des gewalttätigen Seth. Feierlich spricht ein Göttergerichtshof in Heliopolis Recht: Osiris erhält die Herrschaft über die Tiefen, in die er hinabging, Horus wird auf Erden als König eingesetzt und verkörpert sich im regierenden Pharao; nach einer Variante des Mythos endet der ganze Streit versöhnlich, da auch Seth seinen Anteil an der Herrschaft über die Weltsphären erhält – die zu ihm passende unfruchtbare Wüste und das Ausland, also Gebiete außerhalb der Ordnung, in denen sich seine unzähmbaren Kräfte austoben können.

In den Pyramidentexten des Alten Reiches, in denen der tote König zum Himmel emporsteigen und dort die Regierung ausüben will, gelten Osiris und sein Totenreich in der Unterwelt noch als problematische Jenseitsregionen, die man besser meidet. Aber der König wird durch sein Todesgeschick schon jetzt zu einem »Osiris« und trägt als Verstorbener diesen Gottesnamen wie einen Ehrentitel; nach dem Ende des Alten Reiches erhalten Schritt für Schritt auch die übrigen Toten diese Auszeichnung, bis jedermann im Tod zu einem »Osiris Jedermann« wird, in die Rolle und auch in das Wesen des Gottes eintritt.

Ein Rest der alten Vorurteile gegen die Welt der Tiefe findet sich noch im Totenbuch, so im Wunsch des Verstorbenen, aus »diesem schlimmen Land« zu entkommen, »in welchem die Sterne umgestürzt auf ihre Gesichter fallen und nicht wissen, wie sie sich wieder erheben sollen« (Spruch 99 B). Das bekannte »Jenseitsgespräch« des 175. Spruches, zwischen Atum und Osiris geführt, hat für dieses Grauen vor der Tiefe bleibende Formulierungen gefunden. Dort sieht Osiris selber seinen neuen Herrschaftsbereich als eine Stätte des Mangels, als eine Wüste ohne Wasser und Luft, ohne die Freuden der Liebe, kurzum »ganz tief, ganz finster, ganz endlos«. Erschwerend kommt für ihn hinzu, daß er als einziger Gott nicht in der »Barke der Millionen«, im Sonnenschiff mitfahren kann, da er ja seinen Königssitz nicht im Stich lassen darf. Atum beruhigt ihn mit zunächst sehr abstrakten Zusicherungen; an Stelle von Wasser, Luft und Wollust habe er »Verklärtheit« gesetzt, an Stelle von Brot und Bier den »Frieden des Herzens«, also Bedürfnislosigkeit. Dazu tritt dann der konkrete und entscheidende Hinweis, daß sein Feind Seth ihm in der Erdtiefe nicht nahekommt und daß Horus als Sohn und Erbe die Herrschaft auf Erden antritt. Osiris soll auch in der Unterwelt immer wieder den Sonnengott schauen und nach »Millionen von Jahren« mit ihm zusammen allein bestehen bleiben, wenn alle Welt zugrunde geht.

Als sich um die Mitte der 12. Dynastie der Schwerpunkt des jenseitigen Totenreiches endgültig vom Himmel in die Unterwelt verlagert, gewinnen Osiris und sein mythisches Schicksal wesentlich positivere Züge. An die Stelle des Mißtrauens gegen die dunkle Tiefe tritt allmählich beglückende Einsicht in die Notwendigkeit einer stetigen Regeneration, die nur dort möglich ist. Nun spürt man stärker, wie im Mythos um Osiris alle Schrecken des Todes beschworen, aber auch gebannt sind, und die schlimmsten Formen der Auflösung, »wenn alle Würmer ihr Werk vollendet haben« (Totenbuch, Spruch 154), werden als notwendige Vorstufe des Wiederauflebens gesehen. Der gerade erwähnte Totenbuchspruch, der auf dem Leichentuch Thutmosis' III. steht, beschreibt ohne Hemmung den körperlichen Zerfall nach dem Tode, bei welchem der Leib schließlich zu einer »übelriechenden Masse« wird und sich ganz in Würmer verwandelt; aber der Spruchtitel verspricht, »den Körper eines Menschen nicht vergehen zu lassen«, und der Sprecher wendet sich an seinen »Vater« Osiris mit dem Anruf:

»Deine Glieder bestehen fort, und du verwest nicht,
du verfaulst nicht und löst dich nicht auf,
du stinkst nicht und zerfällst nicht,
du wirst dich nicht in Würmer verwandeln.«

Der »Verborgene Raum« des Jenseits im Buch von der Erde, Grab Ramses' VI.

Wenn die Unterweltsbücher trotzdem von Fäulnis und Verwesung des Osiris sprechen, ihn sogar als »Verwesenden, Herrn des Gestanks« bezeichnen, so geben sie diesem Vorgang eine positive Deutung und schreiben dem »Ausfluß«, dem Leichensekret des Gottes, besondere Kräfte und Wirkungen zu; die Bewohner des westlichen Totenreiches »leben von seinem Verwesungsgeruch« (Höhlenbuch), und nach dem Spruch 94 des Totenbuches möchte der Verstorbene als Schreiber des Jenseits den »Ausfluß des Osiris« sogar als Tinte benutzen, um sich diese Kräfte nutzbar zu machen. Auch der Sonnengott, der in die Unterwelt hinabsteigt, wird in einem seiner Aspekte zum »Faulenden« (Sonnenlitanei, 22. Anruf). Und doch bewirkt sein Schöpferwort, zusammen mit dem belebenden Licht, daß Osiris und alle Toten aus Zerfall und Fäulnis wieder aufstehen und alle Spuren der Verwesung von sich abschütteln.

Den Leichnam des Osiris, mit dem sich so wunderbare Dinge ereignen, umgibt ein tiefes Geheimnis. Er ruht an der verborgensten Stelle der ganzen Unterwelt, die nur er selber und seine treuesten Helfer kennen, wo ihn Isis und Nephthys fortgesetzt bewachen, damit Seth ihn nicht nochmals findet und sein zerstörendes Werk wiederholt. Im Buch von der Erde strecken Anubis und ein »geheimnisvoller« Gott im »verborgenen Raum« des Jenseits ihre Arme schützend über den »geheimnisvollen Kasten«, der das enthält, was von Osiris übrigblieb. Darüber ist der Gott in körperlicher Ganzheit wieder aufgestanden, sein *Ba* jubelt in Vogelgestalt vor ihm und der Gott der Erde, Geb, hinter ihm. Drohend recken sich drei Schlangen um den heiligen Schrein des Gottes, und was mit seinen »Feinden« geschieht, ist gleich daneben angedeutet – gefesselt und geköpft knien sie rings um seinen Schrein, und ihr Blut läuft in Feuerkessel, die von strafenden Göttern hochgehoben werden (Kapitel 9).

»Du atmest, wenn du meine Stimme hörst«, ruft Re ihm zu, und zugleich sendet er das Sonnenlicht in den Schrein und in den Sarg des Totenherrschers; es wird dort als leuchtende Scheibe dargestellt, wie in einer anderen Szene des Buches von der Erde. Dort hat sich Osiris, von »seinen beiden Schwestern« unterstützt, schon zu erheben begonnen, und Horus entsteigt anbetend dem Leib seines Vaters, Ergebnis einer Zeugung jenseits des Todes, denn »Horus kam aus dem Samen seines Vaters, als dieser schon in Verwesung war« (Totenbuch, Spruch 78).

Diese Zeugungsmacht, die der Tod nicht brechen konnte, drückt auch das Höhlenbuch aus, indem es in der größten Tiefe der Unterwelt, noch unter dem Erdgott Aker,

Horus steigt aus dem »Leichnam des Osiris«, neben sich die Sonnenscheibe. Sargkammer Ramses' VI.

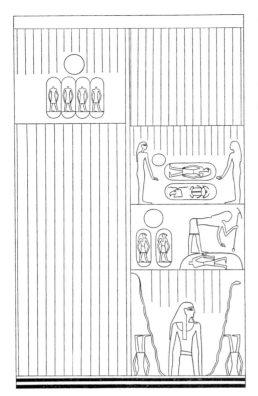

Aus dem 6. Abschnitt des Höhlenbuches: Osiris steigt empor, seine Feinde stürzen hinab (unteres Register).

den Leichnam des Osiris mit aufgerichtetem Phallus zeigt. Eine Schlange »mit schrecklichem Gesicht« umschließt den Körper, hält ihn zusammen, »verhüllt« und schützt ihn, »dem sich die Toten nicht nähern können«. Wieder werden rings um den Gottesleichnam, in der Tiefe der Urfinsternis, die »Feinde« bestraft, da sie von Re im Namen des Osiris zur »Stätte der Vernichtung« verdammt sind und damit dem Gott kein weiteres Unheil mehr zufügen können. Die seligen Toten dagegen atmen vom Wohlgeruch der »verhüllten« Verwesung des Osirisleichnams und leben durch ihn. An einer anderen Stelle des Höhlenbuches, im letzten Abschnitt, ist Osiris dem Schutz der »Großen Schlange« anvertraut, die Uroboros und Apophis (Kapitel 10) in einem ist. Während er, mit noch unsichtbaren Beinen, aus der Erdtiefe aufsteigt, stürzen seine »Feinde« auf beiden Seiten in den finsteren Abgrund.

In seiner Todesmattigkeit ist Osiris immer wieder gefährdet und bedarf der Hilfe, die der Sonnengott ihm durch seine Unterweltsfahrt bringt. Dadurch tritt Re, der sich bereits im Alten Reich mit Harachte und mit anderen Formen des Gottes Horus verbunden hat, in die Rolle des treuen Sohnes Horus ein, der durch viele Hindernisse zu seinem Vater Osiris in die Unterwelt vordringt; in den Jenseitstexten erscheint er oft genug als »Horus der Unterwelt (Dat)«. Besonders eindringlich beschreibt die 21. Szene des Pfortenbuches, wie Osiris aus der Mitte seiner Gefolgsleute, die seinen Schrein dicht umschließen und »standhalten, ohne zurückzuweichen«, seinem Sohn zuruft: »Komm doch zu mir, mein Sohn Horus, damit du mich schützt vor denen, die etwas gegen mich getan haben«, und wie Horus ihm die »Binde« ersetzt, als Zeichen seiner Unversehrtheit. Im Buch von der Nacht wird Horus dem Osiris an die Seite gegeben, »damit er nicht allein sei«.

Äußerst dramatisch geht es im 78. Spruch des Totenbuches zu, der schon im älteren Corpus der Sargtexte als Spruch 312 belegt ist und dem Toten dazu verhelfen soll, »die Gestalt eines göttlichen Falken anzunehmen«. Auch hier steht am Anfang ein Hilferuf des Osiris, der seinen Sohn bittet, zu ihm zu kommen und ihm gegen Seth beizustehen,

»damit nicht der mir nahe, der mich verletzt hat,
wenn er mich im Hause der Finsternis erblickt
und meine Schwäche aufdeckt, die ihm (jetzt) verborgen ist«.

Die Götter ermuntern Horus, dem Ruf zu folgen, aber diesem scheint es wichtiger, auf Erden das Erbe zu erkämpfen und sich »an den Grenzen des Himmels« vom »Herrn des Alls« Befehlsgewalt zu erbitten, als zu seinem Vater in die finstere Unterwelt hinabzusteigen. Statt dessen sendet er Osiris einen Boten zu, dem er seine Falkengestalt geliehen hat – einen Lichtfunken, der aus der Sonnenscheibe entstanden ist und sich den Wächtern des Todesreiches als ein Urwesen vorstellt, das noch älter ist als Isis, die den Horus gebar. Das allein aber genügt nicht, um den Boten zu legitimieren und ihm die Pfade des Jenseits zu öffnen, wie die Verstorbenen wird er peinlichen Verhören unterworfen und muß sich Machtzeichen erwerben, die ihm zunächst noch fehlen. Doch darf er auf dem Weiterzug »die Geburt der großen Götter schauen«, das Mysterium der täglichen Regeneration, und am Ende werfen sich die schrecklichen Götter der Unterwelt vor ihm nieder, er erreicht das »Haus des Osiris«, dessen Wächter sich ehrfürchtig vor ihm erheben und ihn passieren lassen. Nun ist er, nach allen Hindernissen, am Ziel seines Auftrags und kann Osiris die tröstliche Botschaft ausrichten, daß dieser als »Stier des Westens«, als König des Totenreiches fortdauern wird, sein Sohn Horus aber den irdischen Königsthron bestiegen hat und »Millionen ihm dienen, Millionen ihn fürchten«.

So regiert Osiris als Herrscher in seinem »Haus«, der Unterwelt, und trägt die alte Königsbezeichnung »Stier«, weshalb ihn das Höhlenbuch einmal mit seinem ganzen Gefolge stierköpfig abbildet. Als Herr des Jenseits ist er in den Gräbern und Totentexten des Neuen Reiches, ob königlich oder nicht, allgegenwärtig. Er begegnet von

Anfang an in den Götterszenen der Königsgräber (Kapitel 5) und läßt sich beim Totengericht den »gerechtfertigten« Verstorbenen vorführen. Besondere Akzente setzt die Dekoration der Königsgräber auf der Rückwand des Schachtes, wo hinter dem thronenden Osiris Anubis und Horus »Sohn der Isis« stehen, und auf der Rückwand der oberen Pfeilerhalle, wo der König als treuer, von Isis geborener »Sohn« des Gottes vor dessen Thron tritt, von Horus selber geleitet. Osiris wird dabei meist in der unverkennbaren »Mumiengestalt« abgebildet, die ursprünglich nichts mit der Mumifizierung zu tun hat, sondern den Gottesleib ungegliedert, in einer leuchtend weißen, enganliegenden Umhüllung wiedergibt. Seine gekreuzten Hände halten die Königsattribute Geißel und Krummstab, auf dem Haupt trägt er seit den ältesten Darstellungen die hohe weiße Krone, im Neuen Reich oft von Straußenfedern eingerahmt und später um weitere Zusätze bereichert. In den Königsgräbern zeigen die einzig sichtbaren Teile des Körpers, Gesicht und Hände, oft grüne Hautfarbe, um seinen »grünenden«, das heißt frischen und gedeihlichen Zustand der Todesüberwindung anschaulich zu machen; in selteneren Fällen hat er die schwarze Farbe, die zum finsteren Totenreich gehört.

Eine besondere Erscheinungsform, in der Osiris zuerst im Grabe Sethos' I. und später sehr häufig auf Sargböden der 21. Dynastie begegnet, ist die als personifizierter *Djed*-Pfeiler; das Zeichen erhält in diesen Darstellungen die gekreuzten Arme mit den Attributen des Gottes und wird sogar in ein Gewand gehüllt, dazu mit Augen und mit einer Krone versehen. Hier haben wir eine konsequente Weiterentwicklung der Deutung des *Djed* als »Rückgrat« des Osiris, wozu seine stilisierte Form den Anstoß gab; ursprünglich handelt es sich vielleicht um eine Art Garbenbaum, an den die ersten, abgesichelten Ähren gebunden wurden. Als Amulett weitverbreitet, bedeutet *Djed* »Dauer, Fortbestand« und weist so auf das erhoffte Fortleben der Verstorbenen wie des Osiris; als Anspielung auf die nächtliche Vereinigung des Sonnengottes mit Osiris wird das Zeichen, personifiziert oder nicht, häufig in den Szenen des Sonnenlaufes (Kapitel 6) verwendet.

In den Texten und Bildbeschriftungen erscheint Osiris, wie alle bedeutenden Götter des ägyptischen Pantheons, unter vielen Namen, die auf wichtige Funktionen und Wesenszüge des Gottes hinweisen. Die Totentexte verwenden besonders häufig die Bezeichnungen *Wennefer* (über die griechische Form Onnophris bis heute im Personennamen Onnofrio fortlebend) und *Chontamenti*; mit Wennefer, etwa »der vollendet ist« bedeutend, ist der wiederauflebende Gott angesprochen, mit Chontamenti, »der über die Westlichen gebietet«, der Herrscher und »Stier« des Totenreiches, der auch »König der Lebenden« und »König der Ewigkeit« genannt wird.

Osiris als Djed-*Pfeiler im Grab der Nefertari.*

Nach dem Amduat ist Osiris der »Vornehmste« und »Edelste« aller Verstorbenen, denen er in seinem Königreich der Tiefe Atemluft und Nahrung spendet, da er am Schöpferwort des Sonnengottes Anteil hat und in der Erde über die verborgenen, aber fortgesetzt wirksamen Kräfte der Vegetation gebietet. Das Pfortenbuch hat in einer Szene (Nr. 46) den alten Gedanken gestaltet, daß Osiris zugleich die sterbende und wiederauflebende Pflanzenwelt verkörpert und daß auch diese von den Strahlen der Sonne zu neuem Leben und Blühen erweckt wird. Wie eine Illustration zu den Versen aus dieser Szene

»Es wächst das Brot in den Gefilden der Unterwelt,
wenn Re über dem Leib des Osiris leuchtet;
gehst du auf, dann entstehen die frischen Pflanzen«

wirkt eine Sargmalerei der 21. Dynastie in Cambridge, die aus dem Leib des Osiris Pflanzen aufsprießen läßt und darüber, von einem Armpaar umfaßt, die strahlende Sonne zeigt; im Bildstreifen darüber treffen wir den Doppelsphinx Aker mit der Sonnenbarke, so daß die gesamte Komposition an die schon erwähnten Darstellungen aus dem Höhlenbuch und dem Buch von der Erde erinnert, wo der Leichnam des

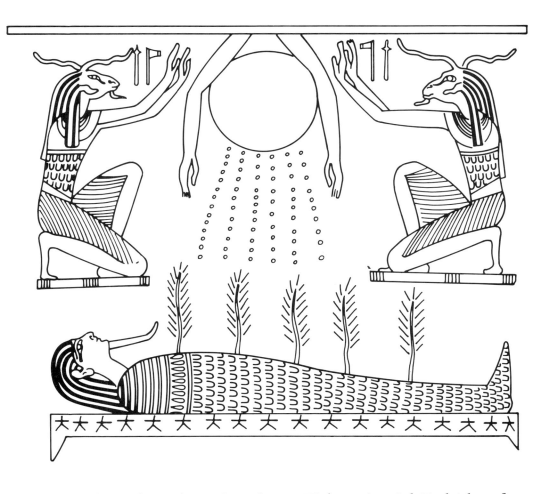

Aus der Mumie aufsprießende Pflanzen unter den Strahlen der Sonne. Sarg im Fitzwilliam Museum, Cambridge.

Gottes unter dem Erdgott Aker in der äußersten Tiefe gezeigt wird. Zugleich muß man hier auf den »Kornosiris« verweisen, der gerade im Tal der Könige bei königlichen wie bei nichtköniglichen Bestattungen als Beigabe vorkommt; man hat dabei auf einer Unterlage aus Holz die typische Gestalt des Gottes in fruchtbarer Erde nachgebildet und mit Getreidekörnern besät, deren Aufsprießen das Wiederaufleben des Jenseitsherrschers und damit auch des einzelnen Toten unmittelbar sichtbar machen sollte.

Im Spruch 69 des Totenbuches spricht der Verstorbene als Osiris: »Ich bin Osiris, der Älteste der Götter, der Erbe meines Vaters Geb«; gleich darauf aber läßt er sich durch den Türhüter bei Osiris anmelden, um mit ihm zusammen sein »Tausend an Brot und Bier« zu erhalten, und an anderen Stellen legt er Wert darauf, als »Gefolgsmann« des Gottes zu gelten. Der Ägypter empfand es nicht als logischen Widerspruch, daß der Tote zu einem »Osiris« wird und doch vom Herrscher der Unterwelt, vom Gott Osiris, streng unterschieden bleibt. So wie er in den Sonnenlauf eintreten möchte, der automatisch zu stetiger Verjüngung und Neugeburt führt, will er auch in Wesen und Schicksal des Osiris eingehen und damit eine Bahn betreten, die ebenso automatisch, in Analogie zum musterhaften Ablauf des Mythos, zu Herrschaft, Versorgung und Triumph über alle Feinde führt. In einer letzten Konsequenz ägyptischen Denkens aber fallen Re und Osiris, Sonnengott und Totenherrscher, in einer einzigen Gestalt zusammen, als Endergebnis aller Bemühungen, die so vielschichtigen Beziehungen der beiden großen Götter zu erfassen und in eine anschauliche Form zu bringen.

Am Beginn des Höhlenbuches streckt Re, der als widderköpfiger Gott in die Unterwelt hinabsteigt, seine Arme Osiris entgegen mit der Aufforderung, ihm die

Auferweckung des Osiris und Fahrt durch Aker im Buch von der Erde.

Hand zu reichen und ihn zu den Wegen der Unterwelt zu leiten. Immer wieder ist auch davon die Rede, daß der Sonnengott Osiris schauen und ihn mit dem Licht seiner Scheibe aufwecken und beleben will wie alle seligen Toten. Seit Merenptah ist dieses Motiv in einer kunstvoll verdichteten Bildaussage an hervorgehobener Stelle in der Sargkammer gestaltet. Gegenüber der Szene mit dem Sonnenlauf, die das Schlußbild des Höhlenbuches abwandelt (Kapitel 6), wird die Auferweckung des Osiris durch das Licht der Sonne dargestellt. Unter einem Halbkreis von Sternen und kleinen Sonnenscheiben liegt dort die Mumie des »großen Gottes, der in seiner Gruft ist«, von je zwei stehenden Osirisfiguren auf beiden Seiten eingerahmt; nach dem Sinnzusammenhang scheint die Mumie den Körper des Sonnengottes, des Osiris und zugleich des verstorbenen Königs zu meinen, und der Sarkophag mit der wirklichen Königsmumie stand einst genau zwischen diesem Auferweckungsbild und den Figuren des Sonnenlaufes.

In der Sargkammer Ramses' VI. ist die Szene in das Buch von der Erde eingefügt und etwas abgewandelt; den Halbkreis der Gestirne unterbricht jetzt, an der höchsten Stelle über der Mumie, eine große Scheibe, aus der nach unten der Falkenkopf des Sonnengottes (in seiner Tagesgestalt) herausragt und den erweckenden Lichtstrahl auf den starren Leib herabsendet. Dieser wird in der Beischrift »der geheime Leichnam, das große Geheimnis unter Aker« genannt und ist, wie im Höhlenbuch und auf dem Sarg in Cambridge, unter diesem Erdgott in der äußersten Tiefe der Unterwelt dargestellt; Aker trägt als Doppelsphinx das Sonnenschiff auf seinem Rücken, ein weiterer Hinweis auf die nächtliche Fahrt des Gottes durch den Abgrund der Erde. Daneben spricht der Text aber auch vom Leichnam des »Horizontischen *(Achti)*« und nennt ihn »Leichnam, in welchem Re ist«, da der Sonnengott in diesen Leib, der sein eigener Körper und zugleich Osiris ist, eingeht. Wörtlich heißt es: »Das Licht tritt ein in seinen Leichnam als Ausspruch, der aus der Sonnenscheibe hervorging.« Licht und

Varianten der Auferweckungsszene in Papyri der 21. Dynastie.

Schöpferwort verbinden sich, um das Wiederaufleben zu bewirken, und dazu gesellt sich der belebende Hauch der Atemluft, der Körper des Osiris »atmet durch die Sonnenscheibe« (Höhlenbuch).

Der ganze komplexe Vorstellungskreis des Wiederauflebens ist in diesem Bild eingefangen, das in den Mythologischen Papyri der 21. Dynastie und auf den Särgen jener Zeit in vielfachen Abwandlungen begegnet, meist mit einem Falkenkopf, der direkt aus dem Himmel herabschaut und den Osirisleib mit Strömen von Licht überflutet. Über den Himmel fährt Re im Sonnenschiff dahin, aber in einer Variante des Padiamunpapyrus in Kairo erblickt man an seiner Stelle den *Djed*-Pfeiler des Osiris, von Isis und Nephthys angebetet, die darunter trauernd neben der Mumie hocken; Klage um den todesmatt daliegenden Gott und Jubel über den Auferstandenen, als *Djed* Aufgerichteten, sind hier in einem einzigen Bild vereinigt. Eine andere Variante kennzeichnet die Mumie, mit »Salbkegel« und ohne Götterbart, deutlich als den Leib der verstorbenen Person und unterstreicht damit den Sinn dieser Szenen: wie Osiris soll auch der Tote jede Nacht durch das Sonnenlicht aus dem Todesschlaf erweckt und wiederbelebt werden.

Wir sahen schon, daß es die älteren Beischriften bewußt in der Schwebe lassen, ob in der Darstellung der Körper des Re oder der des Osiris gemeint ist. Ähnlich doppeldeutig sind schon in der sechsten Nachtstunde des Amduat die Beischriften zum Sonnenleichnam formuliert; auch der vogelgestaltige Götter-*Ba*, der aus der Himmelshöhe in die Unterwelt hinabschwebt, ist der *Ba* des Re und zugleich der *Ba* des Osiris. Aber die beiden Götter sind trotz dieser scheinbaren Vermischung keineswegs miteinander identisch, sondern verbinden sich in einer ganz besonderen Weise, über die ägyptische Theologen des Neuen Reiches immer wieder nachgedacht haben. Zur Definition dieser Verbindung wurde nicht die Lösung des Synkretismus gewählt, der Aneinanderreihung zweier oder mehrerer Götternamen wie in Amun-Re oder in Ptah-Sokar-Osiris, es gibt bis zum Ende des Neuen Reiches keinen Re-Osiris. Statt dessen sprechen bereits die Sargtexte davon, daß der eine Gott als der andere »erscheint« und daß aus der Begegnung ihrer beiden Seelen ein »Vereinigter Ba« hervorgeht, der nach der Abydosstele Ramses' IV. »mit *einem* Munde« spricht.

Diesen Begriff der »Vereinigung« greift dann zu Beginn des Neuen Reiches die »Sonnenlitanei« (Kapitel 6) auf, die den verstorbenen Pharao mit Re wie mit Osiris gleichsetzen möchte. Für die Verbindung der beiden Götter gibt sie die schlichte Formulierung:

Die Bas *von Re und Osiris begegnen einander in Mendes. Totenbuch des Ani.*

183

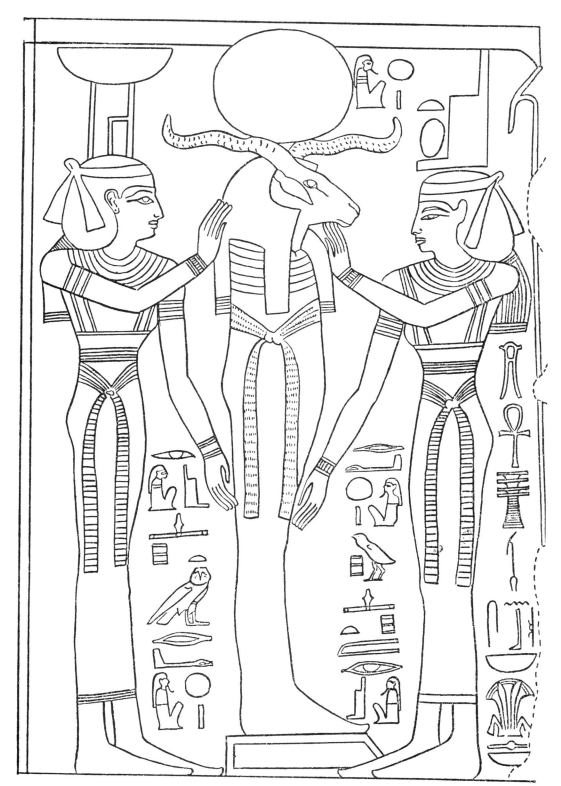

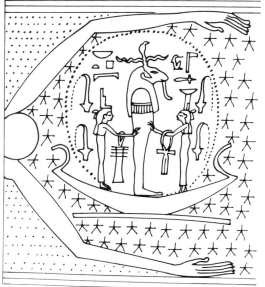

Die Fahrt des Sonnengottes als Re und Osiris im Papyrus der Tentamun.

Der »vereinigte« Re/Osiris zwischen Nephthys und Isis. Grab der Nefertari.

184

»Ein Jubellaut ist in der *Schetit* (Totenreich):
›Re ist das, der in Osiris eingegangen ist,
Osiris ist das, der in Re eingegangen ist‹!«

Die beiden letzten Verse, die auch in den Anfang von Spruch 180 des Totenbuches übernommen wurden, finden wir im Grab der Königin Nefertari und in einigen ramessidischen Beamtengräbern als Beischrift zu einer Figur, in der das gegenseitige Durchdringen der beiden Götter sichtbar und anschaulich gestaltet ist. Dieser »vereinigte« Gott zeigt den ungegliederten Mumienleib des Osiris und den Widderkopf mit der Sonnenscheibe, der zum nächtlichen Sonnengott gehört; dazu stützen ihn Isis und Nephthys, deren Fürsorge ja eigentlich Osiris gilt und erst sekundär auf Re übertragen wird. Der Widderkopf deutet zugleich auf den *Ba*, den man neben der Vogelgestalt auch mit dem gleichlautenden Zeichen des Widders schreiben kann; die ägyptischen Theologen haben den geheimnisvollen Vorgang der »Vereinigung« offenbar so verstanden, daß sich Re als Sonnen-*Ba* jede Nacht mit dem Leib des Osiris neu zu einer Einheit verbindet und daß dieser Leib zugleich sein eigener Leichnam ist, den er in der Tiefe der Unterwelt »besucht«. Hier fanden sie das Vorbild für die allnächtliche Vereinigung aller *Ba*-Seelen der seligen Toten mit ihren Körpern, unbedingte Voraussetzung für ein verjüngtes Wiederaufleben im Jenseits. So ruft Nephthys auf einem der vergoldeten Schreine Tutanchamuns dem jungen König die Verheißung zu:

»Dein *Ba* wird zum Himmel gehören vor Re,
dein Körper zur Erde bei Osiris,
und Tag für Tag wird dein *Ba* auf deinem Körper verweilen.«

Aber wie sich die Einheit von *Ba* und Körper wieder löst, sobald der Sonnengott weiterzieht, so ist auch die Verbindung von Re und Osiris eine vorübergehende, keine bleibende Verschmelzung. Re geht in immer neue Gestalten ein, ist Chepri am Morgen, Harachte am Mittag, Atum am Abend und Osiris bei Nacht. So gewinnt er die Herrschaft über das Totenreich, an der auch der verstorbene König in seiner doppelten Funktion als »Sohn des Re« und als Erbe des Osiris Anteil hat.

Der gegenseitige Eintritt der beiden großen Götter in das Wesen und in die äußere Erscheinung des anderen und das Aufleben dieser neuen, geheimnisvollen Gottesgestalt, die Oben und Unten, Himmel und Erde in sich vereinigt, ist das große Mysterium der Unterwelt. Die Dichter der königlichen Totentexte umgeben diesen Vorgang mit geheimnisvollen Andeutungen. In der siebenten Litanei der »Sonnenlitanei« werden die Toten zu einer Treppe gerufen, dem alten Bild des Urhügels, der die Schöpfung trägt und seine Gestalt der Grabform der Stufenpyramide leiht; in den Mythologischen Papyri und den Sargmalereien der 21. Dynastie wird diese Treppe mit dem Leichnam des Osiris auch dargestellt. Dort ist es der »geheimnisvolle Schrein, . . . den die beiden Frauen hüten«, also Isis und Nephthys. Selige wie Verdammte kennen die »verborgene Gestalt« nicht, sondern allein Re und Osiris, deren gemeinsamer Körper sie ist. Der verstorbene König darf sich ihr nähern, als besondere Auszeichnung, und durch die unmittelbar folgende »Gliedervergottung« (Kapitel 6) wird er selber völlig wesenseins mit den Göttern. Nun ertönt, nach den vorangegangenen Gleichsetzungen mit dem Sonnengott, der eindringliche Ruf des Toten: »Ich bin Osiris, meine Stärke ist die des Osiris, meine Macht ist die des Osiris . . .«, zugleich aber die Bitte an Re: »Öffne die Erde für meinen *Ba*!«

Denn wenn der Sonnengott am Morgen die Unterwelt wieder verläßt und zum Himmel emporsteigt, bleibt der Körper in der finsteren Tiefe zurück. Er ist »das Bild des Osiris, das in der Urfinsternis ist«, wie es am Schluß des Amduat neben der sichtbaren Mumienhülle des Gottes heißt. In der gleichen Szene scharen sich seine Gefolgsleute dicht um ihn und trösten ihn mit einem anbetenden Gesang, in dem immer wieder das Wort *Anch*, »Leben«, vorkommt, denn Osiris ist auch fern von Re ein »Herr des Lebens«. Ihm bleibt die Herrschaft über die abgründige Unterwelt mit ihren geheimnisvollen Kräften, ihren Schrecken und Verheißungen. Inmitten seltsamer Wesen, die ihn umgeben und bewachen, erwartet er die Wiederkehr des Sonnen-*Ba*, der inzwischen durch die Räume des Himmels schweift, bis er zu neuer Vereinigung in die Tiefe zurückkehrt.

Rasetjau heißt der selige Ort, an welchem der Tote mit Osiris zusammensein möchte, in der belebenden und beglückenden Nähe des Gottes. Es ist die jenseitige Entsprechung zur irdischen Kultstätte Abydos, dem großen Wallfahrtsort, an dem der Ägypter ein Grab oder zumindest eine Stele in der Nachbarschaft des Gottesbildes und seines Tempels errichten möchte, um Jahr für Jahr an den »Mysterien« des Gottes teilzuhaben, an den Festspielen, die das Geschehen des Mythos in die Gegenwart holen, Tod und Wiederaufleben des Osiris nachvollziehen. Im Spruch 138 des Totenbuches erreicht der Verstorbene ein jenseitiges Abydos, dessen Götter ihn jubelnd als »Sohn des Osiris« begrüßen, aber vor allem sichert er sich den freien Zugang nach *Rasetjau* (Spruch 117 bis 119), wo die »Verklärten« ihr Brot und Bier empfangen und in unmittelbarer Nähe des Osiris weilen. Dort umgibt ihn die vertraute Landschaft am Unterweltsstrom, die wir in Kapitel 8 kennenlernten, dort steht für ihn alles bereit, was er zum Lebensunterhalt braucht. In den Gefilden von *Rasetjau* ruft er dem Totenherrscher zu:

> »Sei gegrüßt, Osiris, und erhebe dich
> in deiner Macht und in deiner Stärke,
> daß du mächtig bist in *Rasetjau*
> und stark bist in Abydos!
> Du fährst dahin zum Himmel mit Re, daß du alles Volk erblickst.«

Der letzte Vers mag überraschen, ist doch Osiris an die Unterwelt gebunden. Aber der Gott, der triumphierend durch das Himmelstor tritt und in dieser Welt erscheint, ist ja zugleich der *Ba* des Osiris, der im großen Schiff des Re dahinfährt; mit ihm bleibt auch der *Ba* des Verstorbenen allezeit im Sonnenlicht. So ist Osiris in den Lauf des Gestirnes einbezogen – nicht nur als *Djed*-Pfeiler, aus dem die Sonne zum Himmel steigt (Kapitel 6), sondern in vielen anderen Gestalten. Eine kühne und ungewöhnliche Lösung für das immer wieder neu geformte Bildmotiv gibt der Pariser Papyrus der Tentamun. Dort ist der »vereinigte« Gott, in der Kombination von Widderkopf und Mumienleib, in das Sonnenschiff gestellt und wird von Isis und Nephthys betreut; ihre wirksamen Amulette *Djed* und *Anch* verleihen ihm »Dauer« und »Leben«, und die Feuerhieroglyphen um ihn deuten auf den Wall aus Feuer, der die Sonne schützend umgibt und alle feindlichen Mächte abschreckt. Rastlos ist »der große Gott, der Herr des Himmels«, wie ihn die Beischrift nennt, in seinem Gefährt unterwegs – von der Unterwelt, welche die gepunkteten Wüstengebiete andeuten, zum Himmel mit seinen Sternen und wieder hinab in die Tiefe. Wo sich die beiden Sphären berühren, erblickt man die Sonnenscheibe zwischen dem Armpaar, das in den Bildern des Sonnenlaufes für die anonyme Kraft steht, welche das Gestirn und mit ihm die ganze Welt bewegt. Von der Tiefe her umfängt diese Kraft die Sonne bis in die fernsten Räume des Himmels und holt sie immer wieder zurück zu nächtlicher Umarmung, in der Osiris eins wird mit Re und die Welt noch einmal so jung ist, wie sie bei der Schöpfung war.

150

150 *Die vier Seiten des zweiten Pfeilers links in der Sargkammer Sethos' I., nach einem Aquarell von Belzoni. Die Beischriften sind zum Teil mit anderen Pfeilerseiten vertauscht, die dargestellten Götter sind von links nach rechts Osiris, Anubis (widderköpfig!), Chepri und eine der akklamierenden »Mächte von Hierakonpolis«.*

151 *Sethos I. umarmt Osiris als personifizierten Djed-Pfeiler. Aquarelle von Belzoni nach einer Pfeilerseite im Seitenraum N der Sargkammer.*

152 *Die gleiche Szene nach einem unfertigen Aquarell von J. Burton.*

151   152

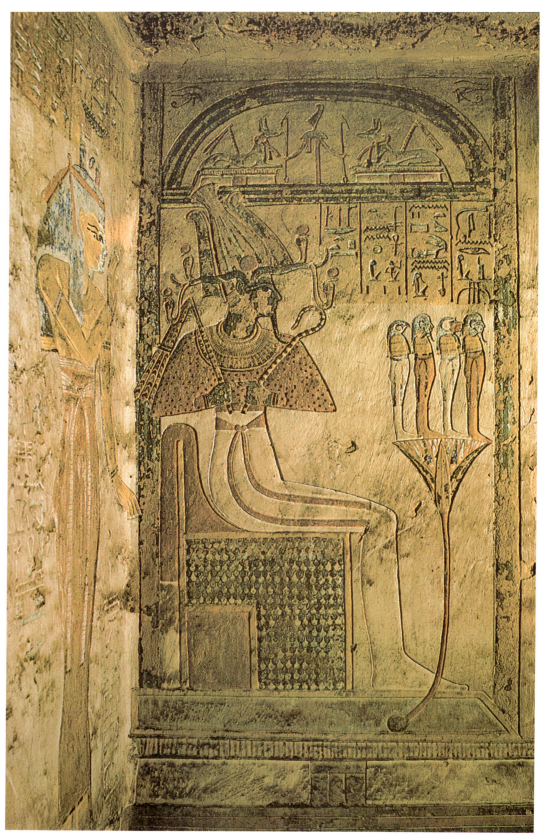

153 Osiris thront in einem Schrein, der oben von einem Zeichen für »Westen«, das zwei Szepter hält, und zwei liegenden Anubisschakalen bekrönt wird. Der Gott trägt die Atefkrone mit mehreren schützenden Uräusschlangen mit Sonnenscheiben und als Zusatz zu seiner üblichen weißen Umhüllung rote Bänder und ein buntes Oberteil mit Halskragen und Halsschmuck; die Hautfarbe ist wieder grün. Vor dem Gott stehen auf einer Lotosblüte die vier »Horuskinder«, hinter ihm, gestaffelt, Isis und Nephthys. Grab der Tausret.

154 Der Gott Ptah mit seiner enganliegenden Kappe und einem Pektoral über dem Halskragen steht in einem Schrein, umfangen von den Flügeln der hinter ihm stehenden Göttin Maat, der »Tochter des Re«. Das kombinierte Szepter des Gottes besteht aus Uas, Schenring und Djed-Pfeiler. Grab der Tausret.

Kapitel 12 **Ausrüstung für die Ewigkeit**

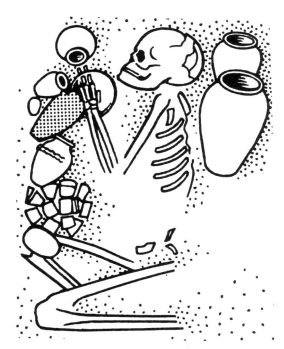

Vorgeschichtliches Begräbnis mit Beigaben.

Die ägyptische Kunst ist aus einer schöpferischen Begegnung mit dem Tod entstanden – aus dem Bestreben heraus, bleibende Werte für die »Ewigkeit« der jenseitigen Totenwelt zu schaffen. Schon vor dem Beginn der geschichtlichen Zeit, während des 4. Jahrtausends v. Chr., wurden die vergänglichen materiellen Beigaben für die Verstorbenen weitgehend durch Objekte aus dauerhaftem Stein ersetzt, und der Ägypter konnte hier frühe Erfahrungen in der Bearbeitung dieses Materials sammeln, wobei er auch vor den edlen Hartgesteinen nicht zurückschreckte, an denen sein Land so reich ist.

Für die Paletten zum Anreiben der Schminke verwendete er meist Schiefer und gab ihnen häufig die Form von Tieren, die wir aus jüngerer Zeit als Sinnbilder der Regeneration kennen: Tilapia-Fisch, Schildkröte, Gazelle, Nilpferd. Da die Schminke als Grabbeigabe mit dazu diente, dem Toten die Frische, Jugend und Lebendigkeit zurückzugeben, kann es nicht überraschen, daß man die Form von Tieren wählte, die durch ihre Lebensweise den Ägypter vielleicht damals schon in dem Glauben bestärkten, daß trotz Tod und Vergänglichkeit ein Überleben im Jenseits möglich ist. Die häufige Vogelgestalt der Paletten könnte entsprechend die Hoffnung auf freie Bewegung im Jenseits andeuten, auf den ungehinderten Flug der Seele zum Himmel; zugleich weisen auch Verschwinden und Wiederkehr der Zugvögel darauf hin, daß die Toten nur vorübergehend aus dem Leben entschwunden sind, um bald in neues Leben einzutreten. Es ist sicher kein Zufall, wenn auch unter den frühen rundplastischen Tierfiguren und bei den tiergestaltigen Gefäßen bevorzugt solche »Regenerations-Tiere« auftreten, die später eindeutig mit dem Wiederaufleben verbunden sind – Frosch, Kröte, Igel, Nilpferd und die Tiere der Wüste (Löwe, Steinbock, Gazelle), die in diesem Reich des Todes überdauern können; auch die zahlreichen Affen (meist Paviane) gehören in diesen Zusammenhang, haben sie doch in jüngerer Zeit vielschichtige Beziehungen zur Ideenwelt um jenseitige Verjüngung und Regeneration, und ihre grüne Farbe deutet auf den »grünenden«, gedeihenden Zustand der wiederauflebenden Toten hin. Auf jeden Fall führen von diesen archaischen Tierfiguren, am Anfang der ägyptischen Kunst, zahlreiche Verbindungslinien zu den prächtigen Tierplastiken des Mittleren Reiches und zu den Tierformen der Siegelamulette. Bezeichnend ist, daß auch die Lotosblüte als wichtiges Regenerationssymbol bereits als frühe Gefäßform begegnet.

Wenden wir uns zu den Anfängen der Malerei und damit zur Dekoration der Tongefäße in den beiden vorgeschichtlichen Negadekulturen, so scheint es, daß auch die Motive der Negade-II-Keramik überwiegend oder sogar ausschließlich mit Bestattung und Jenseits zu tun haben. Das immer wieder dargestellte, auch in Ton und Stein nachgebildete Schiff ist das Gefährt, das den Toten zur Bestattung am Wüstenrand und später über die Wasserwege des Jenseits trägt, die »Tänzerinnen« vollziehen die Totenklage, und Grabhügel wie Seelenvögel scheinen ebenfalls schon angedeutet zu sein, wenn auch noch manches Detail unklar bleibt.

Die ersten plastischen Menschenfiguren, vor allem nackte Frauen und bärtige Männer, die schon früher als die figürlichen Gefäßdekorationen auftreten, können noch nicht überzeugend gedeutet werden; aber sie meinen sicher keine Götterbilder, und so bleibt zumindest die Möglichkeit, daß auch sie etwas mit Bestattung und Weiterleben zu tun haben. Und was wir später an Statuen von Königen und Beamten aus den ersten Dynastien der ägyptischen Geschichte besitzen, sind Grabstatuen, die in einem eigenen Raum des Grabes oder im Totentempel des Königs das jenseitige Fortleben sichern sollten. Dies blieb auch nach dem Alten Reich, als zunehmend Werke für das Diesseits geschaffen wurden, die vornehmste Aufgabe ägyptischer Bildhauerkunst.

155 *König Haremhab vor Osiris, Vorkammer seines Grabes. Er opfert dem »Herrn des Westens und Herrn der Ewigkeit« zwei Gefäße mit Wein. Osiris trägt die Weiße Krone mit Straußenfedern, hat grüne Hautfarbe und hält die Attribute seiner Herrschaft über das Totenreich.*

ihnen sichtlich übergeordnet und kann darum nur Haremhab, der damalige Regent des Landes, sein. Denn Aja, der neue König, vollzieht im Priestergewand unmittelbar vor dem Trauerzug bereits das Ritual der »Mundöffnung« an der osirisgestaltigen Mumie seines Vorgängers.

Dieses uralte Ritual wird bei Sethos I. und Tausret viel ausführlicher, in einer Abfolge von Szenen und Texten, in die Dekoration des Königsgrabes übernommen. Es soll nicht allein den Mund zur Aufnahme von Nahrung und zum Reden öffnen, sondern alle Sinne des Verstorbenen wieder in Funktion setzen. Vor allem die Augen des Toten müssen neu »geöffnet« werden für die Wirklichkeit des Jenseits, in der man die Götter leibhaftig schauen kann. Durch die Mundöffnung werden die starre Mumie und ebenso die Statuen des Verstorbenen zum Leben befähigt; jetzt erst können sie sich an den Opfern freuen, die ihnen gespendet werden. Es spricht für seine Bedeutung, daß dieses Ritual das einzige geblieben ist, das in die Dekoration des königlichen Felsgrabes übernommen wurde.

Zahllose Tonscherben zeugen immer noch davon, daß auch in den Königsgräbern Krüge und Schalen mit materiellen Opfergaben bereitstanden, um einen Pharao auf die Reise in das jenseitige Totenreich zu begleiten. Andere Produkte wurden in geflochtenen Körben aufbewahrt, von denen manche die Jahrtausende überdauert haben. Erhaltene Aufschriften aus dem Grab des Tutanchamun, zum Teil als Holzetikett, zum Teil direkt auf die Tongefäße gepinselt, informieren uns über den einstigen Inhalt dieser Behälter, der sich meist durch chemische Analyse nicht mehr genau bestimmen läßt. Da gibt es Weine verschiedener Jahrgänge und bevorzugter Lagen aus dem Delta, wie »Jahr 5, Wein der Atondomäne vom westlichen Nilarm. Oberwinzer Ani«; weitere Krüge enthalten »Honig von bester Qualität«. Trauben und andere Früchte lagen in Schalen, »15 Brotlaibe« wahrscheinlich in einem Korb, und konserviertes Fleisch wurde in Kästen beigegeben, darunter »Gänsebraten« in einem gansförmigen Kasten.

Kleinere Gefäße, vorzugsweise aus Alabaster, dienten zur Aufbewahrung von Salben und Augenschminke und ergänzen die übrigen Kosmetika wie Kämme, Haarnadeln, Rasiermesser, die alle zusammen der Regeneration des Toten dienen. Der Bronzespiegel hält sein verjüngtes Antlitz fest und deutet mit seinem Namen *Anch* auf das erneuerte Leben hin; so hat der Spiegelbehälter Tutanchamuns die genaue Form des Lebenszeichens, und andere Anspielungen verbinden die Form des Spiegels mit der Sonnenscheibe. Welch ein Bild, sich vorzustellen, daß die nächtliche Sonne in die Spiegel der Toten eintritt und ihre Lichtreflexe durch die ganze finstere Unterwelt sendet!

Eine Fülle von Leinenstoffen begleitet jedes vornehmere Begräbnis, dazu fertige Gewänder, Sandalen und manchmal auch Perücken, damit der Verstorbene immer wieder neue, reine Kleider und Schuhe anlegen konnte. Auch das gehörte zu der Vielzahl guter und nötiger Dinge, die den Seligen in den Totentexten verheißen wird (Kapitel 8).

Pharao geziemt es, auf seinem Platz im Jenseits nicht am Boden zu hocken, wie es das einfache Volk tut, sondern erhöht zu sitzen. Neben dem prunkvollen, vergoldeten Thron, der so deutlich noch den Einfluß der Amarnakunst zeigt, hat Tutanchamun eine große Anzahl weiterer Sitzmöbel – Stühle mit Lehne, Klappstühle zum leichten Transport, einfache Hocker und Fußschemel – mit in sein Grab genommen, so daß es ihm im Totenreich nicht an Sitzgelegenheiten fehlen konnte. Mehrere Betten, dazu die drei prächtigen, mit Tierköpfen verzierten Totenbahren, standen ihm für den jenseitigen Rhythmus von Todesschlaf und Wiederaufleben zur Verfügung, und die zugehörigen Kopfstützen, auf denen der Ägypter schlief, konnten ihn sichtbar emporrichten; eine von ihnen hält der Luft- und Lichtgott Schu mit seinen Armen, um zwischen den beiden Horizontlöwen den toten König aus der Tiefe der Unterwelt zum Himmel zu heben. Gern werden diese Möbel, die für das Jenseits bestimmt sind, mit den beiden schutzkräftigen Gottheiten Bes und Thoëris verziert, die alles Unheil abwehren und auch den besonders gefährdeten, hilflos daliegenden Schläfern beistehen. Den gleichen

Totenklage, »Mundöffnung« und andere Riten vor der Mumie, die Anubis umarmt; dahinter die Stele und das von einer kleinen Pyramide bekrönte Grab, unten Opfer. Totenbuch des Hunefer.

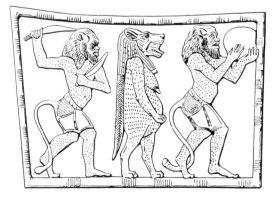

Besgötter mit Tamburin und Messern und eine löwenköpfige Thoëris vom Stuhl der Prinzessin Satamun, Tochter Amenophis' III.

Zweck, jede Bedrohung fernzuhalten und feindliche Mächte zu vertreiben, erfüllen die Lampen, die als königliche Grabbeigabe besonders kunstvoll ausgestaltet sind, gegenüber den schlichten Beleuchtungskörpern, die für die Arbeit in den Gräbern benutzt wurden (Kapitel 4). Als »leuchtendes Horusauge« dienen sie dem Toten, solange die Sonne und ihr »Genosse«, der Mond, nicht leuchten, und nach dem Text von Spruch 137 des Totenbuches umstehen die vier Horussöhne mit Fackeln in den Händen den Verstorbenen, so wie sie für Osiris selbst die Nachtwache halten, damit sein Feind Seth ihm nicht erneuten Schaden zufügt.

Noch direkter kann sich der König mit Waffen zur Wehr setzen, die in seinem Grabschatz bereitliegen, und zumindest einen Dolch nehmen auch Königinnen und Prinzessinnen mit auf die gefährliche Jenseitsreise. Unter den Insignien königlicher Herrschaft, die auch im Totenreich ihre Wirkung ausüben sollen, befinden sich zahlreiche Szepter und Stäbe, darunter einige mit einer Feindfigur am unteren Ende, damit Pharao bei jedem Schritt, den er tut, seine Feinde sichtbar in den Staub stößt, so wie auch in seinen verzierten Sandalen die Feindfiguren »unter seinen Sohlen« sind. Die mächtigsten und »zauberreichen« Teile des königlichen Ornates, die verschiedenartigen Kronen, fehlen dagegen völlig. Das ist kein Zufall der Erhaltung, denn während die Tempelszenen darin schwelgen, den König mit immer wieder anderen Kronen

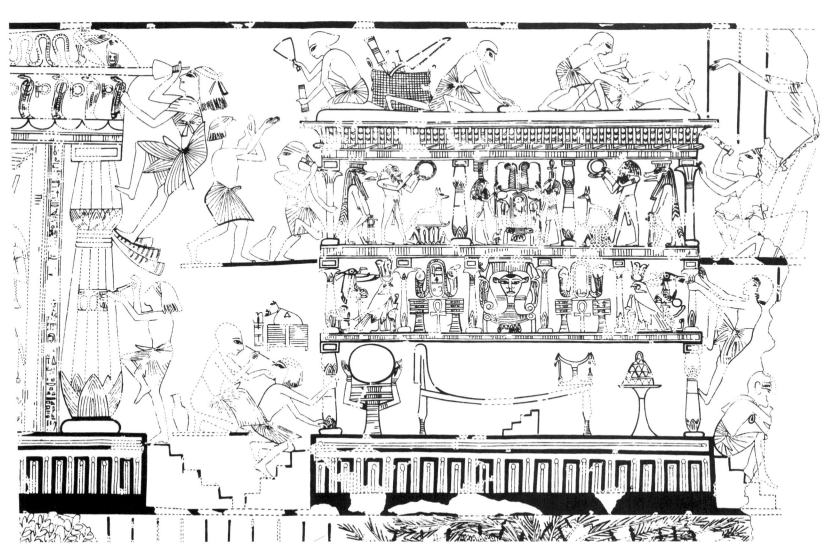

Handwerker bei der Arbeit an einem Schrein und verschiedenen Grabbeigaben, darunter (unten) ein Bett mit Kopfstütze. Grab Theben 217.

abzubilden, erscheint der verstorbene Herrscher in der Grabdekoration fast niemals mit den Kronen, sondern trägt das königliche Kopftuch. So entgeht uns auch die Möglichkeit, originale Königskronen in den Grabschätzen zu finden, wir kennen sie nur aus Darstellungen und Nachbildungen.

Dagegen lernen wir den Streitwagen, der in den Kampfszenen des Neuen Reiches eine so wichtige Rolle spielt, in den Grabschätzen von Juja und Tutanchamun im Original kennen, mit allem Zubehör, bei dem nur das ziehende Pferdegespann fehlt. Da Jagddarstellungen in der Grabmalerei häufig begegnen, mag man an einen solchen Verwendungszweck der vielen Wagen (insgesamt sieben bei Tutanchamun) denken. Jedenfalls dienten sie als modernste Waffe im Kampf gegen »Feinde«, zu denen auch die Jagdtiere gehören, und waren kein allgemeines Transportmittel. Um die Landschaft des Jenseits zu durchqueren, brauchte man nicht Wagen, sondern Boote (Kapitel 8), die auch im Neuen Reich noch zu den häufigen Beigaben gehören und in mehreren Totenbuchsprüchen für den Verstorbenen magisch gesichert werden.

Nur die Boote sind vom einstigen Reichtum an Modellen übriggeblieben, die vor allem in der Ersten Zwischenzeit und zu Beginn des Mittleren Reiches zur Ausrüstung der Toten gehörten – Gesinde, Haus und Hof, bemannte Schiffe und ganze Wirtschaftsbetriebe in Modellform. An ihre Stelle tritt im frühen Mittleren Reich eine neue Art von Beigaben, die als *Uschebti* bezeichnet werden. Anfangs noch rohe, unförmige Holzfiguren, werden sie vor allem im Neuen Reich und später in der 25. und 26. Dynastie sorgfältig und aus den verschiedensten Materialien gestaltet und fehlen in kaum einem Begräbnis. Ursprünglich waren sie, mumiengestaltig, so etwas wie ein Ersatzleichnam des Verstorbenen, der während der chaotischen Ersten Zwischenzeit nicht mehr einbalsamiert wurde; als sein Abbild konnten sie mit seinem Namen und seinen Titeln beschriftet werden. Erst später kam man auf die Idee, diese Figuren als Ersatz für bestimmte, nicht erwünschte Funktionen des Toten einzusetzen, so wie er im Alten Reich seine Dienerfiguren mit in das Grab nahm. Seit der 13. Dynastie tragen die *Uschebti* eine Aufschrift, die mit Spruch 6 des Totenbuches identisch ist und nach dem Spruchtitel dazu dient, »ein *Uschebti* Arbeit leisten zu lassen im Totenreich«. Der Text, der dieses bewirkt, lautet:

»O ihr *Uschebti*,
wenn ich verpflichtet werde, irgendeine Arbeit zu leisten,
die dort im Totenreich geleistet wird –
wenn nämlich ein Mann dort zu seiner Arbeitsleistung verurteilt wird –,
dann verpflichte du dich zu dem, was dort getan wird,
um die Felder zu bestellen und die Ufer zu bewässern,
um den Sand des Ostens und des Westens überzufahren.
›Ich will es tun – hier bin ich!‹ sollst du sagen.«

Sarkophagdeckel im Grab der Königin Tausret. Isis, Nephthys und mehrere Schlangen beschützen den toten Pharao.

So delegiert der Verstorbene jede Verpflichtung zu öffentlichen Arbeiten, die nach Analogie zum Diesseits auch im Jenseits anfallen mögen, vor allem das lästige Bewässern oder Reinigen und Düngen der Felder, an diese Totenfiguren, die für ihn eintreten sollen. Sie sind nicht mehr Diener, sondern Stellvertreter des Toten, wurden aber in großer Zahl hergestellt und beigegeben, um für alle unerwünschten Arbeiten bereitzustehen und dem Toten Beschaulichkeit und edlere Tätigkeit zu ermöglichen, denn das Pflügen, Säen und Ernten in den üppigen Gefilden des Jenseits möchte der Verstorbene durchaus selber besorgen (Kapitel 8). Tutanchamun besaß 413 solcher *Uschebti*, doch war die Idealzahl offenbar 365, das heißt eine Figur für jeden Tag des ägyptischen Jahres, wozu noch Aufseher in der Tracht der Lebenden hinzutreten konnten. Die Ausrüstung mit den nötigen Geräten, vor allem mit Hacken und Körben, um Sand und fruchtbare Erde zu transportieren, wurde den Figuren aufgemalt und manchmal in Miniaturausführung separat beigegeben.

Die Uschebti hatten somit spezielle Funktionen und dienten nicht direkt dem

Weiterleben des Toten. Anders die Grabstatuen aus Holz und dauerhaftem Stein, die mit dem Beginn der ägyptischen Geschichte auftreten und über Jahrtausende hinweg in einer vollständigen Ausstattung für das Jenseits nicht fehlen durften. In den Königsgräbern hat man nur hölzerne, meist geteerte Standbilder verwendet, wie sie Belzoni in den Gräbern von Ramses I. und Sethos I. und Carter mit den beiden vergoldeten »Wächterstatuen« Tutanchamuns fanden. Keine Königsstatuen aus Stein wurden im Tal der Könige verwendet, denn ihr Platz war der monumentale Totentempel des Königs, dazu Kultstätten in anderen Tempeln, wo sie fortgesetzt an den Opfern teilhatten, die man den verstorbenen Herrschern spendete.

Denn allein dort, in den Tempelanlagen beiderseits des Nilstromes, lebte die kultische Verehrung Pharaos über seinen Tod hinaus fort, wurde ihm, nach dem einmaligen Akt der Bestattung im Tal der Könige, weiterhin Hilfe und Versorgung für das jenseitige Dasein gespendet, und in seinen Standbildern war er sichtbar dort anwesend. Das versiegelte Grab, das eigentlich niemals wieder geöffnet werden sollte, barg seine Mumienhülle, eingeschachtelt in eine Vielzahl von Särgen aus Edelmetall, Holz und Stein, versorgt mit reichlichem Vorrat für die weite Jenseitsfahrt durch Raum und Zeit, dazu umgeben von Waffen, Geräten und wirksamen Amuletten, die Schutz oder Wiederaufleben garantierten; unter ihnen fällt vor allem der Skarabäuskäfer ins Auge, Symbol der verjüngten, neuentstandenen Sonne, und daneben das »heile«, unbeschädigte Udjatauge, das auf die erhoffte Unversehrtheit des Toten weist.

Zusammen mit den entsprechenden Darstellungen auf den Grabwänden (Kapitel 5) erzeugt ein ganzes Arsenal von Götterfiguren, zum Teil vergoldet und in Schreine gestellt, um den verstorbenen Pharao eine ungeheuer dichte Atmosphäre göttlicher Präsenz. Sein Sarkophag, der wie das Grab mit fortschreitender Entwicklung immer größere Ausmaße annimmt, zeigt anfangs im Relief Isis, Nephthys und die Horussöhne, also die Schutzmächte des Osiris, nach der Amarnazeit geflügelte Göttinnen, die ihn von den vier Ecken her umspannen. Den allseitigen, lückenlosen Schutz, den sich

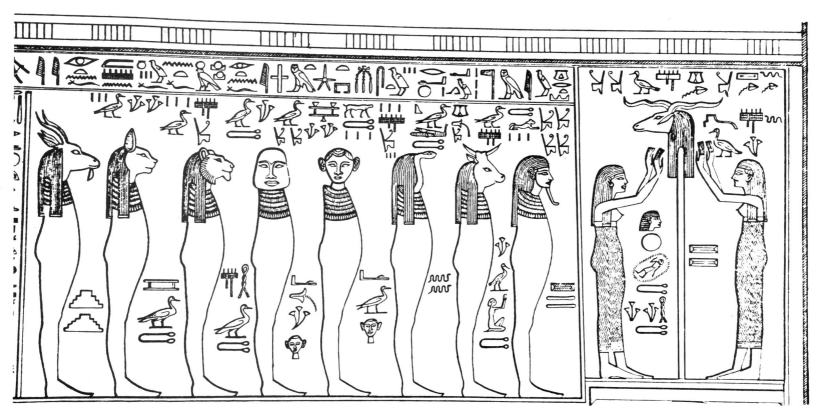

Götterreihe mit kryptographischen Beischriften von einem der vergoldeten Schreine Tutanchamuns.

Szene der Anbetung des Sonnengottes durch den König und Isis/Nephthys über dem Grabeingang von Ramses X. Die Szene wird von Himmel, Wüstengebirge und (nach den Beischriften) Ost- und Westhorizont eingefaßt.

der König erhofft, verbildlichen besonders schön die vier goldenen Göttinnen, die den Schrein mit den vier Eingeweidekrügen (Kanopen) Tutanchamuns mit ihren ausgebreiteten Armen rings umschließen. In diesen Götterarmen weiß sich Pharao geborgen, und von so vielen Schutzhüllen umgeben, scheint sein Leib gesichert genug, um »in alle Ewigkeit« fortzuleben, immer neu das auferweckende Licht der Sonne zu spüren.

Denn nicht nur das viele Gold erhellt die Finsternis dieser Grabstätten. Die Dekoration der Wände, über die wir in vielen Kapiteln gesprochen haben, war ganz darauf ausgerichtet, neben den göttlichen Schutzmächten immer wieder die Sonne wirken zu lassen, die durch ihr Erscheinen Tod und Finsternis und alle feindlichen Mächte vertreibt. Ihr Lauf durch die Unterwelt, ihre Auferweckung der Toten und ihre Vereinigung mit dem Osirisleib wurden in das Königsgrab hineingenommen, wurden im Bild und damit, ägyptisch gesehen, auch in der Wirklichkeit an den Wänden gestaltet, als sicherste Garantie für das Wiederaufleben des Königs. Von der Sonnenscheibe über dem Eingang bis zum Sarkophag in seiner Pfeilerhalle zieht sich durch alle Räume des Grabes diese Bahn der Sonne, die Leib und Seele Pharaos in sich aufnimmt; jede Nacht wird in der geheimnisvollen Grabestiefe das Getrennte neu vereinigt, tritt der Körper, verjüngt und erneuert, aus dem verschlossenen Sarg und der beengenden Mumienhülle frei und ungehindert hervor zu neuem Leben. Auf dieses Ziel ist aller Aufwand, alles Bemühen gerichtet, denn schon für König Merikarê, der in der wirren Zeit zwischen dem Alten und dem Mittleren Reich regierte, gilt die Verheißung seines Vaters über das Jenseits:

»Wer dorthin gelangt, ohne Unrecht zu tun,
der wird dort wie ein Gott sein,
frei schreitend wie die Herren der Ewigkeit.«

156

156 Begräbniszug in der Grabkammer Tutanchamuns. Die eingesargte Mumie des Königs liegt in einem Schrein, der in eine Barke hineingestellt und auf einen Schlitten gesetzt ist. Am Zugseil die höchsten Staatsbeamten, die beiden kahlköpfigen Wesire sind durch ihre besondere Amtstracht deutlich abgehoben; der einzelne, ranghöchste Beamte hinter ihnen kann nur Haremhab als Regent des Landes sein, doch sind den Beamten keine individuellen Namen beigeschrieben.

157 Diener mit den verschiedensten Beigaben für das Begräbnis des Bürgermeisters von Theben, Sennefer. Der Inhalt der Truhen wird über ihnen gezeigt, darunter Sandalen, Königsschurze und eine Mumienmaske. Unten aufgehäufte Opferbrote und geschlachtete Rinder.

157

158/160 *Darstellung von Möbeln und anderen Grabbeigaben in der Sargkammer der Tausret.*

160

161

159/161 *Prunkbetten mit Nilpferdkopf und dem Kopf der Hathorkuh aus dem Grab Sethos' I. (Seitenraum N). Aquarelle von Belzoni, die Bilder sind jetzt fast völlig zerstört.*

201

162 *Sarkophag des Haremhab aus Rosengranit. Von allen vier Ecken her umspannen ihn die geflügelten Schutzgöttinnen Isis, Nephthys, Neith und Selkis, an den Längsseiten sind Anubis und die »Horuskinder« dargestellt.*

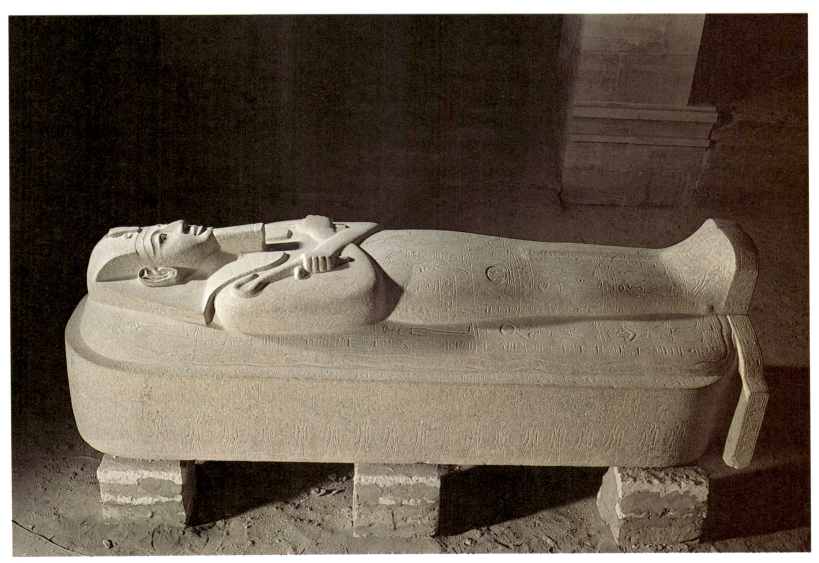

163 Deckel vom inneren Sarkophag des Merenptah aus Rosengranit. Er hat die Form der Königskartusche und trägt ein plastisch herausgearbeitetes Bild des verstorbenen Königs, rings umschlossen von der Uroboros-Schlange.

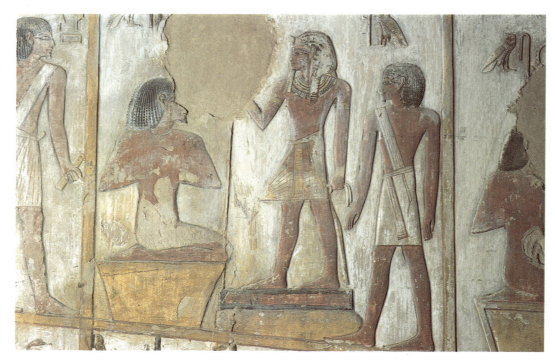

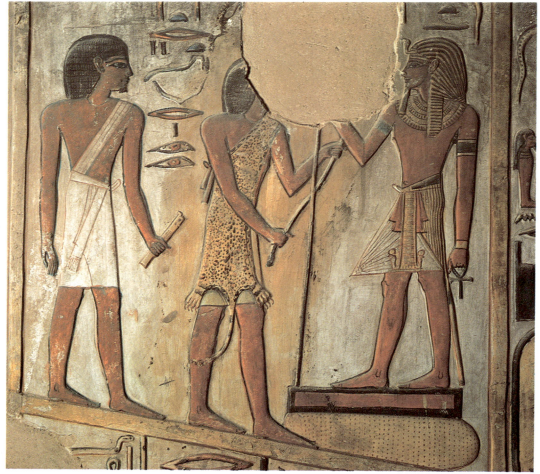

164/165 *Szenen aus dem Ritual der »Mundöffnung« an einer Statue des Königs, Grab Sethos' I.*

166 *Auch im Grab der Tausret ist das Ritual der »Mundöffnung« dargestellt. Der Sempriester vor der Königsstatue, die hier eine hohe Federkrone trägt, hat für die Zeremonie einen besonderen Latz umgebunden.*

167

168

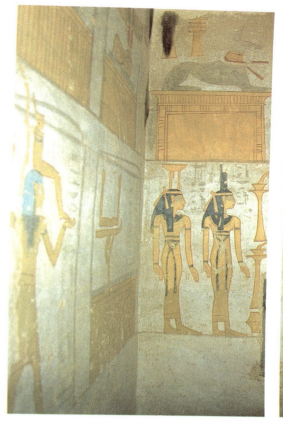

169
170

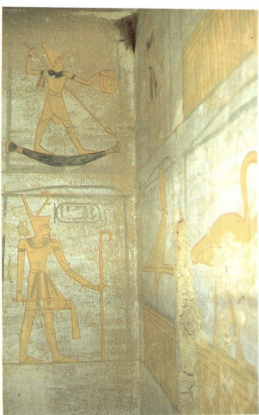

167–172 *Darstellung von Götter- und Königsstatuetten im Grab Sethos' II. Entsprechende Statuetten kennen wir als wirkliche Beigabe aus dem Grabschatz Tutanchamuns.*

171
172

Anmerkungen und weiterführende Literatur

Die bisher einzige wissenschaftliche Monographie über das Tal der Könige und die übrigen königlichen Nekropolen Thebens ist Elizabeth Thomas, *The Royal Necropoleis of Thebes*, Princeton 1966. Unentbehrlich ist ferner Bertha Porter und Rosalind L. B. Moss, *Topographical Bibliography of Ancient Egyptian Hieroglyphic Texts, Reliefs, and Paintings*, Band I, Teil 2 (Royal Tombs and Smaller Cemeteries), 2. Aufl. Oxford 1964.

Kapitel 1

Einen Überblick über die Geschichte des Tales gab E. Thomas im 4. Kapitel des oben erwähnten Buches, mit vielen Zitaten aus den älteren Reiseschriftstellern. Vgl. auch die Kapitel 19 bis 21 bei Walther Wolf, *Funde in Ägypten*, Göttingen 1966, und jetzt John Romer, *Valley of the Kings*, London 1981.

Die griechischen und lateinischen Besucherinschriften der Gräber, die wir in der Reihenfolge der Häufigkeit aufgeführt haben, finden sich bei Jules Baillet, *Inscriptions grecques et latines des tombeaux des rois ou syringes*, Kairo 1926 (MIFAO Band 42), die entsprechenden Inschriften des nördlichen Memnonskolosses bei André und Etienne Bernand, *Les inscriptions grecques et latines du Colosse du Memnon*, Paris 1960.

Diodor behandelt die Königsgräber in Buch I, Kapitel 46, seiner »Historischen Bibliothek« (mit der zusätzlichen Angabe der ägyptischen Priester, nur 17 von den 47 Gräbern hätten sich bis zum Beginn der Ptolemäerzeit erhalten), Strabo in Buch XVII, Kapitel 1, 46, seiner »Geographie«.

Zu den Patres Protais und François siehe Serge Sauneron, BIFAO 67, 1969, 122 ff., und zur arabischen Bezeichnung »Biban el Melouc« als »Gräber (nicht ›Türen‹) der Könige« Ahmed Fakhry, ASAE 37, 1937, 31 mit Anm. 1.

Zu Claude Sicard siehe *Nouveaux Mémoires des Missions de la Comp. de Jésus*, Paris 1717, Bd. II, S. 1–288. Die übrigen erwähnten Berichte des 18. Jahrhunderts bei Richard Pococke, *A Description of the East*, Part I: Observations on Egypt, London 1743 (Beschreibungen von Texten und Bildern der Königsgräber auf S. 98); James Bruce, *Travels to Discover the Sources of the Nile*, Edinburgh 1790; William George Browne, *Travels in Africa, Egypt, and Syria*, 1798 (deutsche Übersetzung von M. C.

Sprengel, Berlin und Hamburg 1801, das Zitat dort S. 118). Der Bericht von Vivant Denon, *Voyage dans la Basse et la Haute Égypte, pendant les campagnes du général Bonaparte*, Paris 1802, jetzt auch deutsch hrsg. von H. Arndt, Tübingen und Basel 1978 (*Mit Napoleon in Ägypten*, das Zitat dort S. 210). Die Beiträge von E. Jomard und L. Costaz stehen in Bd. III der *Description de l'Égypte. Antiquités*, Paris 1821.

Zu Giovanni Battista Belzoni siehe außer seinem eigenen *Narrative of the Operations and Recent Discoveries Within the Pyramids, Temples, Tombs and Excavations, in Egypt and Nubia*, London 1820 (mit Beschreibung des Grabes von Sethos I. auf S. 230–246), noch Stanley Mayes, *The Great Belzoni*, London 1959. Den Alabastersarg veröffentlichten Joseph Bonomi und Samuel Sharpe, *The Alabaster Sarcophagus of Oimenepthah I., King of Egypt*, London 1864, mit äußerst sorgfältigen Kopien. Die unveröffentlichten Manuskripte von James Burton und Robert Hay befinden sich in der British Library in London, die von John Gardner Wilkinson im Griffith Institute in Oxford, die von Nestor l'Hôte im Louvre und in der Bibliothèque Nationale, Paris (eine Auswahl bei J. Vandier d'Abbadie, *Nestor l'Hôte*, Leiden 1963). Eine ausführliche Liste von unveröffentlichtem Material zum Tal der Könige findet sich in der Bibliographie von Porter-Moss (siehe oben), S. XXXV–XXXVII, dazu jetzt noch die inzwischen entdeckten *Wilkinson Squeezes* im Britischen Museum.

Der Brief Champollions in: Jean-François Champollion, *Lettres écrites d'Égypte et de Nubie en 1828 et 1829*, Paris 1833 (und Neuauflage Paris 1868). Seine Abschriften sind niedergelegt in den *Monuments de l'Égypte et de la Nubie*, Paris 1835–1845, dazu die *Notices descriptives*, Paris 1835–1872. Verkleinerter Nachdruck der *Monuments*, Genf o. J., der *Notices*, Genf 1973–1974. Das Material seiner Expedition findet sich auch in: Ippolito Rosellini, *I monumenti dell'Egitto e della Nubia*, Pisa 1832–1844 und verkleinerter Nachdruck Genf 1977.

Zur preußischen Expedition Carl Richard Lepsius, *Denkmaeler aus Aegypten und Aethiopien*, Berlin 1849–1850 (verkleinerter Nachdruck Genf 1972–1973), dazu die von Édouard Naville herausgegebenen Textbände Leipzig 1897–1913 (Nachdruck Genf 1975).

Das Versteck der Königsmumien behandelt zuletzt Michel Dewachter, Bulletin de la Société française d'Égyptologie 74, 1975, 19–32.

Frühe Texteditionen: Édouard Naville, *La Litanie du Soleil*, Leipzig 1875; ders., *La destruction des hommes par les dieux*, in: Socie-

ty of Biblical Archaeology, Transactions 4, 1875, 1–19 (Buch von der Himmelskuh nach Sethos I.), und ibid. 8, 1885, 412–420 (Version im Grab Ramses' III.). Kopien von Lefébure und seinen Mitarbeitern in: E. Lefébure, *Les hypogées royaux de Thèbes*, Paris 1886–1889, seine Übersetzungen des Pfortenbuches (»Book of Hades«) in: *Records of the Past*, London 1874–1881, Bd. X, S. 79–134, und Bd. XII, S. 1–35. Grundlegend dann Gaston Maspero, *Les hypogées royaux de Thèbes*, in: Revue de l'histoire des religions 17, 1888, 251–310, und 18, 1889, 1–67, wiederabgedruckt in: G. Maspero, *Études de mythologie et d'archéologie égyptienne*, Bd. II, Paris 1893, S. 1–181. Die erste Ausgabe der Kurzfassung des Amduat bei Gustave Jéquier, *Le Livre de ce qu'il y a dans l'Hadès*, Paris 1894. Das Zitat im Lehrbuch von Chantepie de la Saussaye steht Bd. I, S. 98, und stammt von H. O. Lange.

Einen Bericht über seine Entdeckungen gab Victor Loret im Bulletin de l'Institut égyptien III, 9, 1898, 91–112. Die Funde aus diesen neuentdeckten Gräbern veröffentlichte Georges Daressy, *Fouilles de la Vallée des Rois*, Kairo 1902 (im Catalogue général des antiquités égyptiennes du Musée du Caire).

Theodore M. Davis veröffentlichte mehrere Bände über seine Grabungen, unterstützt von G. Maspero, H. Carter u. a., siehe dazu die Literatur zu den einzelnen Gräbern unten S. 217. Zum Grab des Tutanchamun und seiner Entdeckung siehe den Originalbericht von Howard Carter und A. C. Mace, *The Tomb of Tut.Ankh.Amen*, London 1923–1933 (deutsche Ausgabe: *Tut-ench-Amun. Ein ägyptisches Königsgrab*, Leipzig 1924–1934), dazu jetzt I. E. S. Edwards, *Tutankhamun. His tomb and its treasures*, New York 1976, und von den Katalogen der großen Ausstellungen u. a. *Toutankhamon et son temps* (Paris 1967) und *Tutanchamun* (Berlin und weitere Orte 1980/81), Mainz 1980. Seit 1963 werden einzelne Objektgruppen seines Grabschatzes in der Reihe Tut'ankhamun's Tomb Series (Oxford) veröffentlicht; die vergoldeten Schreine mit ihren Texten und Darstellungen gab Alexandre Piankoff heraus: *Les chapelles de Tout-Ankh-Amon* (MIFAO 72, 1951/52), und ders., *The Shrines of Tut-Ankh-Amon*, New York 1955 (Bollingen Series XL, 2; auch als Harper Torchbook 1962).

E. A. Wallis Budge übersetzte ausführlich Texte aus den Königsgräbern in seinem dreibändigen Werk *The Egyptian Heaven and Hell*, London 1906. Das Urteil von Adolf Erman steht in *Die ägyptische Religion*, 1. Aufl. (Berlin 1905), S. 114, wiederholt in der 2. Aufl. (1909) auf S. 128 f. und in der 3. Aufl. (*Die*

Religion der Ägypter, 1934) auf S. 236 f. Zur Stellungnahme von Kees siehe Orientalistische Literaturzeitung 1936, Sp. 682.

Texteditionen von Alexandre Piankoff: *Le Livre des Portes* (MIFAO 74, 75 und 90, 1939–1962); *Le Livre du jour et de la nuit*, Kairo 1942; *Le livre des Quererts*, Kairo 1946 (Nachdruck aus BIFAO 41–45); *La création du disque solaire*, Kairo 1953; *The Litany of Re*, New York 1964 (Bollingen Series XL, 4). Ferner zu den Texten Hermann Grapow, *Studien zu den thebanischen Königsgräbern*, ZÄS 72, 1936, 12–39; Siegfried Schott, *Die Schrift der verborgenen Kammer in Königsgräbern der 18. Dynastie*, Nachrichten der Akad. der Wiss. in Göttingen, I. Philol.-histor. Klasse 1958, Nr. 4; ders., *Zum Weltbild der Jenseitsführer des neuen Reiches*, ibid. 1965, Nr. 11. *Amduat:* Erik Hornung, *Das Amduat. Die Schrift des Verborgenen Raumes* (ÄgAbh 7 und 13, 1963–1967). Weitere Textausgaben: ders., *Das Buch der Anbetung des Re im Westen* (AH 2 und 3, 1975–1976); ders. mit A. Brodbeck und E. Staehelin, *Das Buch von den Pforten des Jenseits*, Teil I (AH 7, 1979). Die einschlägigen Texte findet man in Übersetzung bei E. Hornung *Ägyptische Unterweltsbücher*, Zürich und München 1972.

Kapitel 2

Einen Überblick über die Entwicklung des Königsgrabes geben D. Arnold und E. Hornung im *Lexikon der Ägyptologie* (Wiesbaden 1975 ff.) III, Sp. 496–514. Zu den frühen Königsgräbern zusammenfassend Walter B. Emery, *Archaic Egypt*, Harmondsworth 1961 (Pelican Book), zum Menesproblem H. Brunner im *Lexikon der Ägyptologie* IV, Sp. 46–48, zur Form der *Mastaba* J. Brinks, ibid. III, Sp. 1214–1231, zum *Sedfest* und den Kriterien seiner Feier E. Hornung und E. Staehelin, *Studien zum Sedfest* (AH 1, 1974).

Über die Pyramiden zusammenfassend I. E. S. Edwards, *Die ägyptischen Pyramiden*, Wiesbaden 1967 (aus dem Englischen), und zu den verschiedenen Traditionen und Theorien noch J.-Ph. Lauer, *Le mystère des Pyramides*, Paris 1974. Zur Cheopspyramide gibt es eine Flut okkulter Literatur, aber bis heute noch keine exakte Baubeschreibung. Eine vollständige Übersetzung der Pyramidentexte ins Englische gab R. O. Faulkner, *The Ancient Egyptian Pyramid Texts*, Oxford 1969, die deutsche kommentierte Übersetzung von Kurt Sethe, *Übersetzung und Kommentar zu den altägypt. Pyramidentexten*, Glückstadt 1935–1962, ist unvollständig.

Die Königsgräber der 11. Dynastie sind neu veröffentlicht von Dieter Arnold, *Gräber des Alten und Mittleren Reiches in El-Tarif*, Mainz 1976, und ders., *Der Tempel des Königs Mentuhotep von Deir el-Bahari*, Mainz 1974 ff. Die Sargtexte des Mittleren Reiches finden sich in vollständiger englischer Übersetzung bei R. O. Faulkner, *The Ancient Egyptian Coffin Texts*, Warminster 1973–1978.

Zum Friedhof der 17. Dynastie in Dra abu'l Naga grundlegend Herbert E. Winlock, *The Tombs of the Kings of the Seventeenth Dynasty at Thebes*, JEA 10, 1924, 217–277, ferner Kapitel 14 bei W. Wolf, *Funde in Ägypten*, und Kapitel 3 bei E. Thomas, *Royal Necropoleis* (beide siehe zu Kapitel 1).

Zum Neuen Reich, mit dem unterschiedlichen Kanon für königliche und nichtkönigliche Gräber und der fortlaufenden »Erweiterung des Bestehenden«, siehe E. Hornung, *Struktur und Entwicklung der Gräber im Tal der Könige*, ZÄS 105, 1978, 59–66, zum Problem der Grabanlage von Thutmosis II.: ders., *Das Grab Thutmosis' II.*, Revue d'Egyptologie 27, 1975, 125–131, und zum neuen Element des Schachtes Friedrich Abitz, *Die religiöse Bedeutung der sogen. Grabräuberschächte in den ägypt. Königsgräbern der 18. bis 20. Dyn.* (ÄgAbh 26, 1974). Die Entwicklung der Dekoration von Thutmosis I. bis zu Haremhab behandelt E. Hornung mit F. Teichmann, *Das Grab des Haremhab im Tal der Könige*, Bern 1971. Das memphitische Grab des Haremhab wird von Geoffrey T. Martin veröffentlicht werden, zu Ramses I. siehe A. Piankoff, BIFAO 56, 1957, 189–200.

Die Grabform der Dritten Zwischenzeit und der Spätzeit behandelt Rainer Stadelmann, *Das Grab im Tempelhof*, MDIK 27, 1971, 111–123. Den Königsfriedhof von Tanis veröffentlichte Pierre Montet, *La nécropole royale de Tanis*, Paris 1947–1960, die Anlagen der »Gottesgemahlinnen« in Theben-West sind noch unveröffentlicht. Die grundlegende Studie zu dem Grabmal Alexanders und der Ptolemäer ist immer noch H. Thiersch, *Die alexandrinische Königsnekropole*, Jahrbuch des Deutschen Archäolog. Instituts 25, 1910, 55–97.

Kapitel 3

Zu den archaischen Nekropolen in Abydos und Saqqara vgl. Kapitel 2 mit den Anmerkungen. Die Hundestele des Königs Antef II. aus der 11. Dynastie ist veröffentlicht bei H. O. Lange und H. Schäfer, *Grab- und Denksteine des Mittleren Reiches im Museum von Kairo* (Berlin 1902 ff.) unter der Nr. 20 512, der Grabschatz der Königin Hetepheres bei George A. Reisner und William St. Smith, *The tomb of Hetep-heres the Mother of Cheops*, Cambridge, Mass., 1955 (A History of the Giza Necropolis Bd. II). Zu den Grabanlagen in Gîza vor allem das zwölfbändige Werk von Hermann Junker, *Gîza*, Wien 1929–1955, und zur Anlage des Friedhofs W. Helck, *Zur Entstehung des Westfriedhofs an der Cheops-Pyramide*, ZÄS 81, 1956, 62–65. Grab des Mereruka: Prentice Duell, *The Mastaba of Mereruka*, Chicago 1938. Einfache Begräbnisse finden sich in zahlreichen Grabungsberichten, das Material ist noch nicht systematisch gesammelt.

Zu den Königinnenpyramiden vom Ende des Alten Reiches siehe Gustave Jéquier, *La pyramide d'Oudjebten*, Kairo 1928, und ders., *Les pyramides des reines Neit et Apouit*, Kairo 1933. Vorberichte über das Grab des Gouverneurs Medunefer in Balat (Oase Dachle) gab Michel Valloggia im BIFAO 79, 1979, 51–61, und im Bull. de la Société française d'Égyptologie 84, 1979, 6–20. Die Felsgräber behandelt allgemein Hellmut Brunner, *Die Anlagen der ägypt. Felsgräber bis zum Mittleren Reich* (Ägyptologische Forschungen 3, 1936), für die 11. Dynastie vgl. die zu Kapitel 2 genannten Arbeiten von Dieter Arnold. Zum Grab der Nofruptah N. Farag und Zaky Iskander, *The Discovery of Neferwptah*, Kairo 1971, und zu den neuen Funden in der Pyramide Amenemhâts III. in Dahschûr E. Strouhal, MDIK 35, 1979, 323–333.

Zu den thebanischen Gräbern des Neuen Reiches vor allem Georg Steindorff und Walther Wolf, *Die Thebanische Gräberwelt* (Leipziger Ägyptolog. Studien 4, 1936); die Beamtengräber im Tal der Könige behandelt E. Thomas, *The Royal Necropoleis* (Princeton 1966) in Kapitel 9, das erste Grab der Hatschepsut Howard Carter, JEA 4, 1917, 114–118, für Juja und Tjuju vgl. unten S. 217 zu Grab (46). Prinzen- und Prinzessinnengräber in der Provinz: B. J. Kemp, ZÄS 105, 1978, 132 (Medinet Gurob, Fajûm); G. T. Martin, JEA 65, 1979, 16 (Saqqara), und ibid., S. 15, zur Bestattung der Gemahlin Haremhabs.

Das Grab der Nefertari ist in einer vollständigen Ausgabe veröffentlicht von Gertrud Thausing und Hans Goedicke, *Nofretari. Eine Dokumentation der Wandgemälde ihres Grabes*, Graz 1971; die meisten Motive auch bei Edmund Dondelinger, *Der Jenseitsweg der Nofretari*, Graz 1973, und ergänzend zur Anlage und Dekoration E. Hornung, *Das Grab einer ägypt. Königin*, Bibliotheca Orientalis 32, 1975, 143–145. Das Grab der Königin Tausret ist unveröffentlicht, zum geschichtlichen Hintergrund ihrer Zeit vgl. Rosemarie Drenkhahn, *Die Elephantine-Stele des Sethnacht und ihr historischer Hintergrund* (ÄgAbh 36, 1980).

Zum Grab des Useramun E. Hornung, *Die Grabkammer des Vezirs User*, Nachrichten der Akad. der Wiss. in Göttingen, I. Philol.-histor. Klasse 1961, Nr. 5, und ders., ZÄS 92, 1965, 75 f.

Der Grabschatz des Maiherperi ist veröffentlicht bei Georges Daressy, *Fouilles de la Vallée des Rois*, Kairo 1902, S. 1–61. Zum Totenbuch allgemein, mit vollständiger Übersetzung, E. Hornung, *Das Totenbuch der Ägypter*, Zürich und München 1979.

Das Grab des Sennefer (Theben 96) ist immer noch unveröffentlicht. Amenophis, Sohn des Hapu, behandeln Alexandre Varille, *Inscriptions concernant l'architecte Amenhotep, fils de Hapou*, Kairo 1968, und Dietrich Wildung, *Egyptian Saints*, New York 1977, S. 83–110, das Grab des Tjanefer Keith C. Seele, *The Tomb of Tjanefer at Thebes*, Chicago 1959.

Zur »zweiten Cachette« von Deir el-Bahari und ihren Särgen Andrzej Niwiński, *Studies on the Decoration of the Coffins of the Priests of Amun from Thebes*, Diss. Warschau 1979 (noch ungedruckt). Als Beispiel für die thebanischen Gräber der 25./26. Dynastie diene Manfred Bietak und Elfriede Reiser-Haslauer, *Das Grab des Anchhor*, Wien 1978.

Kapitel 4

Das Inenezitat steht bei Kurt Sethe, *Urkunden der 18. Dynastie* (Urkunden des ägypt. Altertums, Abt. IV, Leipzig 1906 ff. und Nachdrukke), S. 57, 3–5, und die Titel ibid., S. 69 und 72. Zum Bauleiter Maja und seinen Mitarbeitern E. Hornung, *Das Grab des Haremhab im Tal der Könige*, Bern 1971, S. 21–23.

Zu den Vorarbeitern von Deir el-Medine ausführlich Jaroslav Černý, *A Community of Workmen at Thebes in the Ramesside Period*, Kairo 1973, das Grab Theben 6 jetzt bei Henri Wild, *La tombe de Néferhotep (I) et Nebnéfer à Deir el Médîne*, Kairo 1979. Das Werk von Černý gibt auch für die übrigen Handwerker, Beamten und Angestellten der Siedlung reiches Material, vgl. ferner zum wirtschaftlichen Leben Jac. J. Janssen, *Commodity Prices from the Ramessid Period*, Leiden 1975, zu den Arbeiten im Tal der Könige J. Černý, *The Valley of the Kings*, Kairo 1973, zu den Texten Schafik Allam, *Hieratische Ostraka und Papyri aus der Ramessidenzeit*, Tübingen 1973, und zu verschiedenen Aspekten des Lebens in

der Siedlung Emma Brunner-Traut, *Die Alten Ägypter*, Stuttgart 1974, Kapitel 12–16.

Zum Arbeitsverlauf und Werkverfahren siehe Frank Teichmann in: E. Hornung, *Das Grab des Haremhab* (wie oben), S. 32–37, und Dieter Arnold zum Stichwort »Grabbau« im *Lexikon der Ägyptologie*, Bd. II, vor allem Sp. 847–851; zusätzliche Beobachtungen in den Gräbern verdanken wir Elisabeth Schmid. Die erhaltenen Entwürfe und Pläne behandeln E. Thomas, *Royal Necropoleis*, S. 277 ff., und J. Černý, *Valley of the Kings*, S. 23 ff. (mit Besprechung der ägypt. Bezeichnung einzelner Räume). Zum Arbeitsbeginn bei Ramses IV. Ostrakon Deir el-Medine 45, 16 f. (J. Černý, *Catalogue des ostraca hiératiques non littéraires de Deir el-Médineh I*, Kairo 1935), für Sethos II. J. Černý und A. H. Gardiner, *Hieratic Ostraca I*, Oxford 1957, pl. 64, 1, 4 f. Die Farbgebung behandeln Caroline Ransom Williams, *The Decoration of the Tomb of Per-Neb*, New York 1932, und Elisabeth Staehelin, *Zu den Farben der Hieroglyphen*, Göttinger Miszellen 14, 1974, 49–53. Zur Beleuchtung und Lampenausgabe vor allem J. Černý, *Valley of the Kings*, S. 43–54.

Grundlegend zur Amenmesse-Episode Rolf Krauß in der Zeitschrift Studien zur altägypt. Kultur 4, 1976, 161–199, und 5, 1977, 131–174. Zu den Umtrieben des Paneb Černý, *Community of Workmen*, S. 300–305, die Klageschrift gegen ihn veröffentlichte Černý, *Papyrus Salt 124*, JEA 15, 1929, 243–258, eine neuere Übersetzung bei Allam, *Hierat. Ostraka und Papyri*, S. 281 ff. Das Gerichtsprotokoll bei Allam, S. 61–63 (Ostr. Kairo CG 25 556), der Brief des Parahotep ibid., S. 114 (Ostr. Deir el-Medine 303), das Berliner Ostrakon ibid., S. 29, und das in Chicago ibid., S. 76 f. Zu den Streiks allgemein William F. Edgerton, *The Strikes in Ramses III's Twenty-Ninth Year*, Journ. of Near Eastern Studies 10, 1951, 137–145.

Zu den Grabräubereien T. E. Peet, *The Great Tomb Robberies of the Twentieth Egyptian Dynasty*, Oxford 1930, und ergänzend J. Capart, A. H. Gardiner und B. van de Walle, *New Light on the Ramesside Tomb-Robberies*, JEA 22, 1936, 169–193; Zusammenfassungen bei W. Wolf, *Funde in Ägypten*, Kapitel 21, und E. Brunner-Traut, *Die Alten Ägypter*, Kapitel 16. Zum Problem der Beraubung des Tutanchamungrabes Thomas Hoving, *Der Goldene Pharao*, Bern und München 1978 (aus dem Englischen), und Rolf Krauß in: *Lübbes Enzyklopädie der Archäologie*, Bergisch Gladbach 1980, S. 458.

Zu den Königsmumien vgl. bereits Kapitel 1 und zu den historischen Vorgängen am Ende des Neuen Reiches K. A. Kitchen, *The Third*

Intermediate Period in Egypt, Warminster 1973; die letzte Beisetzung in der königlichen Cachette scheint im 11. Jahr von Scheschonk I., dem Begründer der 22. Dynastie, erfolgt zu sein.

Kapitel 5

Allgemein zum ägyptischen Götterglauben E. Hornung, *Der Eine und die Vielen*, Darmstadt 1971 (2., unveränderte Aufl. 1973), mit weiterer Literatur. Zu einzelnen Gottheiten vgl. die Stichworte bei Hans Bonnet, *Reallexikon der ägypt. Religionsgeschichte*, Berlin 1952, und im *Lexikon der Ägyptologie*.

Zum Motiv der Baumgöttin Marie-Louise Buhl, *The Goddesses of the Egyptian Tree Cult*, Journ. of Near Eastern Studies 6, 1947, 80–97, und eine ungedruckte Diss., Göttingen 1959: Ramses Moftah, *Die heiligen Bäume im alten Ägypten*.

Den »Kannibalenspruch« der Pyramidentexte, der den Auftritt des Königs im Himmel besonders drastisch schildert, gibt in Übersetzung E. Hornung, *Meisterwerke altägypt. Dichtung*, Zürich und München 1978, S. 59–61. Zur Gliedervergottung siehe den vollständigen Text bei E. Hornung, *Das Buch der Anbetung des Re im Westen* (AH 2–3, Genf 1975–1976), Teil I, S. 209–216, mit Übersetzung Teil II, S. 87 f., und den Erläuterungen ibid., S. 142 ff. Die Beobachtungen im Grab der Tausret verdanke ich Hinweisen von Friedrich Abitz, der darüber eine Publikation vorbereitet.

Hathor als Göttin der Regeneration: E. Staehelin, *Zur Hathorsymbolik in der ägypt. Kleinkunst*, ZÄS 105, 1978, 76–84. Zu Isis allgemein Maria Münster, *Untersuchungen zur Göttin Isis* (vom Alten Reich bis zum Ende des Neuen Reiches), MÄS 11, 1968. Horus als Helfer des Osiris besonders ausgeprägt in Spruch 78 des Totenbuches (mit Vorläufer Spruch 312 der Sargtexte), siehe E. Hornung, *Das Totenbuch der Ägypter*, Zürich und München 1979, S. 157–164 und 462–464. Über die Horuskinder fehlt noch eine Arbeit, ihre Eltern sind nach Totenbuch 112, Vers 31, Horus (Sargtexte: der »älteste Horus«) und Isis.

Der Hymnus auf Ptah bei W. Wolf, *Der Berliner Ptah-Hymnus*, ZÄS 64, 1929, 17–44, zum Jenseits speziell Zeile 74 ff. Datierung des »Denkmals Memphitischer Theologie« unter Ramses II. bei Hermann A. Schlögl, *Der Gott Tatenen. Nach Texten und Bildern des Neuen Reiches*, Freiburg (Schweiz) und Göttingen 1980 (Orbis Biblicus et Orientalis Bd. 29), ebendort zur Verbindung des Ptah mit Tatenen.

Die »Neunheit« behandelt Winfried Barta, *Untersuchungen zum Götterkreis der Neunheit*, MÄS 28, 1973. Zu den Tieren, die auf die erhoffte Regeneration hinweisen, vgl. Kapitel 12.

Kapitel 6

Zur Sonnenlitanei E. Hornung, *Das Buch der Anbetung des Re im Westen*, Genf 1975–1976 (AH 2 und 3). Die folgenden Zitate stammen von S. 101–105, 155 f. und 176 des Textbandes. Zur *Ba*-»Seele« vgl. Kapitel 7, das Zitat über seine freie Beweglichkeit ibid., S. 143.

Totenbuchsprüche zum Einsteigen und Mitfahren in der Sonnenbarke sind 100–102, 134, 136 und 140. Die Bilder des Sonnenlaufes werden neu behandelt bei E. Hornung, *Die Tragweite der Bilder: Altägyptische Bildaussagen*, Eranos-Jahrbuch 48, 1979, 183–237, und ders., *Zu den Schlußszenen der Unterweltsbücher*, MDIK 37, 1981 (im Druck).

Zu den Himmelsbüchern vor allem A. Piankoff, *Le livre du jour et de la nuit*, Kairo 1942, dazu die Neubearbeitung des Nutbuches in: O. Neugebauer und R. A. Parker, *Egyptian Astronomical Texts*, Bd. I, Providence und London 1960, S. 36–94.

Die Erneuerungsszenen in Amduat und Pfortenbuch bei E. Hornung, *Ägypt. Unterweltsbücher*, Zürich und München 1972, S. 185 ff. (Amduatschlange), 212 ff. (Erdbarke) und 295 ff. (Schluß des Pfortenbuches). Zu den übrigen Schlußbildern siehe die oben genannte Arbeit in MDIK 37. Die Darstellung der Mumie als Fisch findet sich im Grab des Chabechnet (Theben Nr. 2) und ist öfter abgebildet, z. B. Steindorff-Wolf, *Theban. Gräberwelt*, Taf. 14 (b).

Das Motiv der Nachtfahrt durch ein Krokodil behandeln A. Piankoff, *Création du disque solaire*, S. 67 ff., und E. Brunner-Traut in: *Festschrift für Siegfried Schott zu seinem 70. Geburtstag*, Wiesbaden 1967, S. 32–36. Zur Hereinnahme der Sonnenbahn in das Königsgrab vgl. Hellmut Brunner, *Illustrierte Bücher im alten Ägypten*, in: *Wort und Bild* (München 1979), S. 201–218, vor allem S. 212 f.; ferner J. Černý, *Valley of the Kings*, S. 27, wo auch die ägyptischen Bezeichnungen der Räume besprochen werden. Sonne im Mund eines Gottes: A. de Buck, Jaarbericht Ex Oriente Lux 5, 1937/38, 306, Fig. 3.

Die Kopie aus der Sargkammer Ramses' III. findet sich bei Champollion, *Notices descriptives* (vgl. zu Kapitel 1) I, S. 422 f. Die Szene ist in etwas veränderter Form und ohne den Königsnamen bei Ramses VI. in das Buch von der Erde übernommen worden, siehe Hornung, *Unterweltsbücher*, S. 461, Abb. 98.

Kapitel 7

Übersetzungen des Amduat und der anderen Unterweltsbücher bei E. Hornung, *Ägyptische Unterweltsbücher*, Zürich und München 1972, die einzelnen Editionen von A. Piankoff und E. Hornung sind oben zu Kapitel 1 aufgeführt. Das Zweiwegebuch des Mittleren Reiches ist übersetzt bei Leonard H. Lesko, *The Ancient Egyptian Book of Two Ways*, Berkeley und Los Angeles 1972, und bei A. Piankoff, *The Wandering of the Soul*, Princeton 1974 (Bollingen Series XL, 6), S. 2–37; den ägyptischen Text enthält vor allem Bd. VII der Edition von Adriaan de Buck, *The Egyptian Coffin Texts*, Chicago 1935–1961. Der Spruch 168 des Totenbuches mit seinen verschiedenen Fassungen findet sich vollständig bei Piankoff, *Wandering of the Soul*, S. 39–114. Zum Pfortenbuch jetzt noch E. Hornung mit A. Brodbeck und E. Staehelin, *Das Buch von den Pforten des Jenseits*, Teil I = AH 7, 1979, Teil II im Druck.

Zu den Torsprüchen im Totenbuch E. Hornung, *Das Totenbuch der Ägypter*, Zürich und München 1979, S. 276–298 und 502–505. Der ausführlich zitierte Name bezieht sich auf das achte Tor, ibid., S. 286.

Sarkophag der Anchnesneferibrê: C. E. Sander-Hansen, *Die religiösen Texte auf dem Sarg der Anchnesneferibre*, Kopenhagen 1937, die zitierte Stelle dort S. 111. Das folgende Zitat stammt von einer Stele in Abydos, etwa aus der Zeit Sethos' I.: G. A. Gaballa, MDIK 35, 1979, 79, nach A. Mariette, *Catalogue général des monuments d'Abydos*, Paris 1880, S. 455. Zu den Totenklagen Erich Lüddeckens, *Untersuchungen über relig. Gehalt, Sprache und Form der ägypt. Totenklagen*, MDIK 11, 1943, eine Auswahl übersetzt auch bei Siegfried Schott, *Altägyptische Liebeslieder*, Zürich 1950, S. 140–143.

Das üppige Korn und die Schnitter des Jenseits werden in den Sprüchen 109 und 149 des Totenbuches beschrieben, siehe Hornung, *Totenbuch*, S. 209 f. und 302 f. Das »Opfergefilde« in den Sargtexten: de Buck, *Coffin Texts*, Bd. V, Spruch 466. Eine ägyptische Meile (*iteru*) entspricht etwa 10,5 km, eine Elle 52,3 cm. Zum Nutbuch vgl. oben zu Kapitel 6 (Neugebauer-Parker), die Parallele im Pfortenbuch (8. Szene) Hornung, *Unterweltsbücher*, S. 205.

Jubel der Paviane im Amduat: Hornung, *Unterweltsbücher*, S. 67 f. Die »Götterneunheit mit großem Schweigen« (Höhlenbuch 5, 3) ibid., S. 316, und zum Jenseits als *Igeret* »Die Schweigende« Hornung, *Das Amduat* II, S. 162 (8).

Zum Wesir Useramun vgl. Kapitel 3, zu den Himmelsbüchern Kapitel 6.

Aussagen über den Zweck der Unterweltsfahrt: siehe Hornung, *Unterweltsbücher*, S. 91 unten, 204, 255 und 320. Das Licht als überquellender Same des Sonnengottes: Hornung, *Buch der Anbetung des Re* II, S. 109 (96).

Kapitel 8

Zur ägyptischen Balsamierungstechnik (Mumifizierung) existiert eine Fülle von Literatur; einen knappen Überblick gibt A. T. Sandison unter dem Stichwort »Balsamierung« im *Lexikon der Ägyptologie* I, Sp. 610–614, seitdem noch allgemein Ange-Pierre Leca, *Les momies*, Paris 1976. Zur religiösen Anthropologie siehe E. Hornung, *Einführung in die Ägyptologie*, Darmstadt 1967, § 33, mit der älteren Literatur; seitdem noch zum *Ba* Elske Marie Wolf-Brinkmann, *Versuch einer Deutung des Begriffs »b3« anhand der Überlieferung der Frühzeit und des Alten Reiches*, Freiburg i. Br. 1968, und Louis V. Žabkar, *A Study of the Ba Concept in Ancient Egyptian Texts*, Chicago 1968, zum Schatten Beate George, *Zu den altägypt. Vorstellungen vom Schatten als Seele*, Bonn 1970, und zum *Ach* (Bezeichnung der seligen Toten als »Verklärte«) Gertie Englund, *Akh – une notion religieuse dans l'Égypte pharaonique*, Uppsala 1978. Das Zitat über den Namen aus Spruch 316 der Sargtexte (de Buck, *Coffin Texts* IV, 109 f–g), weitere ähnliche Wendungen bei Siegfried Schott, MDIK 25, 1969, 135, und zur jenseitigen Bedeutung des Namens auch Totenbuch, Spruch 25 (Hornung, *Totenbuch*, S. 88 f.).

Das Material zu den ägyptischen Dekangestirnen haben O. Neugebauer und R. A. Parker, *Egyptian Astronomical Texts*, Providence und London 1960–1969, gesammelt; vgl. ferner E. Hornung, *Zur Bedeutung der ägypt. Dekangestirne*, Göttinger Miszellen 17, 1975, 35–37 (dort auch zum Zweck der »Sternuhren« in den Gräbern, die nicht als genaue Hilfsmittel zur Messung der Zeit gedacht waren, sondern den Toten in den Kreislauf der Gestirne aufnahmen).

Zur Darstellung des Leichnams in der Amarnazeit siehe Marianne Guentch-Ogloueff, Revue d'Égyptologie 4, 1940, 75–80. Das Zitat aus dem Pfortenbuch (40. Szene) bei Hornung, *Unterweltsbücher*, S. 248, und ähnliche Anrufe der Mumien im Pfortenbuch, ibid., S. 209 f. und 222. Zu den verschiedenen Phasen des

213

Aufrichtens aus dem Todesschlaf vgl. ibid., S. 118, 264, 361, 449 und 468. Zum Ersatz des Kopfes ibid., S. 414 f. (Höhlenbuch).

Die absichtliche Verstümmelung des Leichnams behandelt vor allem Alfred Hermann, *Zergliedern und Zusammenfügen. Religionsgeschichtliches zur Mumifizierung*, Numen 3, 1956, 81–96; vgl. ferner G. R. H. Wright, *The Egyptian Sparagmos*, MDIK 35, 1979, 345–358, und zu den positiven Aspekten der Verwesung Ingeborg Clarus, *Du stirbst, damit du lebst. Ägypt. Mythologie in tiefenpsycholog. Sicht*, Fellbach 1980, S. 62–64 (ihr Buch gibt u. a. eine tiefenpsychologische Deutung des Amduat).

Zu den Göttern mit dem Meßstrick siehe Hornung, *Unterweltsbücher*, S. 229 f., und ibid., S. 69, 72 und 81, zur Zuweisung von Äckern an die seligen Toten im Amduat. Das »leuchtende« Korn ibid., S. 256 (Pfortenbuch, 46. Szene), die Fremdvölker ibid., S. 233–235 (von Belzoni noch vollständig im Grab Sethos' I. kopiert, heute weitgehend zerstört). »Vieh des Re« und ähnliche Bezeichnungen für die Menschen haben im Ägyptischen durchaus positive Bedeutung.

Der Jubelruf »Geöffnet sind die Tore . . .« steht in der »Sonnenlitanei«: Hornung, *Buch der Anbetung des Re* I, S. 194. Die folgende Klage stammt aus der 14. Szene des Pfortenbuches (Hornung, *Unterweltsbücher*, S. 217).

Zum Problem der Zeit, ihrer Entstehung und Begrenzung Jan Assmann, *Zeit und Ewigkeit im alten Ägypten. Ein Beitrag zur Geschichte der Ewigkeit*, Abhandl. der Heidelberger Akad. der Wiss., Philos.-histor. Klasse 1975, Nr. 1, und E. Hornung, *Zeitliches Jenseits im alten Ägypten*, Eranos-Jahrbuch 47, 1978, 269–307.

Kapitel 9

Material und Belege zu diesem Kapitel finden sich vor allem bei Jan Zandee, *Death as an Enemy*, Leiden 1960, und E. Hornung, *Altägypt. Höllenvorstellungen*, Berlin 1968 (Abhandl. der Sächsischen Akad. der Wiss. zu Leipzig, Philolog.-histor. Klasse, Bd. 59, Heft 3). Zum Jenseitsgericht im Totenbuch Christine Seeber, *Untersuchungen zur Darstellung des Totengerichts im Alten Ägypten*, MÄS 35, 1976, und zu den älteren Vorstellungen Reinhard Grieshammer, *Das Jenseitsgericht in den Sargtexten*, ÄgAbh 20, 1970.

Das erste Zitat aus Wolfgang Helck, *Die Lehre für König Merikare*, Wiesbaden 1977, S. 31. Vollständige Übersetzung von Totenbuchspruch 125 bei Hornung, *Totenbuch*, S.

233–245, die »Negative Konfession« auch ders., *Meisterwerke altägypt. Dichtung*, Zürich und München 1978, S. 63–69. Die Gerichtsszene im Amduat: ders., *Unterweltsbücher*, S. 129–133, im Pfortenbuch ibid., S. 237–240, im Buch von der Nacht A. Piankoff, *Le livre du jour et de la nuit*, Kairo 1942, S. 66 f. Die demotische Setna (Seton)-Erzählung ist vollständig übersetzt bei Emma Brunner-Traut, *Altägypt. Märchen*, 4. Aufl., Düsseldorf 1976, S. 171–215; ihr Inhalt gestaltet vor allem das altägyptische Motiv vom Zaubererwettstreit. Den Brief des Osiris im Pap. Chester Beatty I übersetzt Brunner-Traut auf S. 105. Schlimme Wesen in der »Sonnenlitanei«: Hornung, *Buch der Anbetung des Re* I, S. 173–175, und ähnlich ibid., S. 142 f., 146 f. und 235 f. (Übersetzung ibid., Teil II).

Gefesselte im Pfortenbuch: siehe Hornung, *Unterweltsbücher*, S. 205–207 und 270 f., die »Pfähle des Geb« (45. Szene) ibid., S. 254 f. Der Sonnengott als »Fesselnder« (64. Anruf der »Sonnenlitanei«) Hornung, *Buch der Anbetung des Re*, Teil II, S. 118 (176) und (178), und ders., *Das Amduat*, Teil III, S. 63. Vgl. noch die Sentenz »Wer dort gebunden ist, wird nicht gelöst« aus einem späteren Papyrus: S. Schott, MDIK 14, 1956, 187.

Zum Herausreißen der Herzen Belege bei Hornung, *Buch der Anbetung des Re*, Teil II, S. 132 (341), das Zitat aus dem Höhlenbuch nach A. Piankoff, *Le Livre des Quererts*, Kairo 1946, pl. 49, 3, und zum Keltern des Blutes S. Schott, *Das blutrünstige Keltergerät*, ZÄS 74, 1938, 88–93.

Der »Große Feurige« im Pfortenbuch bei Hornung, *Unterweltsbücher*, S. 270–272 (59./60. Szene), die drei Schlangen im Höhlenbuch ibid., S. 320 f., die Feuergruben im Amduat ibid., S. 179–181, die »Fallen« im Pfortenbuch ibid., S. 227, das »Feuerloch« ibid., S. 249 f. (41. Szene), und der Text zu den Kesseln ibid., S. 392. Die Grabmalerei in Achmim aus römischer Zeit (2. Jahrhundert n. Chr.) bei F. W. von Bissing, ASAE 50, 1950, 557 mit Taf. I.

Zum Nichtsein der Verdammten Hornung, *Höllenvorstellungen*, S. 32, die Stelle über das Horusauge Piankoff, *Livre des Quererts*, pl. 48, 6.

Kapitel 10

Zur Begegnung Re–Apophis fehlt noch eine zusammenfassende Darstellung, kurze Übersichten geben Hornung, *Unterweltsbücher*, S. 45–47, und das Stichwort »Apophis« im *Lexikon der Ägyptologie* I, Sp. 350–352.

Die literarische Bewältigung des allgemei-

nen Zerfalls am Ende des Alten Reiches und die ägyptische Auseinandersetzung mit seinen Ursachen sind mehrfach behandelt: Eberhard Otto, *Der Vorwurf an Gott*, Hildesheim 1951; Gerhard Fecht, *Der Vorwurf an Gott in den »Mahnworten des Ipu-wer«*, Abhandl. Heidelberger Akad. der Wiss., Philos.-histor. Klasse 1972, Nr. 1; W. Barta, *Die Erste Zwischenzeit im Spiegel der pessimistischen Literatur*, Jaarbericht Ex Oriente Lux 24, 1976, 50–61; F. Junge, *Die Welt der Klagen*, in: J. Assmann u. a., *Fragen an die altägypt. Literatur*, Wiesbaden 1977, S. 275–284; E. Hornung, *Verfall und Regeneration der Schöpfung*, Eranos-Jahrbuch 46, 1977, 411–449.

Der Sargspruch 414 ist übersetzt bei R. O. Faulkner, *The Ancient Egyptian Coffin Texts* II, Warminster 1977, S. 65, Totenbuchspruch 108 zuletzt Hornung, *Totenbuch*, S. 206–208 und 481 f., dazu noch die ausführliche Schilderung in Spruch 39 ibid., S. 107–110 und 439–441. Zu den Apophisszenen der Unterweltsbücher vgl. die oben genannten Übersichten. Das »Apophisbuch« der Spätzeit (im Papyrus Bremner-Rhind) ist übersetzt von R. O. Faulkner, JEA 23, 1937, 166–185, und 24, 1938, 41–53.

Zur komplexen Natur des Seth siehe Herman te Velde, *Seth, God of Confusion*, Leiden 1967, und E. Hornung, *Seth. Geschichte und Bedeutung eines ägypt. Gottes*, Symbolon N.F. 2, 1974, 49–63. Das Motiv des *Uroboros* begegnet erstmals auf einem der vergoldeten Schreine Tutanchamuns, siehe A. Piankoff, *The Shrines of Tut-Ankh-Amon*, New York 1955 (Bollingen Series XL, 2), pl. 48, und allgemein B. H. Stricker, *De grote Zeeslang*, Leiden 1953.

Das »Buch von der Himmelskuh« ist ebenfalls zuerst auf einem der Schreine Tutanchamuns belegt (Piankoff S. 26–37 mit pl. 56), jedoch unvollständig. Zum Teil übersetzt ist es bei E. Brunner-Traut, *Altägypt. Märchen* (vgl. zu Kapitel 9) als Nr. 9, eine kommentierte Neuausgabe von E. Hornung und Mitarbeitern erscheint in der Reihe Orbis Biblicus et Orientalis.

Kapitel 11

Über den Gott Osiris und seinen Mythos gibt es noch keine wirkliche Monographie. Für einen ausführlichen Überblick sei auf den Artikel »Osiris« in *Paulys Realencyclopädie der classischen Altertumswissenschaft*, Supplementbd. IX, Stuttgart 1962, Sp. 469–513, von W. Helck verwiesen, ferner auf J. G. Griffiths, *The Origins of Osiris and his cult*, Leiden 1980 (Studies in the History of Religions XL); zwei der wichtigsten Texte sind bei E. Brunner-Traut, *Altägypt. Märchen* (vgl. zu Kapitel 9), übersetzt: der Osirismythos von Plutarch, S. 88–93, der Streit zwischen Horus und Seth (Pap. Chester Beatty I), S. 93–107.

Totenbuchspruch 154 vollständig übersetzt bei Hornung, *Totenbuch*, S. 331–334. Zur positiven Rolle der Verwesung vgl. oben zu Kapitel 8. Das Zitat aus dem Höhlenbuch nach Piankoff, *Livre des Quererts*, pl. 35, 3 (vgl. Hornung, *Unterweltsbücher* S. 353). Besondere Wirkung hat der Ausfluß des Osiris auch in Spruch 63 B des Totenbuches, doch ist die Deutung der Stelle nicht ganz sicher.

Zur Szene mit dem Osiriskasten im Buch von der Erde Hornung, *Unterweltsbücher*, S. 458–461, und ibid., S. 468 f., zu der Szene mit Horus. Der Osirisleichnam im Höhlenbuch ibid., S. 352 f. und 418 f., als »Mumie mit langem Phallus« wird Osiris in einem ramessidischen Lied gepriesen: A. Erman, ZÄS 38, 1900, 30. Zu Totenbuchspruch 78 siehe Hornung, *Totenbuch*, S. 157–164 und 462–464, zum stierköpfigen Osiris Hornung, *Unterweltsbücher*, S. 313 f. Die Bedeutung des Namens *Wennefer* (genauer »existierend an Vollkommenheit«) behandelt G. Fecht, *Wortakzent und Silbenstruktur* (Ägyptolog. Forschungen 21, 1960), S. 58 f., § 107. Die Darstellung auf dem Sarg im Fitzwilliam Museum (Cambridge) vollständig bei R. T. Rundle Clark, *Myth and Symbol in Ancient Egypt*, London 1959, S. 254 f. mit pl. 18, zum »Kornosiris« vgl. das Stichwort im *Lexikon der Ägyptologie* III, Sp. 744–746 (Ch. Seeber-Beinlich), als Beigabe im Tal der Könige ist er in den Gräbern von Amenophis II., Tutanchamun, Maiherperi und Juja/Tjuju belegt.

Zur spezifischen Verbindung von Re und Osiris siehe E. Hornung, *Das Amduat* (vgl. Kapitel 7), Teil II, S. 124, und ders., *Der Eine und die Vielen*, Darmstadt 1971, S. 85–87, zur Auferweckungsszene in der königlichen Sargkammer ders., MDIK 37, 1981 (im Druck), und ders., *Unterweltsbücher*, S. 429–431 (Buch von der Erde), das »Atmen durch die Sonnenscheibe« ibid., S. 395.

Der Padiamunpapyrus findet sich bei A. Piankoff und N. Rambova, *Mythological Papyri*, New York 1957 (Bollingen Series XL, 3), Nr. 10, das Zitat vom Tutanchamunschrein bei Piankoff, *Shrines of Tut-Ankh-Amon*, pl. 21, das aus der Sonnenlitanei bei Hornung, *Buch der Anbetung des Re*, Teil II, S. 87; zur Anbetung des Osiris in Rasetjau siehe Hornung, *Totenbuch*, S. 228 (Spruch 119). Den Papyrus der Tentamun veröffentlichte A. Piankoff, *The Funerary Papyrus of Tent-Amon*, Egyptian Religion 4, 1936, 49–70.

Kapitel 12

Eine zusammenfassende Arbeit über Grabbeigaben in Ägypten fehlt noch, zum repräsentativen Grabschatz des Tutanchamun ist einiges aus der verstreuten Literatur oben zu Kapitel 1 genannt.

Zu den Schminkpaletten siehe E. Staehelin, in: *So lebten die Alten Ägypter*, S. 62–65 dieser Katalog der Ausstellung 1976/77 im Museum für Völkerkunde Basel enthält auch Beiträge zu anderen Objektgruppen, die dem Toten mitgegeben wurden; zur Deutung der verschiedenen Tiere, die in der Gestaltung und Dekoration von Paletten, Gefäßen, Siegelamuletten u. a. durch Jahrtausende hindurch eine solche Rolle spielen, siehe E. Hornung, E. Staehelin u. a., *Skarabäen und andere Siegelamulette aus Basler Sammlungen*, Mainz 1976, S. 106–163. Zur Deutung der Motive auf den Negade-II-Gefäßen E. Brunner-Traut, Revue d'Égyptologie 27, 1975, 41–55; in der früheren Negade-I-Kultur werden einige der schon erwähnten Tiere bevorzugt. Die Problematik der frühen Menschenfiguren behandelt Peter J. Ucko, *Anthropomorphic Figurines of Predynastic Egypt and Neolithic Crete*, London 1968, S. 409 ff., vgl. auch E. Hornung, *Der Eine und die Vielen* (siehe zu Kapitel 5), S. 93 f.

Die grundlegende Kunstgeschichte Altägyptens gab Walther Wolf, *Die Kunst Ägyptens*, Stuttgart 1957, die intakten Grabfunde behandelt ders., *Funde in Ägypten*, Göttingen 1966, in mehreren Kapiteln. Zur »Opferliste« siehe W. Barta, *Die altägypt. Opferliste*, MÄS 3, 1963, zu den »Gerätefriesen« G. Jéquier, *Les frises d'objets des sarcophages du Moyen Empire*, MIFAO 47, 1921, und zu den Darstellungen des Begräbniszuges Jürgen Settgast, *Untersuchungen zu altägypt. Bestattungsdarstellungen*, Glückstadt 1963. Die Statuetten bei Sethos II., Tutanchamun und in anderen Königsgräbern behandelt F. Abitz, *Statuetten in Schreinen als Grabbeigaben in den ägypt. Königsgräbern der 18. und 19. Dynastie*, ÄgAbh 35, 1979.

Die Formel »Hüte dich, Erde!« (Grab des Tutanchamun) begegnet in Ritualtexten häufig und soll dem herankommenden Gott oder König den Weg bereiten. Zum Ritual der »Mundöffnung«, das auch in den Gräbern von Ramses II., Merenptah und Ramses III. zum Bildprogramm gehörte, aber schlecht erhalten ist, siehe Eberhard Otto, *Das ägyptische Mundöffnungsritual*, ÄgAbh 3, 1960. Die Krugaufschriften aus dem Tutanchamungrab veröffentlicht J. Černý, *Hieratic inscriptions from the tomb of Tut'ankhamun*, Oxford 1965 (Tut'ankhamun's Tomb Series II). Zur Bedeutung

der Kosmetika vgl. E. Hornung, E. Staehelin u. a., *Skarabäen . . . aus Basler Sammlungen* (wie oben), S. 140 f., zum Spiegel vor allem Christine Lilyquist, *Ancient Egyptian Mirrors from the Earliest Times through the Middle Kingdom*, MÄS 27, 1979. Zur Deutung der Stäbe Tutanchamuns mit Feindfiguren Raphael Giveon, Chronique d'Égypte 54, 1979, 90. Der König wird erst seit Merenptah in der Eingangsszene des ersten Korridors mit Krone dargestellt, bei Sethos I. und Ramses II. trägt er auch dort ein Kopftuch.

Die Uschebti-Totenfiguren behandelt grundlegend Hans D. Schneider, *Shabtis*, Leiden 1977, vgl. ferner H. Schlögl und M. Sguaitamatti, *Arbeiter des Jenseits*, Zürcher Archäologische Hefte 2, 1977. Die königlichen Sarkophage der 18. Dynastie hat William C. Hayes, *Royal Sarcophagi of the XVIII Dynasty*, Princeton 1935«, behandelt, eine Fortsetzung für die Ramessidenzeit fehlt noch. Zu den Skarabäen und anderen Siegelamuletten vgl. das oben genannte Werk von E. Hornung, E. Staehelin u. a. Hier können nicht alle Gruppen von Objekten behandelt werden, die als Grabbeigabe dienten, ergänzend wäre noch auf Musikinstrumente, Brettspiele, Schreibgeräte, Blumengirlanden und vieles andere hinzuweisen. Das abschließende Zitat aus der Lehre für Merikarê findet sich bei W. Helck, *Die Lehre für König Merikare*, Wiesbaden 1977, S. 32 f.

Abkürzungen

ÄgAbh	Ägyptologische Abhandlungen, Wiesbaden 1960 ff.
AH	Aegyptiaca Helvetica, Genf 1974 ff.
ASAE	Annales du Service des Antiquités de l'Égypte, Kairo 1900 ff.
BIFAO	Bulletin de l'Institut français d'archéologie orientale, Kairo 1901 ff.
JEA	Journal of Egyptian Archaeology, London 1914 ff.
MÄS	Münchner Ägyptologische Studien, Berlin 1962 ff.
MDIK	Mitteilungen des Deutschen Archäologischen Instituts, Abteilung Kairo (bis 1944: Mitteilungen des Deutschen Instituts für ägyptische Altertumskunde in Kairo), Berlin und Wiesbaden 1930 ff.
MIFAO	Mémoires publiés par les membres de l'Institut français d'archéologie orientale du Caire, Kairo 1902 ff.
ZÄS	Zeitschrift für ägyptische Sprache und Altertumskunde, Leipzig und Berlin 1863 ff.

Ergänzungen zur 3. Auflage

Kapitel 1

Claude Sicard, *Œuvres*, ed. M. Martin, Kairo 1982.

G. Belzoni, *Entdeckungs-Reisen in Ägypten 1815–1819*, deutsche Übersetzung (in Auswahl) von I. Nowel, Köln 1982.

S. Tillett, *Egypt Itself. The Career of Robert Hay*, London 1984.

Zum *Buch von den Pforten* liegt jetzt auch Teil II (Übersetzung und Kommentar) vor, Genf 1984 (Aegyptiaca Helvetica 8/1980). Von E. Hornung, *Ägyptische Unterweltsbücher*, erschien 1984 eine 2., erweiterte Auflage (mit Index).

Kapitel 3

H. Altenmüller und Mitarbeiter planen, das Grab der Königin Tausret herauszugeben; ein erster Vorbericht erschien in: *Studien zur altägypt. Kultur* 10, 1983, 1–24.

Kapitel 4

Zu den Handwerkern von Deir el-Medine jetzt noch E. S. Bogoslovskij, *Drevne-egipetskie mastera*, Moskau 1983 (russisch), und J. Romer, *Ancient Lives: The Story of the Pharaohs' Tombmakers*, London 1984.

Neuere Untersuchungen an den Königsmumien: J. E. Harris und E. F. Wente, *An X-Ray Atlas of the Royal Mummies*, Chicago und London 1980.

Kapitel 5

Die Götterszenen der Königsgräber bis zu Ramses III. dokumentiert und bespricht F. Abitz, *König und Gott*, Wiesbaden 1984.

Von E. Hornung, *Der Eine und die Vielen*, liegt eine verbesserte englische Ausgabe vor: *Conceptions of God in Ancient Egypt. The One and the Many*, transl. J. Baines, Ithaca N. Y. 1982 und London 1983.

Kapitel 7

Vgl. Nachtrag zu Kapitel 1 zum Buch von den Pforten.

Kapitel 8

Allgemein E. Hornung, *Fisch und Vogel. Zur altägyptischen Sicht des Menschen*, in: *Eranos-Jahrbuch* 52–1983.

Kapitel 10

»Buch von der Himmelskuh«: E. Hornung, *Der ägyptische Mythos von der Himmelskuh. Eine Ätiologie des Unvollkommenen*, Freiburg/Schweiz und Göttingen 1982.

Gräber

Zum Grab Ramses' VII. (Nr. 1) ein Vorbericht von E. Hornung in: *Studien zur altägypt. Kultur* 11, 1984, zum Grab der Tausret (Nr. 14) vgl. den Nachtrag zu Kapitel 3.

Die Gräber im Tal der Könige

Die Reihenfolge ist chronologisch. Nichtkönigliche Gräber stehen in Klammern, von ihnen sind nur die wichtigsten und zeitlich festgelegten aufgenommen.

Offizielle Nummer		Regierungszeit ca. (v. Chr.)
18. Dynastie		
38	Thutmosis I.	1494–1482
42	Thutmosis II.	1482–1479
20	Hatschepsut	1479–1457
34	Thutmosis III.	1479–1425
35	Amenophis II.	1427–1401
36	(Maiherperi)	
48	(Amenemope)	
43	Thutmosis IV.	1401–1391
22	Amenophis III.	1391–1353
45	(Userhat)	
46	(Juja und Tjuju)	
55	(Teje/Semenchkarê)	
62	Tutanchamun	1335–1326
23	Aja	1326–1322
57	Haremhab	1322–1295
19. Dynastie		
16	Ramses I.	1295–1293
17	Sethos I.	1293–1279
7	Ramses II.	1279–1213
5	(Prinzen)	
8	Merenptah	1213–1203
15	Sethos II.	1203–1196
10	Amenmesse	um 1200
47	Siptah	1196–1190
14	Tausret/Sethnacht	1190–1184
13	(Bija)	
20. Dynastie		
11	Ramses III.	1184–1153
3	(Prinzen)	
2	Ramses IV.	1153–1146
9	Ramses VI.	1142–1135
1	Ramses VII.	1135–1129
6	Ramses IX.	1127–1109
19	(Montuherchepeschef)	
18	Ramses X.	1109–1099
4	Ramses XI.	1099–1070

Wichtigste Literatur zu den einzelnen Gräbern

(mit der offiziellen Nummer am Anfang)

(1) Ramses VII.: A. Piankoff, *La tombe N° 1 (Ramsès VII)*, ASAE 55, 1958, 145–156 (nicht vollständig).

(2) Ramses IV.: E. Lefébure, *Les hypogées royaux de Thèbes*, Teil II *(Notices des hypogées)*, Paris 1889. Eine vollständige Edition wird von E. Hornung und Mitarbeitern vorbereitet.

(4) Ramses XI: wird von John Romer publiziert.

(6) Ramses IX.: Félix Guilmant, *Le tombeau de Ramsès IX*, MIFAO 15, 1907 (fast vollständig in Zeichnung, einige Decken fehlen).

(7) Ramses II.: Charles Maystre, *Le tombeau de Ramsès II*, BIFAO 38, 1939, 183–190 (Überblick).

(9) Ramses VI.: A. Piankoff und N. Rambova, *The Tomb of Ramesses VI*, New York 1954 (Bollingen Series XL, 1) (vollständige photographische Edition).

(11) Ramses III.: wird von Marek Marciniak zur Veröffentlichung vorbereitet.

(16) Ramses I.: A. Piankoff, *La tombe de Ramsès Ier*, BIFAO 56, 1957, 189–200 (vollständig photographisch).

(17) Sethos I.: E. Lefébure, *Les hypogées royaux de Thèbes*, Teil I, Paris 1886 (vollständige, aber fehlerhafte Kopien).

(20) Hatschepsut: Th. M. Davis u. a., *The Tomb of Hâtshopsîtû*, London 1906.

(22) Amenophis III.: A. Piankoff und E. Hornung, *Das Grab Amenophis' III. im Westtal der Könige*, MDIK 17, 1961, 111–127 (nicht vollständig).

(23) Aja (Eje): A. Piankoff, *Les peintures dans la tombe du roi Aï*, MDIK 16, 1958, 247–251 (vollständig photographisch).

(34) Thutmosis III.: Paul Bucher, *Les textes des tombes de Thutmosis III et d'Aménophis II*, MIFAO 60, 1932 (vollständig photographisch, Texte im Typendruck); vgl. zum Grab auch J. Romer, *The Tomb of Tuthmosis III*, MDIK 31, 1975, 315–351.

(35) Amenophis II.: Bucher a.a.O. (wie zu 34; bis auf einige Pfeilerseiten photographisch vollständig, alle Texte im Typendruck).

(43) Thutmosis IV.: H. Carter, P. E. Newberry u. G. Maspero, *The Tomb of Thoutmôsis IV*, Westminster 1904 (nur die Funde; in gleicher Form, ohne die Einleitung von Maspero, und mit gleichem Titel auch als Band 15 des *Catalogue Général* des Museums in Kairo).

(46) Juja/Tjuju: Th. M. Davis u. a., *The Tomb of Iouiya and Touiyou*, London 1907. Der Grabschatz bei J. E. Quibell, *Tomb of Yuaa and Thuiu*, Kairo 1908 (*Catalogue Général des antiquités égyptiennes du Musée du Caire*, Bd. 43).

(47) Siptah: Th. M. Davis u. a., *The Tomb of Siptah*, London 1908 (nur Proben).

(55) Teje/Semenchkarê: Th. M. Davis u. a., *The Tomb of Queen Tîyi*, London 1910. Vgl. auch Alan Gardiner, *The So-called Tomb of Queen Tiye*, JEA 43, 1957, 10–25 (mit Zuweisung an Echnaton) und zum Sarg zuletzt G. Perepelkin, *The Secret of the Gold Coffin*, Moskau 1978.

(57) Haremhab: Th. M. Davis u. a., *The Tombs of Harmhabi and Touatânkhamanou*, London 1912 (vollständig in Schwarzweiß-Photographien); E. Hornung mit F. Teichmann, *Das Grab des Haremhab im Tal der Könige*, Bern 1971 (vollständig farbig).

(62) Tutanchamun: G. Steindorff, *Die Grabkammer des Tutanchamun*, ASAE 38, 1938, 641–667 (vollständig photographisch).

Chronologische Übersicht

Frühzeit Um 3000–2640 v. Chr.
Königsgräber in Abydos und Saqqara

Altes Reich 2640–2134
Erste Pyramide: Djoser in Saqqara um 2610
Große Pyramiden der 4. Dynastie in
Gîza 2550–2480
Erste Pyramidentexte unter Unas um 2350

Erste Zwischenzeit 2134–2040
Gräber der 11. Dynastie in Theben

Mittleres Reich 2040–1650
Sargtexte, Osirismysterien in Abydos, Ziegelpyramiden von Lischt, Dahschûr u. a.,
Grundlegende Änderung des Planes mit Sesostris II. um 1890

**Hyksoszeit (Zweite Zwischenzeit)
1650–1540**
Gräber in Dra abu'l Naga (17. Dynastie)

Neues Reich 1540–1070
Felsgräber im Tal der Könige:
18. Dynastie 1540–1295
Ramessidenzeit (19./20. Dynastie)
1295–1070

Dritte Zwischenzeit 1070–664
Gräber in Tanis: 21./22. Dynastie
»Grab im Tempelhof«

Spätzeit 664–305

Ptolemäerzeit 305–30 v. Chr.

Zur Verteilung der Dekoration in den Königsgräbern

In der 18. Dynastie werden nur einzelne Räume des Felsgrabes in Malerei und bei Haremhab zum Teil auch im Relief ausgeschmückt. Schacht und Vorkammer erhalten Götterszenen (Kapitel 5), ebenso die Pfeiler der Sargkammer. Auf den Wänden der Sargkammer ist bis zu Amenophis III. das Unterweltsbuch Amduat (mit ägyptischem Titel »Die Schrift des Verborgenen Raumes«) in skizzenhafter, kursiver Ausführung von Text und Figuren angebracht; Haremhab ersetzt es als erster König durch das Pfortenbuch (zu beiden Kapitel 7). Besonderheiten weist das Grab von Thutmosis III. auf, der auf den beiden Pfeilern seiner Sargkammer Figuren und ein Textstück aus dem »Buch der Anbetung des Re im Westen« (Sonnenlitanei: Kapitel 6) verwendet und auf den Wänden seiner oberen Pfeilerhalle einen vollständigen Katalog der Götterfiguren des Amduat anbringen läßt, der ohne jede Parallele ist. Die Decken der dekorierten Räume sind als gestirnter Himmel ausgeführt (blau oder schwarz, mit gelben oder weißen Sternen dicht bedeckt). Auf die fortlaufende Entwicklung im Grundriß der Gräber wurde in Kapitel 2 eingegangen.

Mit Sethos I. wird das Konzept der Dekoration einschneidend geändert und bleibt dann, bis auf Zusätze, Umstellungen und andere geringfügige Änderungen, für die übrigen Königsgräber der Ramessidenzeit (19./20. Dynastie) verbindlich. Von jetzt an ist das königliche Felsgrab vollständig, in allen seinen Räumen, mit Dekoration versehen, sofern es nicht unvollendet bleibt, und die Aufteilung des Bildprogramms folgt festen, weitgehend konstanten Regeln, auch wenn das Streben nach einer fortgesetzten »Erweiterung des Bestehenden« (Kapitel 2) unvermindert wirksam bleibt.

Nach einem Aquarell Belzonis war schon auf der Fassade des Sethosgrabes, wie bei den späteren Anlagen, ein Teil der Titulatur des Königs angebracht, während die Fassade davor stets schmucklos blieb. Belzoni hat hier die Dekoration des Durchgangs vom zweiten zum dritten Korridor zum Grabeingang vorverlegt. Seit Ramses II. findet sich über dem Eingang eine programmatische Szene, die in der gelben Sonnenscheibe einen widderköpfigen Gott und einen Skarabäuskäfer zeigt, also die Nacht- und Morgengestalt des Sonnengottes, der dazu links von Isis, rechts von Nephthys verehrt wird, womit auch die Anwesenheit des Osiris und seine Vereinigung mit der Sonne (Kapitel 11) angedeutet ist; später treten zu

dieser Szene noch Figuren des anbetenden Königs hinzu. Im Eingang wird der Eintretende auf beiden Seiten von der knienden und geflügelten Göttin Maat begrüßt und damit auf die Fortdauer der Schöpfungsordnung (Maat) auch im Jenseits verwiesen; unter den Göttinnen sind die Wappenpflanzen von Oberägypten (»Lilie«, links) und Unterägypten (Papyrus, rechts) angebracht – die getrennten Hälften finden sich immer wieder im König neu zur Einheit, so wie sich Leib und Seele des Toten jede Nacht neu vereinen (Kapitel 8).

Der erste Korridor steht ganz im Zeichen der solaren Thematik (Kapitel 6) und beginnt links mit der Darstellung des Königs vor dem falkenköpfigen Sonnengott Re-Harachte, mit dem er sein jenseitiges Schicksal aufs innigste verbunden. Es schließen sich Titel, Titelbild und Text der »Sonnenlitanei« (ägypt. »Buch der Anbetung des Re im Westen«) an, über die wir in Kapitel 6 gesprochen haben. Der Text dieses religiösen Buches setzt sich in den meisten Gräbern noch am Anfang des zweiten Korridors fort und läuft dann auf der gegenüberliegenden rechten Wand bis zum Eingang zurück. Die Decke ist als gestirnter Himmel angedeutet, über den ein dichter, den König schützender Zug fliegender Geier dahingeht; er ist in das Innere des Grabes gerichtet, und in späteren Gräbern wechseln die Geier mit anderen Flügelwesen (Falke, Schlange, Skarabäus) ab. Ramses VI. ändert das Bildprogramm völlig und beginnt schon im ersten Korridor, gleich hinter den Eingangsszenen, mit Unterweltsbüchern (links Pfortenbuch, rechts Höhlenbuch), entsprechend an der Decke mit »astronomischen« Darstellungen der Sternbilder.

Im zweiten Korridor sind auf beide Wände die Figuren verteilt, welche die 75 ersten Anrufungen des Gottes Re in der »Sonnenlitanei« illustrieren; ein weiterer Textteil der Litanei ist in die Mitte der gestirnten Decke gesetzt, bei Siptah von einer Darstellung des Sonnen-Ba zwischen Isis und Nephthys als Vögeln eingeleitet. Unter den Figuren bleibt auf den Wänden Platz, der durch längere Textstücke aus den ersten drei Stunden des Amduat ausgefüllt wird. Am Ende des Korridors begrüßen Isis (links) und Nephthys (rechts) den verstorbenen König; beide knien und halten ihre Hände auf das ringförmige Knotenamulett Schen, das die ewige Dauer Pharaos sichert. Über ihnen ist Anubis als liegender Schakal dargestellt, und im Durchgang zum dritten Korridor begegnen auf den Türlaibungen die vier »Horuskinder« (Kapitel 5) als weitere Schützer und Helfer des Königs im Jenseits, die mit Anubis, Isis und Nephthys zusammen nach Spruch 151

des Totenbuches den Verstorbenen schon in der Balsamierungshalle betreuen.

Der folgende, dritte Korridor ist vollständig dem Amduat vorbehalten (Kapitel 7), aus dem an dieser Stelle die vierte und fünfte Nachtstunde ausgewählt sind, also das Sandreich des Gottes Sokar, das vorübergehend die Wasserbahn der Sonnenbarke unterbricht. Dieser Korridor mündet in den Schacht, der nach Merenptah umgewandelt wird, aber weiterhin, wie schon in der 18. Dynastie, seine kennzeichnende Dekoration mit Götterszenen behält, wobei die Verteilung der Gottheiten auf die Wände sehr überlegt ausgewogen wird. Auch der Schacht hat, wie die Korridore davor, eine gestirnte Decke. Die Rückwand wurde nach dem Begräbnis zugemauert und mit Götterszenen bemalt, so daß hier das scheinbare Ende des Grabes erreicht war; vermutlich blieben die Räume bis hierher frei von Beigaben, erst hinter der zugemauerten Wand entfaltete sich der Reichtum des königlichen Grabschatzes.

Unmittelbar anschließend folgt die obere Pfeilerhalle mit ihren vier Pfeilern, die auf allen Seiten weitere Götterszenen tragen. Die Wände sind Ausschnitten aus dem Pfortenbuch vorbehalten, zwischen die auf der Rückwand, in beherrschender Position, eine Szene des Königs vor dem thronenden Totenherrscher Osiris gesetzt ist. Ein großer Seitenraum, bis zu Merenptah mit zwei weiteren Pfeilern versehen, scheint kein festgelegtes Bildprogramm zu haben; bei Sethos I. enthält er Ausschnitte aus dem Amduat.

Zwei weitere Korridore schaffen die Verbindung zwischen der oberen Pfeilerhalle und der Vorkammer. Ihre Wände sind mit den illustrierten Ritualtexten der »Mundöffnung« (Kapitel 12) dekoriert, während die Vorkammer, wie der Schacht, mit Götterszenen ausgeschmückt ist. Merenptah schiebt statt der Vorkammer einen Raum zwischen die beiden Korridore ein und verwendet hier als erster König Texte und Darstellungen aus dem Totenbuch (Spruch 125), die wir in der späteren Ramessidenzeit in der Vorkammer wiederfinden.

Die Sargkammer, schon früh als repräsentative Halle mit einer wachsenden Zahl von Pfeilern gestaltet (zwei bei Thutmosis III., sechs von Amenophis II. bis zu Sethos I., acht von Ramses II. bis zu Ramses III.), bemüht sich um eine höchst sorgfältig durchdachte und ausgewogene Verteilung der Dekoration. Die Wände des höhergelegenen, mit Pfeilern versehenen Teiles sind bei Sethos I. und seinen Nachfolgern dem Pfortenbuch vorbehalten, die des tiefergelegenen, in welchem der königliche Sarkophag inmitten von vergoldeten Schreinen steht, zunächst dem Amduat. Dazu

218

ist der tiefergelegene Teil, der seit Ramses II. quer in die Mitte des Raumes gesetzt wird, mit einer gewölbten »astronomischen« Decke versehen, wie wir sie schon früher in Tempelanlagen finden; sie trägt bis zu Ramses III. Namen und Darstellungen von Sternbildern, seit Ramses IV. ist sie mit Himmelsbüchern bemalt (Nutbuch, Buch vom Tage und Buch von der Nacht). Merenptah, Tausret und Ramses III. setzen in der Dekoration besondere Akzente, indem sie im tiefergelegenen Teil das Amduat durch mehrere programmatische Szenen ersetzen, vor allem durch eine dem Höhlenbuch entnommene Darstellung des Sonnenlaufes (rechts), die Auferweckung des Osiris durch das Licht (links), die Sonnenfahrt durch den Erdgott Aker und die Geburt der Stunden – Szenen, die wir in der Sargkammer Ramses' VI. in einer größeren Komposition (Buch von der Erde) wiederfinden. Die Pfeiler tragen auch in der Sargkammer und ihren Nebenräumen (soweit vollendet) Götterszenen, während die Wanddekoration der Nebenräume bei Sethos I. sehr deutlich auf das Bildprogramm der Haupthalle abgestimmt ist. Der vom tiefergelegenen Teil abzweigende Nebenraum mit Pfeilern links (N) ist dem Amduat vorbehalten; der rechte (O) hat als »Kammer des Djed« entsprechende Darstellungen des Djedpfeilers im Eingang, sonst keine Dekoration. Die beiden kleinen, vom höherliegenden Teil abzweigenden Kammern enthalten links (L) eine weitere Stunde des Pfortenbuches, rechts (M) das »Buch von der Himmelskuh« mit seinem Kuhbild. Noch bei Ramses III. hat jeder der Seitenräume eine eigene Thematik, wobei dort auch das Totenbuch an der Dekoration beteiligt ist.

Fortsetzungen der Grabanlage über die Sargkammer hinaus, wie sie schon Sethos I. begonnen hat, bleiben in aller Regel ohne Dekoration und hängen primär wohl nicht mit einer Ausweitung des Bildprogramms zusammen.

Eine Besonderheit bildet die Darstellung von Grabbeigaben, mit denen Sethos I. den Sockel im Seitenraum N seines Grabes schmückt, spätere Gräber (bei Tausret am besten erhalten) den entsprechenden Sockel zwischen tiefer und höher gelegenem Teil der Sargkammer. Ob auch die Holztüren, mit denen manche der Räume verschlossen waren, Dekorationen trugen, bleibt unbekannt; es haben sich keine Originale erhalten, und die Türen lassen sich nur aus den ägyptischen Plänen sowie aus den Zapflöchern und Spuren am Boden wie an der Decke rekonstruieren. Dagegen waren die Sarkophage der ramessidischen Gräber mit weiteren Szenen und Texten der Unterweltsbücher geschmückt, und gleiches dürfen wir für die vergoldeten Schreine vermuten, die sich nach Analogie zu Tutanchamun und dank dem Turiner Grabplan (Ramses IV.) auch für die übrigen Königsgräber um den Sarkophag herum ergänzen lassen.

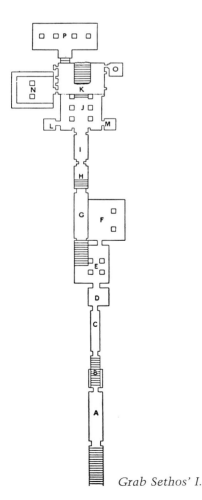

Grab Sethos' I.

Das Dekorationsprogramm im Überblick

	1. Korridor	2. Korridor	3. Korridor	Schacht	ob. Pfeilerhalle	4./5. Korridor	Vorkammer	Sargkammer
Sethos I.	Sonnenlitanei	Sonnenlit. Figuren Amduat. Anubis usw.	Amduat	Götterszenen	Pfortenbuch Osirisschrein	Mundöffnung	Götterszenen	Pfortenbuch Amduat
Ramses II.	Sonnenlitanei	Sonnenlit. Figuren Amduat. Anubis usw.	Amduat	Götterszenen	Pfortenbuch Osirisschrein	Mundöffnung	?	Pfortenbuch Amduat
Merenptah	Sonnenlitanei	Sonnenlit. Figuren Amduat. Anubis usw.	Amduat	Götterszenen	Pfortenbuch Osirisschrein	Mundöffnung	Totenbuch Götterszenen	Pfortenbuch Einzelszenen
Sethos II.	Sonnenlitanei	Sonnenlit. Figuren Amduat	Amduat	Götterfiguren	Pfortenbuch Osirisschrein	——	——	(Pfortenbuch)
Amenmesse	Sonnenlitanei	Sonnenlitanei	ohne Dekor.?	Götterszenen	Götterszenen	——		
Siptah	Sonnenlitanei	Sonnenlit. Figuren Amduat. Anubis usw.	Amduat	— Rest ohne Dekoration —				
(Tausret)	Götterszenen	Totenbuch (Tore)	Totenbuch	Götterszenen	Totenbuch	Mundöffnung	Götterszenen	Pfortenbuch Einzelszenen
Ramses III.	Sonnenlitanei	Sonnenlit. Figuren Amduat	Amduat	Götterszenen	Pfortenbuch Osirisschrein	Mundöffnung	Totenbuch Götterszenen	Pfortenbuch Einzelszenen
Ramses IV.	Sonnenlitanei	Sonnenlitanei	Höhlenbuch	——	——	——	Totenbuch	Pfortenbuch
Ramses VI.	Pfortenbuch Höhlenbuch	Pfortenbuch Höhlenbuch	Pfortenbuch Höhlenbuch	Pfortenbuch Höhlenbuch	Pfortenbuch Höhlenbuch Osirisschrein	Amduat	Totenbuch Götterszenen	Buch v. d. Erde
Ramses VII.	Pfortenbuch Höhlenbuch	——	——	——	——			Buch v. d. Erde Götterszenen
Ramses IX.	Sonnenlitanei	Sonnenlit. Totenb. Höhlenbuch	Amduat Höhlenbuch	Amduat Einzelszenen	Götterszenen	ohne Dekor.	——	Höhlenbuch u. a.

Bildnachweise zu den Textabbildungen

1. Kapitel

9 Nach: Artemis-Cicerone »Ägypten«, S. 98.

10 J. Baillet, Inscriptions grecques et latines des tombeaux des rois ou syringes à Thèbes, Kairo 1925, Nr. 901 (pl. 36).

11 R. Pococke, Description of the East, Part I (1743), pl. XXIX.

11 Ibid., pl. XXX (p. 97).

12 V. Denon, Voyage dans la Basse et la Haute Égypte, Paris 1801, pl. 42.

12 Ibid., pl. 135.

13 Description de l'Égypte, pl. 91.

14 Belzoni Drawings 4388, City Museum Bristol.

14 J. F. Champollion, Monuments de l'Égypte et de la Nubie III, Paris 1845, pl. 232, 3.

15 Die Gartenlaube 32, 1884, 629.

16 Aufnahme F. Teichmann.

17 Lustige Blätter 23, 1907, 507.

18 H. Carter and A. C. Mace, The Tomb of Tut. Ankh. Amen I, London 1923, S. 223.

21 Vorlage John Romer nach dem Survey von 1927.

2. Kapitel

31 W. B. Emery, Great Tombs of the First Dynasty I, Kairo 1949, pl. 2.

32 J.-Ph. Lauer, BIFAO 55, 1956, pl. IV nach S. 171.

33 Grundriß nach J. Brinks, Die Entwicklung der königl. Grabanlagen des Alten Reiches, Hildesheimer Ägyptolog. Beiträge 10, 1979, Taf. 1. Rekonstruktion: J.-Ph. Lauer, La Pyramide à degrès II, Kairo 1936, pl. IV.

33 L. Borchardt, Einiges zur dritten Bauperiode der großen Pyramide bei Gise. Beiträge zur ägypt. Bauforschung und Altertumskunde, Heft 1/3, Kairo 1932, Taf. 1.

34 J.-Ph. Lauer, Les pyramides de Sakkarah, 5. Aufl. Kairo 1977, Abb. 77.

35 G. Jéquier, Le monument funéraire de Pepi II, Bd. III, Kairo 1940, S. 7, Fig. 5.

35 D. Arnold, Der Tempel des Königs Mentuhotep von Deir el-Bahari I, Mainz 1974, S. 6.

36 W. Wolf, Funde in Ägypten, Göttingen 1966, S. 121, Abb. 16.

36 S. Schott, Die Schrift der verborgenen Kammer, Nachr. Akad. der Wiss. in Göttingen, I. Philol.-histor. Klasse 1958, S. 321, Abb. 5.

37 H. Grapow, ZÄS 72, 1936, 13, Abb. 2.

39 G. Steindorff und W. Wolf, Die Thebanische Gräberwelt, Leipziger Ägyptolog. Studien 4, 1936, 85, Abb. 32.

41 Ibid., S. 87, Abb. 34.

42 P. Montet, ASAE 46, 1947, pl. LXXX.

3. Kapitel

49 A. Mariette, Monuments divers recueillis en Égypte et en Nubie, Paris 1889, pl. 49 (seitenverkehrt).

50 H. Junker, Gîza I, Wien 1929, S. 182, Abb. 34.

50 A. Erman, Die Religion der Ägypter, Berlin und Leipzig 1934, S. 250, Abb. 94.

51 J. Brinks, Entwicklung (vgl. 33), S. 73.

51 Aufnahme A. Brodbeck.

52 Th. M. Davis u. a., The Tomb of Iouiya and Touiyou, London 1907, S. XXIV.

52 Steindorff-Wolf, Theban. Gräberwelt (vgl. 39), S. 93, Abb. 36.

53 Porter-Moss, Topographical Bibliography I, 2. Aufl. Oxford 1964, S. 510.

54 Zeichnung A. Brodbeck.

56 E. Hornung, Das Totenbuch der Ägypter, Zürich und München 1979, S. 318, Abb. 77.

57 L. Borchardt u. a., ZÄS 70, 1934, 29, Abb. 5.

4. Kapitel

67 Artefact. 150 jaar Rijksmuseum van Oudheden, Leiden 1968, Taf. 49.

68 B. Bruyère, in: Fouilles de l'Institut français du Caire, 16, Kairo 1939, pl. VII.

70 H. Carter und A. H. Gardiner, JEA 4, 1917, pl. XXIX.

70 Aufnahme des Museums, von Frau E. Brunner-Traut zur Verfügung gestellt.

71–73 Aufnahmen F. Teichmann.

72 unten Aufnahme A. Brodbeck.

74 J. Vandier und J. Vandier d'Abbadie, La tombe de Nefer-Abou, MIFAO 69, 1935, pl. XXI.

74 Steindorff-Wolf, Theban. Gräberwelt (vgl. 39), S. 94, Abb. 39.

75 J. Černý, Catalogue des ostraca hiératiques non littéraires de Deir el Médineh IV, Kairo 1939, p. 18, Nr. 303.

5. Kapitel

85 F. Abd el Wahab, La tombe de Sennedjem à Deir el Médineh, MIFAO 89, 1959, pl. XXXV.

86 Hornung, Totenbuch (vgl. 56), S. 116/117, Abb. 26.

87 Champollion, Monuments (vgl. 14) III, pl. 234, 3.

88 H. Schäfer, ZÄS 71, 1935, 18, Abb. 1.

89 A. Piankoff und N. Rambova, Mythological Papyri, New York 1957 (Bollingen Series XL, 3), S. 41, Fig. 25.

90 E. Hornung, Das Grab des Haremhab im Tal der Könige, Bern 1971, S. 29, Abb. 6.

90 Hornung, Totenbuch, S. 170, Abb. 42.

91 F. Guilmant, Le tombeau de Ramsès IX, MIFAO 15, 1907, pl. 85.

92 J.-F. Champollion, Monuments de l'Égypte et de la Nubie, Notices descriptives I, Paris 1835–1872, S. 418.

92 Hornung, Totenbuch, S. 389, Abb. 90.

93 A. Piankoff, The Shrines of Tut-Ankh-Amon, New York 1955 (Bollingen Series XL, 2), Fig. 28.

6. Kapitel

103 Erman, Religion (vgl. 50), S. 19, Abb. 7.

104 Hornung, Totenbuch (vgl. 56), S. 261, Abb. 67.

104 A. Piankoff, The Litany of Re, New York 1964 (Bollingen Series XL, 4), S. 14, Fig. A.

105 Zeichnungen A. Brodbeck.

105 unten Hornung, Totenbuch, S. 58, Abb. 7.

106 A. Piankoff, Bulletin de la Société d'Archéologie Copte 16, 1962, 261, Fig. 1.

106 Ibid., pl. III, B zu S. 261–269.

107 H. Schäfer, ZÄS 71, 1935, 20, Abb. 2.

109 Zeichnung A. Brodbeck nach Champollion, Monuments III, pl. 266.

110 Zeichnung A. Brodbeck nach Champollion, Notices descriptives I, S. 422/423.

7. Kapitel

119 A. de Buck, The Egyptian Coffin Texts VII, Plan 14.

120 H. Bonnet, Ägypt. Religion, in: H. Haas, Bilderatlas zur Religionsgeschichte, Lieferung 2–4, Leipzig 1924, Abb. 143.

120 Piankoff-Rambova, Mythological Papyri (vgl. 89), S. 33, Fig. 16.

121 A. Piankoff, Les chapelles de Tout-Ankh-Amon, MIFAO 72, 1952, pl. V.

124 Zeichnung A. Brodbeck nach der Szene im Grab Sethos' II.

124 E. Hornung, Ägypt. Unterweltsbücher, Zürich und München 1972, S. 142f., Abb. 9.

125 W. M. F. Petrie, Tombs of the Courtiers and Oxyrhynkhos, London 1925, pl. 12, 5.

126 Guilmant, Tombeau de Ramsès IX (vgl. 91), pl. 49.

127 Ibid., pl. 88.

128 Hornung, Unterweltsbücher, S. 287, Abb. 60.

8. Kapitel

135 N. M. Davies, JEA 24, 1938, 30, Fig. 9.
135 Hornung, Totenbuch (vgl. 56), S. 205, Abb. 55.
136 Ibid., S. 184, Abb. 49.
136 Ibid., S. 94, Abb. 15.
137 Hornung, Unterweltsbücher (vgl. 124), S. 209, Abb. 19.
137 I. Rosellini, I monumenti dell'Egitto e della Nubia, Pisa 1832–1844, II, pl. 125 (identisch mit Champollion, Monuments III, pl. 270).
138 Hornung, Unterweltsbücher, S. 164/165, Abb. 11.
139 Hornung, Totenbuch, S. 216, Abb. 58.
139 Hornung, Unterweltsbücher, S. 234, Abb. 32.
141 Zeichnung A. Brodbeck nach dem Grab Amenophis' II.
141 Aufnahme A. Brodbeck.

9. Kapitel

149 E. Naville, Das aegypt. Todtenbuch I, Berlin 1886, Taf. 136 (A. g.).
151/153 Aufnahmen F. Teichmann.
154 A. Piankoff und N. Rambova, The Tomb of Ramesses VI, New York 1954 (Bollingen Series XL, 1), S. 182, Fig. 51.
154 Ibid., S. 371, Fig. 123.
155 Ibid., S. 369, Fig. 121.
156 Ibid., S. 437, Fig. 141.
157 Aufnahme F. Teichmann.
157 E. Hornung, Altägypt. Höllenvorstellungen, Berlin 1968, S. 26 (Zeichnung H. Fehre).
158 Zeichnung A. Brodbeck.

10. Kapitel

165 Hornung, Unterweltsbücher (vgl. 124) S. 215, Abb. 23.
166 Ibid., S. 300, Abb. 71.
167 Aufnahme A. Brodbeck.
168 Hornung, Totenbuch (vgl. 56), S. 69, Abb. 8 d.
168 E. Naville, Textes relatifs au mythe d'Horus, Genf und Basel 1870, p. VII.
169 Piankoff-Rambova, Mythological Papyri (vgl. 89), S. 22, Fig. 3.
170 Hornung, Unterweltsbücher, S. 186, Abb. 14.
171 Hornung, Totenbuch, S. 98, Abb. 17 (Zeichnung A. Brodbeck).
172 Piankoff, Shrines of Tut-Ankh-Amon (vgl. 93), S. 142, Fig. 46.

11. Kapitel

177 Hornung, Altägypt. Höllenvorstellungen, S. 39, nach H. te Velde, Seth, God of Confusion, Leiden 1967, S. 69, Fig. 10.

178 Hornung, Unterweltsbücher, S. 459, Abb. 97.
178 Ibid., S. 468, Abb. 103.
179 Ibid., S. 407, Abb. 81.
180 F. Le Corsu, Isis. Mythe et mystères, Paris 1977, S. 14, Fig. 8.
181 Zeichnung A. Brodbeck nach Photographie des Museums.
182 Hornung, Unterweltsbücher, S. 430, Abb. 83.
183 Piankoff-Rambova, Mythological Papyri (vgl. 89), S. 60, Fig. 47, und S. 91, Fig. 58.
183 Piankoff, Shrines of Tut-Ankh-Amon (vgl. 93), S. 55, Fig. 16.
184 Hornung, Totenbuch, S. 384, Abb. 89.
184 Zeichnung A. Brodbeck nach: A. Piankoff, Egyptian Religion 4, 1936, 67, Fig. 5.

12. Kapitel

191 »Grab und Wohnhaus«. Die Anfänge Ägyptens (Ausstellung der Universität Konstanz 1980), S. 24, Taf. 6 (Zeichnung F. Gerke).
192 W. M. F. Petrie, Corpus of Prehistoric Pottery and Palettes, London 1921, pl. XXXIV.
193 H. Junker, Gîza I, Wien 1929, S. 175, Abb. 31.
194 Hornung, Totenbuch, S. 44, Abb. 1 b.
194 Th. M. Davis, Tomb of Iouiya (vgl. 52), S. 39, Fig. 2 (Zeichnung H. Carter).
195 N. de G. Davies, Two Ramesside Tombs at Thebes, New York 1927, pl. XXXVII.
196 Aufnahme A. Brodbeck.
197 Piankoff, Shrines of Tut-Ankh-Amon (vgl. 93), Fig. 41.
198 Piankoff-Rambova, Mythological Papyri (vgl. 89), S. 31, Fig. 12.

Bildnachweise zu den Farbtafeln

Friedrich Abitz Abb. 9
Artur Brack Abb. 3, 15, 16, 22, 38, 64
British Library Abb. 4–8, 65, 70, 149, 152, 173 (Abb. 4/5 Add. Mss. 29 820 f. 129/131; Abb. 6 ibid. f. 99; Abb. 7 ibid. f. 86; Abb. 65 ibid. f. 89; Abb. 70 ibid. f. 81; Abb. 149 ibid. f. 97; Abb. 173 ibid. f. 136; Abb. 8 Add. Mss. 25 641 f. 53; Abb. 152 ibid. f. 33. Reproduced by permission of the British Library).
Hans Hauser Abb. 2, 18–20, 55, 148
Erik Hornung Abb. 24
Günther Lapp Abb. 48
Ursula Schweitzer (†) Abb. 25, 29, 63
Lotty Spycher Abb. 14
Elisabeth Staehelin Abb. 57, 150, 151, 159, 161
Frank Teichmann Abb. 28, 50, 52, 56, 58, 60, 61, 66, 68, 69, 72, 73, 98, 155, 162
Abb. 120 stammt aus: H. von Minutoli, Reise zum Tempel des Jupiter Ammon in der Libyschen Wüste, Nachträge, Berlin 1827, Tab. III.
Die übrigen Aufnahmen stammen von Andreas Brodbeck.

Nachweis nach Gräbern:

Amenophis II. Abb. 22, 25, 53, 92, 95, 113, 142
Haremhab Abb. 50, 52, 56, 58, 60, 61, 66, 68, 69, 72, 73, 98, 155, 162
Merenptah Abb. 46, 76, 77, 86, 94, 163
Nefertari Abb. 33, 36–39, 54, 84
Ramses I. Abb. 102
Ramses III. Abb. 4–7, 75, 123–125, 128, 173
Ramses VI. Abb. 3, 23, 74, 87, 89–91, 93, 101, 105–109, 115, 127, 129, 132, 133, 137, 138, 140, 141, 144, 146, 147
Ramses VII. Abb. 24
Ramses IX. Abb. 65, 71, 88, 117, 118, 126, 135, 136
Sennefer Abb. 30–32, 34, 35, 122, 157, 174
Sethos I. Abb. 8, 9, 55, 59, 70, 78–81, 99, 100, 103, 104, 110–112, 119–121, 130, 131, 145, 148–152, 159, 161, 164, 165
Sethos II. Abb. 51, 167–172
Siptah Abb. 67, 85
Tausret Abb. 40–45, 47, 48, 57, 114, 116, 139, 153, 154, 158, 160, 166
Thutmosis III. Abb. 62, 82, 83, 96, 97, 134, 143
Thutmosis IV. Abb. 64
Tutanchamun Abb. 156

Stichwortverzeichnis

Abitz, F. 20, 87
Abusir 34, 44, 50
Abydos 31, 32, 35 f., 43, 49, 55, 127, 186
Ach 137
Aha 31, 32
Ahmose 15, 36
Aja 13, 39, 67, 89, 194
Aker 65, 107, 125, 126, 130, 133, 178, 180 f.,
  182, 219
Alexander der Große 9, 42
Amarna 38, 39, 53
Amduat 16, 18, 19, 37, 39, 40, 47, 54, 55, 72,
  80, 81, 107, 108, 118, 119 ff., 138 f., 140, 141,
  144, 149, 150, 153, 155, 156, 161, 165, 166,
  169 f., 173, 177, 180, 183, 185, 218 f.
Amenemhât I. 35
Amenemhât III. 44, 51
Amenmesse 10, 11, 41, 68, 74, 75, 110
Amenophis I. 68, 76 f., 78
Amenophis II. 16, 17, 37, 38, 40, 55, 56, 67, 72,
  78, 85, 149, 218
Amenophis III. 12, 14, 16, 19, 38, 39, 52, 54, 56,
  67, 72, 87, 88, 192, 194, 218
Amenophis IV. s. Echnaton
Amenophis, Sohn des Hapu 56, 67
Amun 57, 78, 90, 183
Antef II. 49
Antilope 124
Anubis 54, 56, 60, 61, 64, 66, 84, 85, 87 f., 91,
  96, 98, 100, 106, 135, 150, 178 180, 187 f.,
  194, 202, 218
Apophis 89, 109, 124, 128, 143, 150, 158, 159,
  164, 165 ff., 179
Asosi 34
Atum 91, 105, 123, 128, 130, 142, 143, 154,
  165, 169, 177, 185

Ba 60, 65, 85, 96, 103, 104, 105, 106, 108 f., 115,
  123, 125, 127 f., 133, 135 f., 137, 138, 139,
  141, 156, 157, 159, 161, 169, 178, 183, 185 f.,
  191
Baumgöttin 85, 88, 95 f., 139
Begräbnis 56, 136, 177, 193, 199
Beigaben 32, 65, 135, 192 ff., 218 f.
Belzoni, G. B. 13 f., 29, 92, 187, 193, 197, 200 f.,
  218
Beni Hasan 59
Bes 92, 194
Besucherinschriften 9 f.
Bija 55, 56
Binsengefilde 139, 140
Boot s. Schiff
Buch der Anbetung s. Sonnenlitanei
Buch von der Erde 40, 47, 108, 126, 133 f., 142,
  162, 178, 180, 182, 219

Buch von der Himmelskuh 16, 40, 52, 171 f.,
  219
Buch vom Tage und von der Nacht 116 f., 120,
  127, 152, 174, 179, 219
Burton, J. 14, 26, 187
Buto 91

Carter, H. 16, 18, 56, 197
Champollion, J. F. 14 f., 16, 19, 92, 110
Cheops 33 f., 44, 50, 59, 192
Chephren 34, 41, 44
Chepri 91, 105, 128, 130, 169, 185, 187
Chons 100

Dahschûr 33, 51
Daressy, G. 57
Deir el-Bahari 15, 16, 22, 35, 36, 57, 69, 78, 88
Deir el-Medine 56 f., 67 ff., 92, 106
Dekane 55, 103, 126 f., 136, 147
Denon, V. 11 f.
Dewen 32
Dienerfiguren 139, 196
Diodor 10
Djed 53, 63, 90, 92, 105, 180, 183, 186, 187,
  189, 201, 219
Djer 49
Djet 125
Djoser 32 f., 43
Dra abu'l Naga 36, 45, 77
Dualität 32, 33, 35, 37

Echnaton 37, 38 f., 40, 53, 55, 105, 119, 120,
  123, 137, 171
Edfu 168 f.
Einweihung 86
Eje s. Aja
Emery, W. B. 32
Entlöhnung 69, 76
Erman, A. 18
Ertrunkene 64, 137 f., 144 f.

Fährmann 9, 139 f.
Falke 56, 69, 93, 103, 125, 179, 182 f.
Farben 72 ff., 180
Fesseln 154 f. 159 ff., 168
Feuersee 125, 140, 155 f., 160
Finsternis 122, 124, 125, 140, 152, 155, 166 f.,
  170

Gaufürsten 35, 45, 51, 59
Geb 64, 91, 93, 126, 136, 151, 154, 159, 164,
  168, 171, 172, 175, 178, 181
Geier 40, 56, 60, 93, 218
Gesicht der Sonne 128
Gîza 33 f., 44, 50
Gliedervergottung 86, 185
Gottesgemahlin 42, 48, 58, 122
Grabplan 70
Grabräuber 37, 76 f., 155 f., 192

Hadrian 10
Hapuseneb 51 f., 55, 67
Haremhab 18, 19, 39, 40, 52, 67, 69 f., 71, 72,
  73, 85, 89, 90, 120, 126, 151, 194, 218
Harfenspieler 11, 13, 24
Hathor 27, 36, 53, 80, 82, 83, 85, 88 f., 91, 92,
  96, 99, 102, 114, 171
Hatschepsut 18, 51, 54, 55, 67, 88, 90
Hawara 44, 51
Hayy, R. 14, 24, 25, 26, 97, 100, 149, 208
Heka s. Zauber
Heliopolis 110, 150, 177
Heluan 49
Hemiûn 33
Herodot 42, 44
Herz 136, 149 f., 153, 155, 157, 162, 165
Hetepheres 50, 192
Himmelsbücher 41, 47, 105 f., 125, 127, 172,
  219
Himmelskuh (s. auch Buch von der Himmels-
  kuh) 106, 169, 176
Höhlenbuch 40, 65, 108, 118, 121, 126, 128,
  153, 154, 155, 157, 158, 159 f., 162, 166, 169,
  178 f., 180 ff., 218 f.
Horus 27, 64, 66, 85, 89, 91, 100, 120, 125, 138,
  144, 150, 154, 155, 156, 161, 168 f., 177 ff.
Horusauge 158, 166, 195, 197
Horussöhne 60, 87, 89, 98, 102, 149, 168, 175,
  188, 195, 197, 202, 218
Hu 123
Huh 117
Hundestele 49

Imhotep 32, 56
Inene 51, 67
Isis 25, 60, 83, 85, 88 f., 91, 98, 102, 104, 115,
  117, 125, 149, 167, 173, 177 ff., 188, 196,
  197 f., 202, 218
Isisblut 90
Iunmutef 91

Jagd 196
Juja 18, 52, 192, 196

Ka 14, 135
Kanopen 36, 56, 57, 87, 88, 135, 198
Karnak 10, 41, 67
Kater 104 f., 113, 168
Kessel 156 f., 159, 162, 178
Kleider 140, 152, 192, 194
Kornosiris 181
Krokodil 106, 111, 116, 124, 131, 170 f., 175
Kryptographie 131, 148, 151, 159, 197
Kuh s. Hathor und Himmelskuh

Lampen 69, 74, 195
Lepsius, C. R. 15
Loret, V. 16, 67, 78
Lotos 36, 85, 90, 149, 188, 191

Maat 53, 54, 61, 90f., 97, 100, 123, 136, 140, 142, 149f., 189, 218
Maiherperi 55, 149
Maja 67
Maspero, G. 15, 16, 18, 19, 78
Maße 20, 34, 38, 40, 54, 56, 122, 139
Mastaba 31, 32, 50, 51, 59
Medinet Habu 42, 48, 58, 139
Mehenschlange 125, 132, 143, 173
Mehrfachgrab s. Polytaph
Memnonskolosse 9, 11, 30, 38
Menes 31
Menit 83
Menschenrassen 139, 147f.
Mentuhotep 35
Merenptah 10, 11, 16, 40, 55, 68, 71, 74, 108, 110, 151, 182, 218f.
Mereruka 50f.
Meresger 78, 92
Meret 92
Merikarê (Lehre) 149, 198
Mond 100, 104, 106, 195
Montuherchepeschef 13, 54, 71
Mumifizierung 50, 60, 70, 88, 90, 135ff., 180, 196
Mundöffnung 40, 54, 84, 90, 136, 194, 204f., 218
Mykerinos 34, 44

Name von Grabräumen 70, 109f.
Narmer 31
Naville, E. 16
Nefertari 52f., 68, 91, 92, 104, 120, 180, 184f.
Nefertem 90, 101
Neith 91, 202
Nephthys 60, 88, 89, 91, 98, 104, 115, 117, 149, 178, 183ff., 188, 196, 197f., 202, 218
Neunheit 91
Nilpferd 169f., 191
Nun 90, 106, 107f., 109, 120, 121, 133, 138, 143, 144, 171
Nut 85, 88, 93, 105f., 108, 116f., 126f., 131, 134, 143, 172
Nutbuch 122f., 127, 136, 219

Onuris 92
Opfer 139, 140, 147, 192, 194, 197, 199
Osiris 25, 27, 34, 35f., 47, 49, 53, 54, 56, 61, 63, 66, 84, 85, 86, 87, 88f., 91, 92, 93, 96, 100, 104, 105, 108, 118, 120, 122, 126, 128, 136, 138, 139, 142, 143, 149ff., 159, 162, 164, 169, 171, 172, 173, 177ff., 195, 197f., 218f.
Ostraka 68ff.

Pachet 132
Palette 191
Paneb 74f., 76
Pavian 107, 124, 132, 156, 160, 191
Pfeiler 34, 37, 38, 40, 41, 47, 51, 53, 54, 72, 73,

80, 88, 91, 187, 218f.
Pfortenbuch 14, 16, 18, 19, 39, 40, 41, 52, 54, 56, 64, 72, 73, 80, 91, 106, 107f., 120f., 123, 125f., 128, 130ff., 137, 138, 139, 140, 141f., 143, 144f., 151, 154, 155, 156, 159f., 163, 165ff., 174f., 179, 180, 218
Phiops II. 35, 51
Piankoff, A. 19
Pococke, R. 11
Polytaph 38, 52, 53
Psammetich I. 42
Ptah 78, 90, 91, 97, 171, 189
Ptah-Sokar-Osiris 25, 90, 183
Pyramide 31, 33ff., 42, 43ff., 50, 51, 56, 67, 68, 103, 123, 135, 194
Pyramidentexte 15, 34, 35, 51, 55, 58, 85, 86, 105, 120, 177

Ramesseum 12, 13, 42, 53, 58, 76
Ramses I. 13, 39, 52, 73, 91, 197
Ramses II. 10, 15, 16, 38, 39f., 52, 53, 55, 67, 68, 87, 92, 139, 171, 218f.
Ramses III. 10, 11, 12, 15, 41, 53, 71, 72, 76, 92, 110, 139, 171, 193, 218f.
Ramses IV. 10, 11, 14, 16, 41, 69, 70f., 183, 219
Ramses V. 41
Ramses VI. 10, 11, 18, 19, 40, 41, 92, 109, 126, 127, 137, 153, 154, 155, 156, 157, 166, 167, 178, 182, 218f.
Ramses VII. 10
Ramses IX. 10, 39, 54, 70, 76, 92, 126, 127, 137, 155
Ramses X. 198
Ramses XI. 10, 41, 78
Re (s. auch Sonnengott) 53, 63, 88, 89, 91, 93, 103ff., 140, 141, 150, 152, 165ff., 178f., 181ff., 218
Romer, J. 20

Sachmet 88
Salbkegel 85, 90, 183
Saqqara 15, 18, 31ff., 43, 49, 50, 52
Sarg s. Sarkophag
Sargtexte 35, 51, 55, 88, 122, 136, 152, 166, 179
Sarkophag 14, 33, 35, 36, 37, 38, 39, 40, 41, 50, 52, 57, 88, 89, 92, 106, 119, 121f., 126, 135, 137, 141, 151, 164, 180f., 182f., 196, 197f., 202f., 218f.
Schacht 37, 41, 180, 218
Schakal 125, 154
Schatten 65, 108f., 121, 135f., 137, 141, 156, 157
Schesemu 154
Schiff (s. auch Sonnenschiff) 33, 60, 140, 191, 196
Schlange 56, 92, 93, 107, 114, 118, 122, 124, 125, 128, 129f., 132, 140, 142, 145, 155, 156f., 159, 161, 163, 165ff., 178f., 196
Schminke 191, 194

Schöpfung 108f., 121, 123, 135, 167, 169, 170, 186
Schu 91, 107, 108, 117f., 176, 194
Schweigen 124, 153
Sechemchet 33
Sedfest 32, 42, 58, 92
Selkis 91, 168, 202
Senenmut 51, 55
Sennefer 56, 192f.
Septimius Severus 10
Sesostris II. 36, 123
Sesostris III. 36
Seth 89, 150f., 159, 166, 168f., 177ff., 195
Sethnacht 54, 64
Sethos I. 10, 13f., 15, 16, 18, 19, 37, 38, 39f., 52, 68, 71, 73, 74, 78, 85, 90, 91f., 93, 103, 105, 107, 119, 126f., 141, 171, 180, 192, 194, 218f.
Sethos II. 10, 11, 18, 40, 41, 68, 69f., 71, 72, 74, 75, 110, 193, 197
Setna-Roman 50
Sia 123, 125, 143
Sicard, Cl. 10
Siegel 74, 88
Siptah 18, 54, 135, 218
Sistrum 61
Skarabäus 36, 91, 93, 106, 107, 108f., 111, 115, 117f., 128, 130, 133, 192, 197, 208, 218
Sokar 90, 91, 123, 125, 130, 156, 218
Sonnengott (siehe auch Re) 26, 90, 119ff., 139, 151ff., 198
Sonnenkind 105f., 107f., 117, 133, 169
Sonnenlauf 65, 88f., 92, 105, 106ff., 123f., 143, 180ff., 198, 219
Sonnenlitanei 11, 16, 40, 41, 53, 54, 55, 63, 74, 86f., 91, 103ff., 120f., 122, 124, 128, 153, 154, 155, 156f., 183ff., 218
Sonnenschiff 65, 104, 107f., 109, 120, 123f., 125f., 130, 132f., 139, 140, 143, 165ff., 177, 182ff.
Sopdu 92
Spiegel 194
Steinbearbeitung 32, 191
Sterne (s. auch Dekane und Zirkumpolarsterne) 37, 40, 41, 53, 54, 72, 105, 110, 118, 125, 126f., 128, 133, 135, 141, 142, 147, 177, 182, 218
Strabo 10
Strafen 104, 150ff.
Streik 76
Stunden s. Zeit
Stundengeburt 66, 132, 133, 141f., 219

Tanis 41f., 192
Tatenen 90, 97, 106, 108, 126, 133, 164
Tausret 11, 40, 54, 56, 87, 92, 108f., 110, 120, 127, 193, 194, 196, 219
Teje 52
Thoëris 194

Thomas, E. 20
Thot 91, 102, 150
Thutmosis I. 16, 36, 37, 51, 67, 68, 119, 123
Thutmosis II. 18, 37, 56, 67
Thutmosis III. 15, 16, 37, 55, 85, 88, 104, 119, 123, 178, 218
Thutmosis IV. 16, 18, 39, 67, 72, 85
Tjanefer 56
Töne 124, 125, 132
Torwächter 64, 120f., 140, 153
Totenbuch 36, 41, 52f., 54, 55, 56, 58, 60, 62, 64, 86, 88, 90, 92f., 98, 104, 105, 120, 122, 125, 135, 136, 139f., 142, 149, 151, 152f., 154, 156, 160, 166, 168, 170f., 177f., 179, 181, 185f., 195, 196, 218

Totengericht 50, 55, 90, 136, 142, 149ff., 180
Totentempel 29, 32, 33, 35, 36, 38, 55, 56, 76, 139, 191, 197
Tutanchamun 18, 19, 39, 52, 55, 60, 67, 69, 77, 78, 89, 121, 136, 171f., 185, 192ff., 219

Udjat s. Horusauge
Unas 34f.
Unterweltsbücher 16, 19f., 39, 41, 54, 55f., 58, 89, 91, 105, 119ff., 135, 138, 140, 148, 150, 152, 154, 166, 178
Uroboros 107, 110, 128, 169, 179, 203
Uschebti 36, 41, 57, 60, 123, 136, 139, 196f.
Useramun 55, 119, 125

Verwesung 138, 178f.

Wein 56, 60f., 140, 190, 194
Werkverfahren 18, 69ff., 195
Westgöttin 27, 88f., 91, 92, 99, 102, 105, 114
Widder 106, 107, 108f., 111, 115, 125, 185, 187, 218

Zauber 55, 86, 123, 137, 143, 150, 165ff.
Zeit 107, 114, 122f., 125, 127, 128, 141f.
Zirkumpolarsterne 33, 39, 103, 126
Zweiwegebuch 119, 156
Zwerg 49